春華秋實

——大陆台资企业品牌实录

台商杂志社 著

九州出版社 JIUZHOUPRESS | 全国百佳图书出版单位

图书在版编目（CIP）数据

春华秋实：大陆台资企业品牌实录 /台商杂志社著.
—北京:九州出版社，2011.9

ISBN 978-7-5108-1133-3

Ⅰ. ①春… Ⅱ.①台… Ⅲ. ①台资企业－品牌
战略－研究 Ⅳ.①F279.24

中国版本图书馆CIP数据核字(2011)第182925号

春华秋实——大陆台资企业品牌实录

作　　者　台商杂志社　著
出版发行　九州出版社
出 版 人　徐尚定
地　　址　北京市西城区阜外大街甲35号（100037）
发行电话　（010）68992190/2/3/5/6
网　　址　www.jiuzhoupress.com
电子信箱　jiuzhou@jiuzhoupress.com
印　　刷　北京圣地纸艺印刷有限公司
开　　本　720毫米×1020毫米　16开
印　　张　23.75
字　　数　386千字
版　　次　2011年11月第1版
印　　次　2011年11月第1次印刷
书　　号　ISBN 978-7-5108-1133-3
定　　价　86.00元

題贈《大陸台資企业品牌報告》

注重品牌建設

提高創新能力

二〇一一年六月

陳雲林

大陸台資企業品牌報告出版誌慶

深耕品牌價值

廣闢產業道路

海峽交流基金會

董事長 江丙坤 敬賀

序

台商杂志社《春华秋实——大陆台资企业品牌实录》一书即将付梓。首先，我要对本书编辑、记者们表示感谢！他们不辞辛劳奔波大陆各地，完成对许多知名台资企业的专访，用精彩生动的笔触，再现了一个个光彩夺目的品牌传奇。这不仅是三十多年来台商在大陆辛苦打拼成长壮大的缩影，也是三十多年来民族品牌自强不息蓬勃兴盛的写照。读完此书，掩卷长思，我被台湾企业家们铸造品牌的热情与执着深深打动，更对他们追求卓越、精益求精的职业风范心生敬佩！

改革开放以来，大陆发展成果举世瞩目，两岸经贸合作硕果累累。但随着全球竞争日趋激烈，两岸企业缺少强势品牌的短板愈加凸显，这使得他们在全球化产业分工中处于不利地位。比如由大陆台企生产的同等运动鞋，贴耐克商标与用工厂自主商标的价格相差6倍之巨。类似案例不胜枚举。两岸企业迫切需要由追求销售数量向提升自主品牌价值转变。

令人可喜的是，两岸产业结构的调整与升级，两岸经济合作的全面深化，为转变两岸品牌战略，提升两岸品牌价值创造了很好的条件。很多台湾企业也积极参与大陆品牌建设平台，包括参加“中国驰名商标”、“中国品牌产品”评比等，来宣传自己的品牌，提升自己的形象。一大批具有影响力的台企品牌脱颖而出。通过对品牌的培养，他们不仅提升了自身的核心竞争力，而且锻造出具有独特风格的品牌梯队，形成了质量、品牌与价值的良性循环。本书所介绍的40家台企品牌，是他们中的杰出代表。这里面有大企业，也包括很多中小型企业。他们的成功充分说明，只要有打造品牌的决心与勇气，只要有培育品牌的远见与胸怀，中小企业、中小品牌也完全可以在两岸经贸交流的舞台上发挥自己的一技之长，由小到大，做大做强。

当然，如果说品牌是商品的精神，那么文化就是品牌的灵魂。一个成功的品牌，不仅能让企业的资产升值，同时也承载着一代又一代企业家的价值取向和精神追求。从这个意义上讲，品牌的力量，同时也是文化的力量。一个品牌之所以能经受时间的考验，并愈加光华夺目，归根结底在于它所承载的价值符合社会文化心理，它所追求的理念闪烁着人类文明的光芒。中华民族商业文化源远流长，无论是对“信”的坚守，还是对“诚”的珍视，无论是开放的精神，还是多元的包容，都已成为现代商业文明不可分割的重要部分，也更应成为两岸企业家取之不尽的宝藏。从浩如烟海的民族文化中寻找支撑，从刚健自强的民族性格中汲取力量，打造出既具有强烈现代意识，又有深厚文化底蕴的中华民族品牌，是两岸企业家义不容辞的共同责任。

2008年以来，两岸关系实现了历史性转折，全面直接双向“三通”已经实现，两岸经济合作框架协议得以签署并正在逐步落实，两岸经济合作开始进入互利双赢的新阶段。今年，大陆又将全面实施“十二五”规划，以科学发展为主题，以转变发展方式、调整产业结构为主线，扩大内需市场的作用。这些都将为广大台企在大陆的发展，为台企品牌的开创与成长，创造出更加有利的条件。

“他山之石，可以攻玉”。相信本书的出版，能为准备投资大陆的台商提供一些借鉴，也能在品牌塑造、品牌战略与品牌文化方面引发人们更多的思考。我相信，随着两岸关系的和平稳定发展，随着两岸经济合作的全面深化，两岸企业家们一定会战胜挑战，共创双赢，打造更响亮的品牌，创造更辉煌的成绩。

郑立中

（本序作者郑立中先生为：中共中央台湾工作办公室、国务院台湾事务办公室常务副主任，海峡两岸关系协会常务副会长）

CONTENTS

（注：目录排名按企业中文品牌汉语拼音字母顺序排列）

艾美特：内销撑起半边天

艾美特董事长　郑立平

艾美特电器于1973年在台湾创立，1991年在深圳设立主要生产基地，专业生产电风扇、电暖器、换气扇、电磁炉等系列精致小家电，产品走在各领域的顶级水平，远销美国、日本、韩国、加拿大、德国、法国等60多个国家和地区，并与东芝、三洋、三星等10大国际著名品牌保持长久合作关系。

1991年在深圳设厂、1993年开始尝试做内销，1997年艾美特电器以“艾美特”为主打品牌，以电风扇、电暖气为核心竞争产品，从5%内销比例一路走来，到2010年内销市场占54%。2010年，艾美特年产量高达2000万台，年营业额近18亿元人民币，凭着高度一体化的生产综合实力，成为一家自制率高达95%的全球知名小家电企业。10多年时间，艾美特在大陆如谜般迅速崛起……

副董事长蔡正富是艾美特内销市场的推手，“艾美特不做最大，但要做最强！把我们的产品称为‘艺术品’一点都不为过。我们培养的人才是同行争抢的‘香饽饽’。可以说，艾美特代表大陆小家电的最高水平，也带动了整个行业素质的快速提升。”

艾美特电器前身

艾美特电器前身——东富电器于 1973 年在台南安平工业区内成立，原本是个家族企业，创办人是艾美特前董事长史鸿尧（已过世）。

1978 年时，为拓展外销市场，招进现任董事长郑立平，史鸿尧当时即让出 5％股权。接着，艾美特于 1991 年赴大陆深圳设厂，成立威昂电器，再找到了电器工程师出身的蔡正富主导大陆业务，史鸿尧再让出 5％股权。为了让郑、蔡两人能够不受家族成员牵绊独立经营，史鸿尧于 1998 年再将东富与艾美特切割，并规定家族成员不得进入艾美特，只当单纯的投资者。

史鸿尧“愿意和专业经理人分享获利果实”的文化和理念传承，不仅让这个家族企业站上国际舞台，更称霸全球。

艾美特从 2008 年起，开始招募年轻的台干，以有海外学历者优先。杨浴复说，这是陆籍主管的要求，因为台湾人有几项特质：一负责任，不论转换部门或是跳槽，交接都很清楚，让主管很放心；二思虑单纯，不爱比较；三做事有方法，效率高，学习力强。

艾美特标志

艾美特标志中包括一个从“Airmate”（艾美特）的“A”中延伸出来的流动型气体设计，它代表艾美特致力于“和合”品牌建设。艾美特的“和合品牌”文化，包括一个核心——自主创新，追求五大关系的“和合”——对员工求和善、对消费者求合用、对经销商求合作、对行业求和平、对自然和社会求和谐。

柔和灵动的线条传达出和谐、创新的核心理念，喻示着生命本质的回归与发展：“A”取自于“Airmate”（艾美特）品牌名称的缩写，同时又巧妙地暗示了产品力争第一的品质追求，将精益求精的品质坚持与企业自身理念融合统一。

艾美特标志使用单蓝色，蓝色是未来与智慧的象征，配合（艾美特）VI 简洁明了的设计理念，与当今尖端科技相呼应，利于世界范围的品牌推广与延伸，也使其国际化时尚性的品牌气质油然而生。

艾美特发展历程

1973 年，艾美特母厂创立于台湾；

1991 年，艾美特电器在深圳建立主要生产基地，开展全球布局；

1994 年，成为第一家取得中国小家电 CCEE 安全认证的外资企业；

1994 年，开始与日本三洋电机公司合作生产三洋专用风扇马达；

1995 年，被中国名牌商品介绍活动委员会授予 1995~1996 年“名牌轻工企业”、“名牌轻工产品”；

1996 年，获得 ISO9002 品质管制系统国际认证；

1997 年，艾美特品牌正式进入大陆市场推广，并荣获“外资用工模范企业”称号；

1999 年，取得 ISO9001 品质管制系统国际认证；同年，被中国外商投资企业协会评为“全国外商投资双优企业”；

2000 年，建立全球五大洲 60 余国销售网络；成为日本家用电扇最大供应厂；被中国外商投资企业协会评为“全国外商投资双优企业”；

2002 年，被中国品质检验协会授予“全国产品品质售后服务信誉双保障企业”；

2003 年，荣获深圳市“先进技术企业”殊荣；

2004 年，艾美特电风扇通过国家质量检验检疫总局评定的“产品品质国家免检”；率先承诺风扇电机终身保用；

2005 年，由国家质量监督检验检疫总局授予“中国名牌产品”称号；同年，获颁“广东省著名商标”荣誉证书；

2000~2006 年，连续七年获得深圳市“工商业百强”；

2001~2006 年，艾美特电风扇大陆市场综合占有率连续六年居大陆企业前三名；

2006 年，经国家质量监督检验检疫总局评定，再次获颁“产品品质国家免检”证书；

2007 年，由商务部颁发 2006 年度“最具市场竞争力品牌”；同年，获全国总工会授予“全国双爱双评先进单位”荣誉称号。

2008 年，艾美特获得“中国驰名商标”。

2009 年，艾美特“和合品牌”文化得到中央领导认可，国务院副总理李克强莅临艾美特考察。

（本资料来源于艾美特官方网站）

对艾美特电器（深圳）有限公司（以下简称“艾美特”）副董事长蔡正富的采访，是在一阵阵大笑声中开始的。这种透着自信的爽朗笑声，一扫当下经济大势景气不振的阴霾，也反映出艾美特早早布局内销市场，在金融危机袭来之时“笑看风云变幻”的从容和镇定。

艾美特，1973 年在台湾以代工起家，1991 年在深圳建厂，1992 年开工，几乎百分之百做出口。1993 年开始尝试做内销，从 5% 内销比例一路走来，到 2010 年，艾美特的内销市场占 54%，成为艾美特的半壁江山。

找好经销商　共抗“三角债”

企业的品牌与通路之间存在着一种相辅相成的关系，即通路支持品牌，而品牌又将反作用于通路，处理好了两者之间的关系，将出现双赢的局面；倘若两者之间出现了矛盾，则会形成恶性循环。

1997 年艾美特正式成立大陆市场部门，第一批经销商在深圳西丽开始起步。那时候，蔡正富跟经销商们承诺“从现在开始，我们让你们先赚钱，我们 10 年不赚钱，我们把通路的成本拿回来，利润都给你们。”在利润的刺激下，经销商都很拼。因为他们之前就有一定的销售经验，所以，在一年以后，他们都有实实在在赚到钱；这样，经销商们也看到了希望，开始投入更多资本。

“我们 1993 年开始做内销，那时候三角债严重，确实很难收到钱。”蔡正富神情有些凝重地说：“但是，后来我们知道，只要坚持做下去，就不怕收不到钱。”其实，经销商只要做好，就有钱赚；而零售终端，只要货卖走，他也有钱赚，但是零售终端会拖钱。艾美特当时就采取压钱的策略，比如，这个月零售终端卖了 10 万块，隔月艾美特会再给 10 万块货给他，前面 10 万就返回来。蔡正富说：“三角债严重的时候，零售终端不会马上把钱给你。可是，当他发现可以压货，卖出去的钱就可以先给你。这样，循环下来，资金的压力也会相对减少，流动率也会增加。我通常会拉经销商跟我一起压资金，经销商是本地人，原来就在公营企业，他更懂得处理公共关系。”而经销商也很乐意去做这些，“因为他已经有基础了，前面已经把他养大。”

艾美特的经销商都是一年一签，在前一年 12 月底就要签第二年的合约，经销商通常要先压一笔钱，叫经销商群确认金。经销商前一年卖得很好的老机种，也要先买断一部分。经销商压的钱，艾美特会当做经销商的额度来派货。在这种模式下，艾美特携手经销商走过了那一段最艰难的“三角债”时期。

通路拓展开后，经销商跟制造商之间的互动就更加积极起来，正是这种积极的互动，造就了艾美特与他的经销商们的双赢局面。

转型需要有效的商业模式

品牌不仅仅是产品的名称，更多意义是决定和体现企业的发展能否成功。时任艾美特总经理杨浴复在采访时向我们介绍说，当时台商过来大陆，只是把台湾劳动密集型产业转移过来，依然是做外销，但从台湾的经验看，只做代工是不可能成长为一个成功企业的。所以，当时的艾美特最先要做的是建构一个商业模式。

怎样才是一个成功品牌的商业模式？杨浴复说：“一个成功的商业模式，是不会随着时间的走过再次面临同样的问题，然后再次被淘汰的。”大陆是一个世界工厂，在为世界代工过程中，农村劳力大量走向工厂，当他们走入工厂后，农村整个收入都会增加，这样，农村也会开始都市化；最后，以 13 亿人口来讲，也会成为世界最大的市场。“所以，那个时候我们就想，要创建一个商业模式，在大陆一定要建立自己的品牌，才能脱离台商代工的宿命。”

经过思考，艾美特选择“内外销同步走”的商业模式——用做外销的品质做内销，用做外销赚的钱发展内销市场。

当时艾美特在欧洲、美国都占有一定的市场，但是，艾美特决定从全世界最难做的市场——日本、韩国市场做起，因为困难的事情，别人往往不容易去复制。把日本市场做成功了，利润回收就比较高，这样，就有足够的利润支持内销市场发展。当时艾美特的一个政策就是：“发展中国品牌，以及全力发展日本市场，做全世界最高档的市场。”这样，有了欧美、日韩、大陆三个支点，艾美特一路走来都很顺畅。

品质决定出路

艾美特的目标是继续成为专业小家电企业的领头羊。蔡正富说,艾美特奉行“老二哲学”。不会为了抢市场份额而血拼价格，公司的产能也满足不了这种折腾。

“以数量来讲,大陆本土品牌‘美的’是第一的。‘美的’是把一些厂集合起来，共同打一个品牌。它更多的是做中低端的市场，量很大，再加上它各类大小家电通吃，所以，在电扇这个行业里，在量上‘美的’第一，艾美特第二。但是，艾美特的价格绝对是最贵的，品质一定是最好的。”蔡正富认真地说道。

品牌的核心就是能为消费者提供领先的高品质产品。而在很大程度上，品质决定品牌。有什么样的品质，就有什么样的品牌，品牌能走多远，取决于优良品质的一贯性，品质稍有差错，辛辛苦苦建立起来的良好印象就会逐步消弭。

艾美特一直强调“品质是公司的生命”。所以，对于品质的要求，艾美特也一直严格把关。蔡正富表示，艾美特基本上都是用产品力在说话，有人买，口口相传。

制造商和消费者是一对相互依存的共生体，没有消费者的认可和使用，制造商和他的产品就没有存在的意义，而产品的品质正是联系二者的生命线。产品的质量一旦出现问题，二者之间的生命线即被切断，消费者心里有了伤疤，制造商也没有了生存的依据。

蔡正富认为，品质的关键还在于产品创新、差异化和品牌价值。艾美特新设计的电扇，基本上每年在二、三月份开始上柜。一般第一批都是一些家电厂拿去，因为从艾美特的新产品中可以看到这个行业的趋势。

杨浴复也跟我们说道，“那个时候，也有一些台商电器厂家在大陆投资，他们当时都把淘汰的模具拿过来销售，他们把大陆市场看成是一个比较低级的市场，我们认定这种做法是不会成功的。因为大陆有最大的市场，面对最大的市场时，人的动作一定是最积极的，当你拿一个过气的东西来低看大陆市场时，那一定是不被欢迎做不成的。我们认为大陆市场会关注一些比较精致的东西。所以，从做大陆市场一开始，我们就根据亚洲人的习性，把在日本开发的一些产品，先挑一部分转入大陆市场。这是一个过渡期，之后随着每年的成长，我们一直注力研发更适合大陆市场的产品，一步一步建立起自己的品牌。”

蔡正富说 :“我们出来的产品就是要卖最贵的，因为品牌自主性比较高，假如刚刚开始就杀价，做到最后，你的量有可能做大，但是不会赚钱，这个品牌也没有价值。所以，艾美特一开始就把产品定位很高，外销要做日、韩高收益的市场。我们认为，这样的商业模式，即使到最后，工资上涨了，经营环境恶劣了，也一定是最后被淘汰的。只要这个产业存在，艾美特就有信心永远不会消失。”

艾美特一直以来强调品质，强调创新，2008年，国家工商总局正式认定其为“中国驰名商标”。

做大做强区域市场“蛋糕”

当市场竞争达到一定激烈程度时，尤其是一种产品在一个区域市场中进入成熟状态的情况下，市场的区隔形态就会开始显现，市场细分也就成为可能。

一个强势品牌在整个行业内具有很强的竞争力，企业有实力、开发能力强、货源充足、产品规模较大、企业成本低客户口碑好。这也要求企业要寻找当地市场上前几名的经销商，并在强大实力支持下，进行一系列广告、促销等活动，在工程、家装、零售等不同管道展开，力求迅速拉开与别的品牌的距离。利用厂商配合，加大政府采购的选用，著名建筑的使用，这样既提升销量，又提高知名度。

长期以来，由于艾美特产品的高端定位，省、地级市场已经基本完善，艾美特在这些市场的消费者心目中的地位日渐成熟；然而，在一些基层市场，如乡镇市场，消费者对艾美特的认知度仍十分有限。

于是，艾美特决定细化市场，区域化经营，把一个大的市场做专、做精，进而做强。因此，艾美特创造性将原有资源进行整合，并对原有销售模式进行改革，成立艾美特销售有限公司。

蔡正富表示，艾美特销售公司的成立具有强大的发展优势：首先拉近了厂家与经销商之间的距离，将两者融为一体；其次，双方是一个利益共同体，能够互相体谅，共同为之奋斗，有强大的凝聚力；再次，更能贴近市场，反应速度更快。

在2007年3月，艾美特成立浙江销售公司，到7月份短短的几个月内，其销售额突破4500万，“这远远超出我们的想象。”蔡正富说，“这是艾美特在经销模式上的一次成功改革和尝试。”随后，艾美特又根据江苏和安徽的总体经济情况因地制宜地先后成立了艾美特江苏销售公司、艾美特安徽销售公司。

蔡正富表示，3个艾美特销售公司的成立，再次增强了广大经销商与艾美特的携手，推广艾美特品牌、经营艾美特产品的信心和决心。

“四季产品”加强品牌知名度

品牌的知名度是品牌的重要属性。而艾美特早期都是用产品力说话，靠消费者买回去后口口相传，因此艾美特的品牌美誉度很高，但艾美特的知名度、产品销量与其高美誉度却并不成正比。

“这几年，我们也在加强品牌知名度的推广，比如，增加一些四季产品。”蔡正富说，“因为，电扇和电暖器都是季节性很强的商品，一年下来，消费者可能有几个月看不到艾美特的产品，这样很不利于艾美特这个品牌知名度的扩展。所以，我们现在要增加四季产品，比如电饭煲、压力锅、电磁炉等的研发力度。”

现在，因为艾美特的电磁炉、电饭煲与其他家做厨房小家电的厂商比，没有什么优势，所以，价格上没有走一直以来坚持的“最贵”的战略。蔡正富说，“我只要提高架动力就好，让我的柜台不用空下来，有东西摆。现在，艾美特已经开始研发，而且，韩国三星已经委托艾美特代工果汁机，日本一些知名品牌也表示希望让艾美特代工厨房小家电。一开始代工，我们都不赚钱的。但是，我们能学习到技术跟经验。”

这样，艾美特又开始重复自己的商业模式——用做外销的品质做内销，用做外销赚的钱发展内销市场。

艾美特也是“家电下乡”中标企业，蔡正富说，“我们希望用微波炉、电磁炉去打开广阔的农村市场，希望用我们的产品跟农村用户朋友去阐述品质，使他们真正认识和记住艾美特品牌。”

和合品牌 诚信公勤

艾美特认为，要成为一个“长胜”的企业，企业文化必须建立在信任与尊重的基础上，唯有信任与尊重的企业伦理，才能造就快乐的工作环境，也才能培养员工勤勉的工作态度。

“和合”是中国传统文化的精髓，“和”指和谐、和平、祥和，“合”意融合、结合、合作。“和合”对国家而言为和谐社会，艾美特将之演绎为“和合品牌”文化，这是艾美特独创之企业文化。

艾美特的“和合品牌”文化包括一个核心、五大关系。一个核心即为自主创新，又包括管理创新、文化创新、技术创新和品牌创新。自主创新是“和合品牌”的核心和前提，只有“自立”方能“合众”；自主创新也是企业实现更好更快发展的动力源泉。

在管理创新方面，艾美特实行职业经理人高度自治的管理架构，推进企业由家族企业向企业家族的转变，实现企业稳健发展；推行人才的本土化，与当地文化高度结合，这是品牌在地域推广的润滑剂；构建网络化管理平台，导入 MRPII/ERP、CRM、BPM 等管理系统，实现现代化的企业管理。

文化创新方面，艾美特是台资企业中最早组建企业工会组织的，开创了外资企业成立工会的先河；倡导以人为本，给员工配股，实现和谐劳资关系；坚持创办企业内刊《艾美特之友》，传承和发扬艾美特的企业文化;建立“艾美特职工之家”，丰富员工生活，构建和谐企业文化典范，艾美特也因此荣膺全国“双爱双评”先进企业。2009 年 2 月 7 日，国务院副总理李克强特意到艾美特考察。

技术创新方面，耗资人民币 2000 多万元组建大陆行业最大的小家电研发中心，有来自法国、日本、大陆及台湾、香港的研发设计精英 500 余人。艾美特的新产品研发能力达年 200 款，平均每 1.5 天就有一款新产品问世，“艾美特”小家电已成为国内外高端市场的领军品牌之一。

“和合品牌”的五大关系，指对员工求和善、对消费者求合用、对经销商求合作、对行业求和平、对自然和社会求和谐。这五大关系又是“和合品牌”文化的精髓，只有处理好与员工、消费者、经销商、行业、自然和社会间相互共生的关系，才是真正的“合众”。

温家宝总理常讲“和而不同”。艾美特认为，各行业应在和平竞争的同时寻求差异化竞争优势，而不是在惨烈的价格竞争中拼个你死我活，这才是“和而不同”的要义所在。

追求企业与自然、企业与社会的和谐共生是艾美特“和合品牌”文化的最高境界。艾美特的生产过程执行国际环保标准，零污染排放；企业有“义工”团队，宣传和谐社会的建设；十余年来，艾美特员工无偿献血累计近 40 万 CC；汶川地震、玉树地震，艾美特不遗余力捐款捐物近 1000 万元人民币；截至 2010 年 10 月，艾美特已在江西上犹、江西大岗山、云南师宗、四川马边捐建4所“艾美特希望小学”。

30多年来,艾美特电器也一直秉持“诚实经营,信用立足,公是公非,勤劳奋发”即“诚、信、公、勤”的企业经营理念。“诚”是人内在的德性;“信”是诚的外在表现,诚于中,必信于外;“公”源于佛教的公事公办,意味着以海纳百川的眼光及心态来客观地评价事物;“勤”体现工作态度。“诚、信、公、勤”是中华民族千百年来最基本的道德要求,对人际的和谐及团队的合作产生了极其重要的作用,正是这种理念成就了艾美特企业久立商界前列!

谈到未来的发展时,蔡正富大笑着说:“现在政府也很支持内销,所以,在内销上,我们也考虑加大力度,让内外销一起成长!”

百脑汇：虚实整合，构造 IT 终端通路

蓝天电脑董事长　许崑泰

蓝天电脑 Clevo 于 1983 年在台湾成立，主要致力于 Notebook PC、LCD PC 与 Tablet PC 等相关产品之研发、制造，为业界最早投入 NoteBook 研发的上市企业之一。自 1998 年起积极布局大陆，并百分之百投资成立大陆最大连锁电脑商场——百脑汇资讯广场（BUYNOW）。

目前公司总资产估计已近 100 亿人民币，百脑汇展店计划将采取以省会城市向二级城市扩散的“2550”策略，预计 2017 年左右完成大陆市场布局；届时，百脑汇总店数将达到 75 家，而公司营收总额将翻倍。

百脑汇
Buynow

IT 通路大王许崑泰的心路历程

许崑泰从 IT 制造业起家，却在电脑卖场闯出另一片天，这其中的心路历程要追溯到求学时代光华商场给他的“13 万”启示。

在许崑泰就读台北工专时，目前已拆除的光华商场当时正好开幕，他发现一个 20 平方米的柜位，竟要缴给政府权利金 13 万到 14 万元新台币，这在当时几乎可以买下一间公寓。这个震撼教育一直深埋在他心里，一直到 1990 年代他前往大陆寻找投资机会时，毅然决定将台北光华商场的经营模式搬到大陆。

许崑泰觉得当初投资百脑汇所想到、看到的，就是盖好后，这个“13 万”的机会。这个动机，也促成他成为今天的 IT 通路大王。

此外，许崑泰从求学时代到创业一路走来，身旁一直有一位重要战友，即百脑汇总裁蔡明贤。百脑汇成立以来，许崑泰负责找地盖楼，蔡明贤则专注卖场经营，两人多年来合作的默契，也是百脑汇所向披靡的重要因素。

“2550”计划

百脑汇正在推动一个“2550”计划。“25”指的是在大陆一级城市或省会城市开 25 家店，“50”则是指省会辐射出去的二级城市再开 50 家店。目前，“25”已接近完成，现正在推“50”计划。

百脑汇总部营运管理处高级总监沈其祥接受记者专访时，再次高调诠释百脑汇一直坚守的No.1扩张战略，语气十分坚决。

13年来百脑汇的三个商业模式

模式1　蓝色地产新趋势　自地自建

百脑汇自建的大楼每一栋都包含“塔楼”与“群楼”两个部分，塔楼作为卖场，可以有数百、上千家经销商进驻。百脑汇成都店、广州店、南京店等，都是在大楼建成售出群楼商办后就直接回本。接着，商场开幕后聚集商圈人潮，又再带动附近房价飙涨，百脑汇的潜在资本额也因此大增。这种一波接一波的地产成长现象，媒体直接称为“蓝色（IT业）地产”新趋势。

模式2　航空母舰效应

进驻每一个城市的第一家店一定都要具备像百货公司一样的规模，才能稳夺第1品牌的招牌。

当第1品牌地位确立后，HP、华硕等大厂就会确定进驻，并指定绩优经销商代理，形成通路与品牌、卖场与经销商“强强联合”的效果。当一个卖场的参与者都是竞争力强的厂商时，不只管理方便，也会像航空母舰一样，带领整个商圈蓬勃发展，并确保该城市的第二家、第三家百脑汇具有竞争优势。

模式3　提前布局二线城市

百脑汇在布局省会城市的同时，也锁定人口200万以上的二级城市，新开业的山东淄博店和黑龙江大庆店都属于这一类型。

1998 年，包括鸿海、广达、仁宝在内，台湾"电子五哥"配合客户需要，陆续进入大陆，在当地建立生产线，降低成本迎战未来的代工挑战。蓝天电脑董事长许崑泰和副董事长蔡明贤想了很久："跟进"，加入毛利保卫战？还是"转进"，换个领域再出发？他们选择了后者。

从台湾的 IT 制造业转战大陆的 IT 流通业，蓝天电脑旗下的百脑汇不仅做到了，更在登陆短短 13 年内，稳稳坐上了大陆 IT 卖场龙头的宝座。百脑汇总裁蔡明贤得意地说，如今，很多大陆消费者买 IT 产品，最先想到的不是买哪个品牌的产品，而是选择先去百脑汇。一家大陆专业机构的市场调查显示，有超过 40%的消费者购买 IT 产品时，最先想到的商场就是百脑汇。

百脑汇采取商场自建、大陆联动、专业服务的独特策略，全大陆卖场每月人流量达到 1500 万以上，俨然成为大陆 IT 渠道的领先者。

坚守 No.1 战略　稳坐龙头

"不做第一，就会挨打！徐家汇是目前上海三大 IT 商圈中最成熟的一个，也是大陆 IT 市场的一级战区。拿下徐家汇，就是上海第一，自然就会在大陆立于不败之地！"针对"逆势开店"的质疑，百脑汇总部营运管理处高级总监沈其祥接受记者专访时，再次高调诠释百脑汇一直坚守的 No.1 扩张战略，语气十分坚决。

2009 年 8 月 15 日，百脑汇继上海美罗店（徐汇一店）、浦东店（八佰伴）之后，在徐家汇商圈再斥巨资 5.5 亿（人民币，下同），打造面积达 1.8 万平方米的第三家大型 IT 商场——徐汇二店。开业锣鼓震天之时，正值金融风暴肆虐，周遭对手林立，百脑汇在顶级商圈的再次"落子"，不啻于落入 IT 流通界的一枚重磅炸弹。

尽管隶属于台湾知名电脑制造商蓝天电脑集团，但是历经 13 年大陆一线 IT 通路的打拼，"百脑汇"这三个字在大陆比蓝天电脑叫得更响，更以其"楼地板面积"、"商家席位数" 2 项指标拔得头筹，成为大陆 IT 商场的龙头老大。

"当初公司是一个制造商，只是想把制造的部分透过通路平台，更快进入大陆市场。"沈其祥说，尽管集团推出自有品牌产品的想法一直停留在探索和评估阶段，但是甫一进入流通领域，百脑汇便搭上了大陆 IT 消费市场的成长快车，一路顺风顺水，“通路成了我们的利基事业”。目前，百脑汇营收占整个蓝天集团营收的30%，通路商的角色正变得越来越突出。

“我们在华东、华北、东北、华西、华中及华南六区成立独立的营运中心，并展开积极的拓点计划，目前已有22家大型复合式IT商场。”沈其祥指出，百脑汇在考察了消费能力和IT市场份额的基础上，锁定目标城市，同时还要以“位于科技一条街或重要商圈”、“接驳轨道交通”、“临近高校”等详细指标选址卡位。尤为重要的是，对在地竞争对手的评估，“有些对手已经在地10年以上，如果我们评估后得出‘5年内无法超越’的结果，就会暂时放弃这个城市。”

“一定要做到第一名，这样你的管道才会强势，掌控更多的话语权，也能吸引更多的知名品牌入驻，并与他们产生良好的互动行销。目前我们大概有3/4的店已经做到了当地第一名，其他1/4正在努力之中。”显然，No.1已经成为百脑汇扩张战略的核心理念。

一级地段、第一名，平均2万平方米的单店面积，22家店中90%都自地自建，随着大陆资产价格的不断飙高，百脑汇也必须不断投入更多的真金白银。

“最早的时候，圈一个商场连1亿都不用；现在，盖一个商场最起码都要2亿以上，而且都是采取土地竞标的方式，有时会因为没有合适的土地释出或价格不合适而不得不长期等待，比如重庆，我们就谈了3年才进去。”

“我们希望能够开75家店。其中25家开在一级或省会城市，争取做到当地第一名，市占率达到80%，构造大陆最具代表性的IT终端零售通路。”

以服务为导向　自我超越

事实上，百脑汇13年的大陆市场耕耘，走出的正是一条“最具代表性的”IT终端成长之路。

“这13年里，我们是在提升与优化中发展的。”沈其祥指出，市场需求的不断打磨，让百脑汇自身的体系也经历了由第一代店到第五代店的嬗变。

大陆的IT商场最早都是租金收入导向，没有业种分区。百脑汇在第一代店就导入了业种分区的概念，把诸如戴尔、索尼、联想、惠普及三星等市占率较高的品牌放在门口，在稳定黄金位置租金收入的同时，对提升企业形象和吸引人流都有很大助益。

而异业结合的复合式经营，多元业种组合，一站购齐 One-Stop Shopping，成为百脑汇第二代店的显著特征，“比如广州店在全大陆 IT 商场第一个引进了星巴克、一茶一坐、面包店、巧克力店、7-11 便利店等，给专业商场赋予了购物中心的概念。”

走过了强化企业形象识别系统，具备了百脑汇 DNA 的第三代店，位于 IT 零售主战区的美罗店和徐汇店，则以更有主题化的经营特色，开启了百脑汇第四代店时代。

据沈其祥介绍，第四代徐汇店规划出 3 个主题专区：3F“潮人馆”打造潮人文化，把握流行趋势；4F“达人馆”将成为新生代 IT 数码达人一展身手、收集最新资讯的情报圣地；5F“文人馆”引入了季风书店，营造知性的文化氛围。

“我们在变，竞争对手也在跟进。前四代店的硬件提升和差异很容易被复制，所以，我们的第五代店会在软件上寻求突破。”沈其祥表示，践行百脑汇“价廉又物美，服务百分百”的核心理念，第五代店将以服务为核心，以资讯化全面提升管理水平。

而资讯化和系统化的建构，关键在于后台资料库的累积和整合，百脑汇在这方面做了多种尝试。比如为商服人员配置直接与后台联动的多功能笔记本，实现即时快速的现场管理；在为商家进行明码标价的统一印制时，收集和输入商品型号、特色说明、价格等讯息；试推统一收银系统，掌控商家的营业状况等。“整合这些

百脑汇体系由第一代到第五代的嬗变

第一代	导入了业种分区的概念	挑出业种里面市占率最高的品牌放在门口。一方面是形象，另一方面这些大品牌也出得起租金。如：戴尔、索尼、联想，惠普、三星。
第二代	加进了很多复合式经营的业种	如广州店面积大，是第一个引进星巴克、一茶一坐、面包店、巧克力店和 7-11 便利店的 IT 商场，增加了购物中心的概念。
第三代	导入了企业形象识别系统	如在外立面推广商场里产品的标识，品牌特征更明显。
第四代	主题化的经营	分类不同的主题。如 DIY，潮人馆、文人馆、达人馆，耗材配件类等。
第五代	以服务为核心，做到“价廉又物美，服务百分百”	比如整合商家讯息，可以为消费者搜索特定型号的商品位置、价格，以内部评鉴之后的服务，以资讯化提升管理的水平和深度排序，为消费者推荐。

讯息的目的，还是为了提供给消费者和商家更好更完善的服务。”沈其祥说，资讯平台建好之后，可以为消费者搜索特定型号的商品位置、价格，以内部评鉴之后的服务排序，为消费者推荐最合理的商品，节省时间和金钱成本；同时可利用资料库的数据分析找出最热销商品，为商家做销售指导，“单纯赚取租金的管理是粗放的，百脑汇以服务为导向，目的是强化管理，放大综效，打造品牌。”

E 化系统　全面领先

电子商务时代的到来，意味着公开、透明和快速的竞争即将展开。百脑汇毫不迟疑地快人一步，投入更多的资源，将企业系统全面 e 化，导入 ER、供应链管理系统、e 化服务系统，创造快速即时的工作环境，让上下游的供应链关系更为密切。

除了深具远见的投资和不断持续创新之外，百脑汇相信，经验传承是产品研究和发展的一个主要关键。沈其祥介绍，透过 e-PDM（电子产品资料管理系统），使所有的产品研发计划皆依照电脑化管理程序，这些程序包括测试和检查所有可能发生的设计问题，每日更新所有透过企业内部网络归纳出的改进事项总表，确保知会所有设计人员；并于研发过程中，透过 Internet 与客户保持联系，除了使客户了解并实际参与外，更能迅速修改以达到客户需求。

百脑汇母公司蓝天电脑集团身为系统制造领导者，深知与上游供应商、下游经销体系及其他卖方等公司关系的重要性。为了长期与合作伙伴一起创造互利双赢关系，借由预测及顺应市场趋势以强化效率整合供应链，蓝天电脑于 1999 年采用 e-Supply Chain（电子供应链系统）。沈其祥指出，透过 e-Supply Chain 的使用，加速了采购流程、简化供应链、节约时间成本、改良效率且降低采购成本，更快速回应客户订单，借由联结买卖双方于同一供应链的方式，更有益于资源整合。

经过多年努力，百脑汇的营运管理系统也已经实现了全面 e-Service 电子化服务，客户可透过 Internet 查询下单的出货情形及记录，可享受直接从网站下载相关的技术文件、FAQ 数据库营销工具、驱动程序、在线客户需求，以及 RMA 在线查询等服务，使厂商与客户能快速便利取得所需的服务。

沈其祥说，百脑汇的全面 e 化，除了提升效率、减少人力需求外，同时更能有效利用空间，有效管理资讯，严谨控管库存；其中，最为重要的是，减少和改良了员工的安全问题。

“实体＋虚拟”无远弗届

品牌的打造，不仅需要自身内部的强身健体，外部环境的纵横捭阖也至关重要。

“徐汇新店开业以来，以盈利来讲仍然是叫好不叫座。”沈其祥坦言，密集分布的 IT 商场，已经使整体供给量超出了市场需求，“市场的饼并没有增大太多，但是供给的量体增大了，变成大家来瓜分”。按人流量来分的话，各家商场的份额都有不同程度的下降；竞争愈演愈烈，厮杀战中落后者必定被淘汰。

“生存的关键还在于差异化。”沈其祥指出，徐汇店是全系列全方位的 IT 专业商场，强调主体性、全覆盖，客群偏重于一般的白领阶层跟学生族群；而美罗店则是走精品路线，比较偏重于笔记本，定位于知名品牌的大陆旗舰店，瞄准的消费主体是高端的白领和金领阶层。“两店近在咫尺，希望能形成互补之势，后续还要在不断调整中厘清定位区隔。”

因应挑战的同时，百脑汇更看重的是机遇。“2010 年适逢上海世博会，长达 184 天的活动，吸引了来自全世界近 1 亿人流量，百脑汇抓住这个千载难逢的机会，借机推出一系列的品牌营销促销活动，在世界面前树立了百脑汇的品牌形象。”

据 2009 年 6 月调查数据，大陆上网人数达 3.38 亿，跃居全球网民最多的国家。“这是一个具有长远发展潜力的机会。”沈其祥说，百脑汇将全面推出 B–C 购物网站，实行多种网络推销方式推广厂商产品，并与一些已经很有影响力的电子商务网站探讨合作，“希望再花 5 年时间，把虚拟商场也做到第一名，透过网络购物进行快速扩张和渗透，实现实体与虚拟的有效整合，早日达到无远弗届的 IT 购物境界！”

移动互联网越来越成为互联发展的主流趋势，看好移动互联网的发展前景，百脑汇 2011 年 8 月再次重磅推出“百脑汇在线”O2O 模式，沈其祥解释，在移动商务时代，商家和企业能以更低成本直接触达目标客户，把生意做到消费者的手掌上。因此，相较于互联网，移动商务或更适合 O2O（线上 O2O 也就是 online to offline 线上购物，线下服务；线下服务 O2O 也就是 offline to online 线下购物，线上服务，商业适用，从而在这片江海中杀出一条血路。）

发展网络购物的同时，实体购物仍将是百脑汇主推的方向，多管齐下的营销战略主要表现在三个方面：一是联合商家进行组合促销，把不同商家有互补性质的产品放在一块促销，激起消费者更强烈的购买欲；二是组织媒体行动，把厂商形象和产品带入消费人群。比如搞“明星制造”，通过办活动，让媒体参与，同时面向年轻大学生这样最有潜力的电子产品消费人群，从而带动厂商的销量；三是改善市场环境，增加娱乐元素，吸引潜在消费人群，创造新的消费群体。“一站式购物”让消费者买好，吃好，玩好，把本来不想买电子产品的人的潜在购物欲望刺激进来，达到消费者、商家、厂家、百脑汇四赢。

2011年6月18日，百脑汇在淄博开了第22家店，百脑汇开始向二线城市布局。这个边养地边做生意的策略，让百脑汇成为金鸡母，现在占蓝天集团获利比重达三成以上。

相较于其他竞争者而言，百脑汇则更能提供专业服务予全球IT顶级品牌商，并协助厂商执行成功有效的市场通路策略。随着大陆各经济区物流的蓬勃发展、IT数码产品市场活络，通路渠道的先占优势下，未来更将全力发展“在线购物”之电子商务与REITS（不动产证券化）计划。

展望新的世纪，随着全球IT市场不断蹿升的成长率，与大陆经济体的高速崛起，百脑汇在“微笑曲线”的两端——“研发”与“品牌通路”，将“产品力”与“渠道力”有效结合，在大陆市场上展现IT创新者的强劲实力！

蓝天集团的王国

蓝天集团致力于资讯工业的研究与发展，在20多年的努力与经验累积之下，蓝天已构建起一个庞大的资讯工业王国：

1. 蓝天电脑（CLEVO CO.）：专业笔记型电脑供应商，主要生产笔记型电脑及LCD电脑，股票于台湾公开上市。

2. 群光电子（CHICONY）：全世界最大键盘供应商，股票于台湾公开上市。

3. 高效电子（HIPRO）：专业电源供应器供应商，股票于泰国公开上市。

4. 展达科技（XAVI）：专业XDSL供应商。

5. 百脑汇商场（BUYNOW）：中国大陆第一品牌的3C购物广场。

6. 群光广场（CHICONY Square）：中国大陆大型百货公司。

7. 信亿科技（ACARD）：IDE、SCSI、SATA RAID储存设备解决方案专业领导商。

8. 豪展医疗科技（AVITA）：专业红外线电子体温计、耳温枪、血压计等医疗器材制造商。

（此资料来源于蓝天集团官方网站）

成霖洁具：首开两岸上市先河

台湾成霖董事长　欧阳明

欧阳明 1979 年在台湾创立 Globe Union Industrial Corp.。1997 年，其在台湾获第一届经营卓越企业家“小巨人奖”；2009 年获台湾安永创业家大奖，并于 2010 年 6 月代表台湾到摩纳哥蒙地卡罗等世界各国得奖企业家角逐“安永世界创业家大奖”桂冠。成霖目前自有品牌占营收四成，代工占六成，市场以欧美为主。

深圳成霖洁具股份有限公司成立于1990年，主要从事水龙头、卫浴洁具及配件、精冲模、精密型腔模和模具标准件的设计、生产、销售和服务，同时还从事非配额许可证管理工作、非专营商品的收购出口业务。成霖于2003年收购美国GERBER公司，同年成功控股山东美林卫浴有限公司，于2004年收购德国Lenz公司。如今，成霖已从代理销售卫浴洁具商发展成为拥有“卫浴行业龙头”美誉的、横跨欧美亚三大洲、旗下拥有十几家公司的跨国企业集团。

本文采访对象成霖副董事长兼总经理庄贤裕表示，企业要具备“五心”才能上市。

成霖大陆上市历程

1990年　台湾成霖企业股份有限公司在深圳投资成立深圳华汸水暖器材有限公司（成霖股份前身），主要生产水龙头零配件。

1994 年 8 月　华汸水暖器材有限公司，更名为成霖洁具（深圳）有限公司，扩大规模从事水龙头及零件制造。

1995 年 5 月　于广州成立成霖洁具大陆业务部，统一负责大陆 GOBO 品牌水龙头的营销、推广及全方位服务，并先后在北京、上海、武汉、天津、重庆等地设立市场部。

2001 年 10 月　成霖洁具有限公司全面进行股份制改制。

2001 年 12 月　成霖洁具有限公司整体变更为股份公司，完成股份制改制，同时确认向上交所申请上市。

2002 年 3 月　成霖洁具股份有限公司耗资人民币 1.3 亿元历时一年多，投资设立的又一家工厂深圳成霖实业有限公司全面建成投产，实现在亚洲建立最大的水龙头生产基地的梦想。

2004 年 5 月　深圳成霖洁具股份有限公司通过中国证监会发审委审核通过，拟于大陆上市发行 A 股。

2005 年 5 月 31 日　深圳成霖洁具股份有限公司在深圳证券交易所 A 股挂牌上市，成为广东第一家上市的台资企业，也是第一家在海峡两岸都先后上市的台资企业。

大陆上市的成霖股份（002047）

成立日期：2001 年 12 月 31 日

首发上市日期：2005 年 5 月 31 日

2009 年净利润 0.54 亿元

总市值：26.81 亿元

2009 年度净资产收益率（%）8.8

近 3 年营业收放增长率（%）−18.04

近 3 年净利润增长率（%）67.75

（整理：刘玉娟　2010 年 9 月）

深圳成霖洁具股份有限公司以水龙头为核心竞争产品，ODM 的“全能代工”制造模式，产品畅销全球。两岸互补的生产经营模式，使成霖成为第一家在两岸证券市场都挂牌上市的台资企业，并晋身亚洲最大的水龙头制造商地位。

我们每天都会使用到水龙头，看起来小小的水龙头确实不值得一提，但成霖洁具却把小小的水龙头做成了遍布全球市场的大事业。

成霖企业股份有限公司于 1979 年在台湾创立，是台湾唯一一家股票上市的水龙头专业制造企业。1990 年，台湾成霖企业面临快速发展的机遇，希望拓展在台湾本土以外的卫浴市场，于是将目光锁定在了大陆改革开放的最前沿——深圳，在深圳宝安投资设厂成立深圳华汸水暖器材有限公司（成霖股份前身）；于 2001 年 12 月完成股份制改造，更名为深圳成霖洁具股份有限公司（以下简称成霖）；并于

2005 年 5 月在深圳成功上市（成霖股份股票代码：002047），成为在海峡两岸成功上市的第一家台资企业。

成霖以稳健的发展态势，迅速扩张，于 2003 年收购美国 GERBER 公司，同年成功控股山东美林卫浴有限公司，2004 年收购德国 Lenz 公司，2007 年青岛成霖科技工业园奠基成立，成功实现了从简单的传统产业向高附加值产业的华丽变身。成霖洁具年出口额达 2 亿美元，连续三年占大陆水龙头出口额 25% 以上，发展成为拥有“卫浴行业龙头”美誉的横跨欧美亚三大洲、旗下拥有十几家公司的跨国企业集团，是亚洲最大的水龙头专业制造及卫浴配件生产厂商。

两岸优势互补　合理产业布局

上市是广泛融资的有效渠道。2001 年，成霖在台湾上市；2005 年，成霖在大陆深圳 A 股上市。成霖在两岸上市除了融资之外，还有产业布局的深层考虑。

到 2010 年 6 月《两岸经济合作框架协议》（ECFA）签订前，成霖是唯一一家在两岸都上市的台资企业。对此，成霖副董事长兼总经理庄贤裕微笑着说，“成霖比较特殊的一点，是需要通过两岸的上市，把两岸的优势都发挥出来，真正做到海峡两岸优势互补。”庄贤裕认为，因为台湾开放得比较早，台湾的优势是在国际化方面比较成功。“早在上世纪六七十年代，在台湾念书成绩好的，第一个志愿都是海外深造，甚至工作也希望到海外去。台湾很多创业人，拿个手提包，整合几个工厂的资源，就到外面去参展。所以，台湾在国际上的据点、机构等都是很早就开始布局了。而大陆正好在这方面比较薄弱一点，因为大陆被关起来太久了，等开放以后，又不是马上就能走出去。对国外的陌生感及办理出国手续上的不便等都对发展外销有一定的影响。但是，大陆拥有庞大的人力资源，广阔的土地资源和原材料资源，最适合于代工企业的发展。”

简言之，成霖企业认为，台湾跟国际接轨的比较好，视野比较广，台湾比较适合做研发和市场；而大陆学识基础比较扎实，执行力强，适合建立生产制造基地。因此，对于产业布局，成霖在台湾主要是做研发和开拓通路，在大陆则侧重于产品的生产。庄贤裕强调，“因为这种优势互补，台湾上市公司跟深圳上市公司才能各司其职，各尽其能。”

上市是持久战　要具备“五心”

谈到上市，成霖的副董事长庄贤裕表示，要具备“五心”，即“决心、耐心、用心、平常心、诚心”。

庄贤裕表示，申请大陆A股上市是一项艰辛、折磨人的长期“抗战”，从准备股份制改制到通过发审委审查少则三年，多则五年，甚至更久。其中除了人事成本与中介机构费用庞大外，为了符合上市的各项规定，公司营运、管理方式必须有所改变、取舍，没有很大的决心，很容易中途放弃。

其次，申请上市期间，接受中介机构的整改过程需要有极大的耐心。辅导过程中要接受律师、会计师、证券公司不断的叮咛，持续整改。而且，申请上市文件“其招股说明书，一个字都不能错，Copy份档都小心翼翼，不能歪掉，这就是用心。”

上市只是融资的一种方式而已，绝非公司经营成败的表征。庄贤裕表示，能否获准上市，要以平常心看待，尽管三年、五年之久，还是要以诚心做好两手准备——准备了三年的申请上市文件总算提出了，该提交的提交了，该沟通的沟通了，反馈意见也回复了，预审会也完毕，就剩上发审会的聆讯这决定胜负的最后一关，事在人为，一定要坚持努力到最后一刻。

并购经营　扩展国际通路

并购是快速打开国际市场的“敲门砖”，成霖在国际并购方面有非常成功的经验。近几年来，我们发现成霖在不断并购国际知名的卫浴品牌。2003年初，成霖趁着市场景气不佳之际，以3000万美元并购了拥有80年历史、在美国拥有1350家经销商的卫浴品牌公司GERBER。2004年12月，成霖又并购了拥有完善的品牌、通路与组装厂一整套市场运作系统，在德国当地知名度颇高的卫浴配件厂LENZ公司。2006年并购了素有“27年来台湾精品卫浴最美丽的代名词”之称的丽舍。2007年4月，成霖以3684万英镑（当时约新台币23.95亿）的价格，购得排名居全英厨卫品牌通路商第一的PJH公司的全部股权。成霖一系列的并购举措，意欲何为？

成霖并购的这些卫浴企业在所在地都有很完善的经营网络。并购重整之后，成霖就可以借助他们的通路来经营自己的产品，更好地切入当地市场，从而拓宽自己的销售渠道。从更深一层来看，一个品牌的建立需要很长的一段时间。而并购国际知名品牌相当于让成霖在短时间内成为拥有很多个自己的知名品牌的集团企业。庄贤裕说："GERBER 有一个亿美金的营业额，台湾成霖成功并购后，等于接收了 GERBER 一亿美金的营业额。我要做到一亿美金的营业额可能要十几年，而且你如果要打品牌，花一亿美金还不见得能打出这样的国际品牌。"

成霖也不是盲目地进行并购业务，而是有所选择。庄贤裕说："其实，并购也是有技巧跟选择的。比如并购的 GERBER，有三个陶瓷厂和一个水龙头厂。当时，GERBER 生产水龙头因为成本太高已经亏本，所以，成霖在并购后，关掉了 GERBER 的水龙头厂，把好用的设备转到大陆来。而陶瓷厂，因为窑炉拆掉再转到大陆的话不划算，所以，成霖就选择把炉子关掉，直接买品牌。成霖在台湾的上市公司有雄厚的资金去购并国际上的通路，而大陆这边则可以根据台湾的要求，主抓生产环节，有多少就可以做多少，要做多大就能做多大。两边有这样的分工和布局，才是真正海峡两岸的优势互补。"

成霖借助并购的国际知名品牌的销售渠道，从而拓宽了自己的销售网络，打开了国际通路。

创新与服务并行　走在竞争之前

成霖一直十分注重在水龙头行业的专业技术和风格创新竞争力的培养。大品牌通常会选择成霖来做他们的贴牌厂家，成霖能够做出高品质的东西，性价比也很好。

贴牌的竞争，也就是说我贴你的牌，你也可以给别人贴，主要是看贴牌厂家的品质和价值。庄贤裕表示，成霖现在还有些优势：第一，有规模；第二，信用不错，有资金，通常贴牌有很大量的话，客户可能要找 10 家来贴，也就要 10 家出货，肯定不如找一家大的值得信赖的贴牌厂商方便，产品品质也有保证；第三，成霖可以提供给客户多项选择，多规格的产品生产方案，以及多渠道、多组合价位选择。

庄贤裕自信满满地说："成霖是做 ODM，每年至少可以有超过 100 种款式供客户选择；我们工业研发人员就有 400 多位，模具我们自己开，可以开很多模具来做很多款式和规格的产品。"

贴牌有两种，一种是 OEM，指别人研发的东西拿给你，你把产品做好就好了，把好品质关。而成霖不但能做到这样，还能够根据市场的情况，设计出市场所需要的产品，替客户掌握到市场的流行因素，可以让客户的产品更好卖，即 ODM。

价格对客户也要有竞争力。客户要有比较合理的利润，才会愿意让你来贴牌，如果没有利润，客户就会找别的厂家了。成霖通常会为客户尽可能地节约成本，为客户保留尽可能多的利润，也尽可能地把利润多让给客户一些，成霖主要是做量，客户稳定，量多，成霖的利润自然也就上去了，与客户间维护好互惠互利互赢的长久合作。

品质和售后服务方面的优势也是客户选择成霖做 OEM、ODM 的原因。因为贴牌，品质不好的话，对客户的整个信誉是有损害的。客户的门店一般都很多分布很广，如果售后服务跟不上来，客户的信誉和品牌美誉度都会有很大影响。成霖对产品的品质一直精益求精，力求做到最好;在售后服务方面，成霖都有跟踪追访，成霖在世界各地的据点，可以做到及时完美的售后服务和维护。

以文化促市场　攻占鳌头

做了那么多年的卫浴产品，庄贤裕明白，水龙头的产品市场很大程度上是受地域文化影响的，而并非是简单地与经济发展水平并行。

据了解，在美国热衷于更换卫浴产品的一些家庭甚至还不如大陆某些家庭富裕，但美国人把卫浴产品特别是水龙头视为家庭的一种装饰品，追求新式、美观、环保、便捷的生活理念。“水龙头产品在国际市场上，尤其是美国、加拿大，是我们主要的客户市场，他们习惯对水龙头 DIY，追逐流行，自己动手来换水龙头。不像亚洲和一些华人地区，水龙头要用到漏水、不能用了才会换。”庄贤裕说，“在

台湾上市成霖企业（9934）近几年营收概况 单位：(亿元) 新台币

年份	2007 年	2008 年	2009 年	2010 年上半年
营收	55.38	32.84	33.09	18.19
税后净利	7.09	3.01	4.06	6.66

（资料来源：台湾公开资料观察站）

欧美人看来，手要到最脏的时候才摸水龙头去洗手、水龙头要用到漏水才换，这样的生活习惯简直不可思议。而他们一般一两年就要重新更换最新样式的水龙头，他们认为水龙头在浴室里有画龙点睛的效果，水龙头也是体现和表达家居主人的品位和个性所在。”

据统计，一个美国人在一生中大概水龙头要换 15.3 次，而中国人一生中大概换 2.5 次。这个差距很大，所以，成霖的水龙头在美国、加拿大的销量非常大。在科学分析了文化对于产品市场需求的影响后，成霖积极探索“以文化促市场”的行销理念，在推行卫浴产品的同时，倡导一种积极、健康、环保、舒适的生活理念。也正因如此，成霖股份才能在如此激烈的市场竞争中抢占国际市场。数据显示，全美每年所消费的水龙头中仅 14% 是从美国以外地区进口的，而成霖占了全美进口总额的 1.2%。

提升自我　成就永继经营

成霖的成长并非一帆风顺。2005 年时，材料上涨，人民币升值，出口退税率降低，很多外销企业都遭遇了致命的打击，成霖也不例外。

每一次原材料涨价，成本自然上升，成霖要想保住现有的客户，产品就不能跟着涨价。但是每一次困难也都是推动进步的机会，成霖只能不断压缩利润空间，提升自我生产技术和能力，改善管理。“从那个时候开始，我们已经在整理内部了。从改进制造技术着手，开发高附加价值的产品；从管理和物流流程着手，进行优化，自我提升。”庄贤裕表示，材料上涨的时候，有些小厂家扛不住，不敢接单，这也使成霖的营业额有所上升。那段时间成霖的经营策略就是力求份额增加，利润下降没有关系，要维护住原有的客户不走掉。“有的时候会亏，我们就自己吸收。”

成霖不断想办法来降低成本。从管理、材料、研发上想办法；从制程优化上下手，每个制程都要降低不良率；在模具研发上，也研发出一些在后面的整修上可以省工的模具。回想起这几年的历程，庄贤裕感慨地说，“经过这样的历练之后，只会把体制锻炼得更好一些、更强一些。那时候，不是说要多赚多少钱，而是要能一直维持今天的成绩，提升抗风险的能力，这才是重点。成霖的财物结构非常好，人员很稳定，客户很稳定，不会因为外面的一点波动而倒下去，摇两下，又会站稳。这就是一个企业，永续经营的企业。”

创建自有品牌　稳健布局内销

虽然成霖以外销为主，但是，它很早就开始布局内销市场。目前成霖内销的营业额并不是很大，不到整个营业额的5%。

成霖拥有的内销主打自有品牌高宝（GOBO）维持在中高端定位。庄贤裕说：“中高价位的水龙头市场比较难做。商品房的装修不一定都是高品质追求，大陆对于卫浴用品也还没有很高的时尚诉求，对于水龙头的认识也还是在实用、耐用、不漏水的要求上，自然价格拉不上来。目前，在水龙头的消费文化还没有普及到DIY、一两年内必然更换水龙头的时候，成霖的内销市场也不是很好拓展。”

台湾的一些知名品牌，不管是宏碁、华硕，他们的自有品牌都做得很好，但是他们还是有做贴牌。庄贤裕说：“贴牌做久了，总是会有自己的品牌；而且一定要有自己的品牌，不能一直附在别人的品牌下生存。但是，你要稳定的话，就不能够为了发展自有品牌就放弃了原来的贴牌，那么当自有品牌失败的时候，要怎么办？自有品牌必须花很多时间在品牌的建设上，那就可以把在贴牌上赚的钱，拿出一些来，支持自有品牌的发展。”

创建自有品牌和拓展内销市场是相辅相成的。成霖在这条路上一直走得很稳健。在创建自有品牌上，成霖并不是盲目创建的。庄贤裕表示，成霖在这方面是很谨慎的，内销还是要一步一步来。成霖作为一个上市公司，EPS（每股红利）要保持到某个程度，股价才不会下降，成霖不能把利润拨出太多来做内销。内销是需要很多精力、时间和金钱去铺路的，一定要打好基础，精心筹划。

但是，布局大陆内销市场，逐渐增加内销比例又是一条必须走的路。成霖在内销方面已经打好了伏笔，庄贤裕说：“公司在深圳A股上市，也是为了以后拓展内需市场更方便一些。”上市公司毕竟有一个形象与公信力在，在做内销的时候，就会更加容易打出品牌及市场，对于消费者来说，对成霖的品牌信任度也会更强，“将来我的内销也会跟外销并驾齐驱！”

春保森拉天时：品牌浑然天成

春保森拉天时集团董事长　廖万隆

廖万隆祖籍漳州诏安，出生在台湾云林乡下，凭着对本业的专注，以及精准的投资时机，把碳化钨钢描述为“工业的牙齿”。1973 年在台湾淡水设立工厂，1976 年拿到蒋经国 10 万元新台币的创业贷款，1984 年获得“台湾青年创业楷模”称号，1985 年辗转在大陆投资。

1985年，春保钨钢进入大陆发展有色金属工业，以“春保钨钢”为品牌，以“钨钢”为核心竞争力产品，利用大陆拥有世界75%以上的钨矿资源优势，掌握最上游矿源，从采矿、冶炼、材料至钨钢，进行一条龙式的生产，拥有所向披靡的竞争力。春保钨钢现已更名为春保森拉天时集团，目前在大陆设有6家工厂，年产量超过2000万吨，占大陆市场40%，集团年产值超过百亿元人民币，集团董事长廖万隆被誉为“中国钨钢大王”……

廖万隆喜欢穿绿色底的回力鞋，竟然与他特殊的身份有关，身为首位担任大陆地方台商协会福建漳州台协会长的国民党中常委，意在把“绿”永远踩在脚底。

集团成长步伐

1973 年　春保钨钢贸易公司在台湾成立

1978 年 9 月　春保工厂股份有限公司成立于台湾淡水

1983 年 12 月　廖万隆先生当选为台湾第六届青年创业楷模

1985 年 7 月　春保淡水模具厂成立

1997 年 8 月　春保淡水厂通过 ISO9002 品质认证

1998 年　春保厦门合金厂正式投产运营

1999 年 9 月　厦门春保精密钨钢制品有限公司成立

2000 年 1 月　春保（漳州）钨业冶炼有限公司成立

2002 年 3 月　厦门春保精密钨钢制品有限公司通过 ISO9001 品质认证

2003 年 12 月　春保材料科技（厦门）有限公司成立

2006 年　春保（厦门）专用粉末配料厂成立

2010 年 10 月 1 日　春保钨钢集团宣布与森拉天时集团合资合作，成立春保森拉天时钨钢集团，拟打造世界级的稀土大王

（资料来源于春保森拉天时钨钢集团网站）

"品质是核心竞争力，我们现在也积极跟国外的厂商接轨，结成联盟，引进新技术，创新产品。"廖万隆表示，钨钢产业一定要开发下游产品，不断进行深加工。"上游产品是原材料，长期开发挖掘现有资源是在卖老祖宗的东西，用现代技术开发中、下游精品，提高产品附加值及竞争力才是上上之道。"春保森拉天时有强劲的研发团队和专业的创新队伍，这也是其能成为行业领头羊的关键。

和很多中小企业的发迹之路相同，春保森拉天时钨钢集团也是从进出口贸易做起的。

1973年，廖万隆与妻子在台湾成立了春保贸易公司。至1983年，春保已是台湾最大的钨钢供应厂商，1986年在台湾钨钢市场占有率甚至达到了75%。

而此时，廖万隆遇到了转型的问题。"那个时候，全球的碳化钨生产业者不出5家，下游钨钢业者则有30家以上，供需不协调，也导致碳化钨的价格波动极大，经常是有钱买不到货。因此，春保要打赢这场国际战，就得掌握钨矿的来源。"

大陆成就钨钢大王

于是，廖万隆把目光放到了拥有全球最好的钨品原料的大陆，大陆的钨产量占全球的80%左右，位居全球第一。当时，春保钨钢生产钨制品的许多原料也是从大陆辗转运到台湾的。

1987 年 11 月，台湾开放民众赴大陆探亲，廖万隆便利用这个机会到大陆进行考察，通过考察，廖万隆分析得出：江西赣州的钨矿极为丰沛，而赣州离厦门很近，如果能在厦门设厂，不但钨矿取得容易，对外运输也极为方便。

除了战略上的考量外，厦门与台湾语言相同、生活习惯相近，也是廖万隆选择落地厦门的一个原因，“当时，虽是初来乍到，却没有感到任何不适。”1994 年廖万隆开始准备建立钨钢生产基地，在当地政府相关部门的支持下，很快在杏林置好了地，开始了春保森拉天时钨钢扎根厦门的第一步。1998 年，廖万隆的春保厦门合金厂正式投产运营。

就是这一步跨出去后，便一发不可收拾。利用世界 75% 以上的钨矿资源，春保森拉天时钨钢掌握最上游矿源，从采矿、冶炼、材料至钨钢成品，进行一条龙式的生产，拥有所向披靡的竞争力。

2010 年后，春保森拉天时钨钢的年产量将提升至 2000 吨。占全大陆的 40%。春保森拉天时集团在漳州、上海、赣南都有分厂。一个庞大的钨钢王国正在形成，而廖万隆也成了名副其实的“钨钢大王”。

四本三不一共识

廖万龙有自己的一套生意哲学。其中最有名的就是以“四本，三不，一共识”为宗旨的“廖八条”。

廖万隆根据自己在大陆的从商经历提出了台商经商的“四本”：本人、本职、本钱、本事，意既要本人亲自来参与，用心做好本职工作，又有本钱的投入和处理不同人际关系的本事。他呼吁台商能够真正做到这几点，认真地处理好自己的事业，“我感觉台商如果没有用心地来做事业，那再好的市场和时机也会被浪费。”至于“三不”，廖万隆如是解释，“我认为台湾企业家在大陆做事业要有‘三不’：不要强求，什么事情都抢着要，这是不好的，要学会取舍；名誉上不要强出头；敏感的事情不要碰，只管用心埋头做事业。把事业做好后，最后还要记得回馈社会。”回馈社会，也就是廖万隆所言的“一共识”——谦卑感恩的处世哲学。“对于参与慈善活动，在台湾企业家一般都有回馈社会的情结。参加社会公益必须要在事业成功的基础上才能够用心参与，如果事业做不好，还怎么能付出呢？所以，我呼吁企业家，要先把事业做好，才有能力造福社会。”廖万隆说。

其实，廖万隆还非常强调“专业”，他认为没有行业好坏的说法，只有专心与三心二意之分。对于投资，廖万隆的观点是，一百个机会里，只要抓住关键的一个就可以了，不能大小通吃，否则到头来哪行都没摸清楚，哪行都赚不到钱。而对选择的这百分之一个机会也必须仔细钻研，研究透彻。

廖万隆始终相信，“有决心、快、狠、准”就是经营企业制胜的最大秘诀，“他以宽宏大量，意志坚定”八个字为座右铭，而“廖八条”思想，使春保森拉天时钨钢声名远扬海内外。他也鼓励每一位台商，决定要到大陆经商的当下，就应该要有决心做到最好，不可心存侥幸，投机行事。

创新是成功的立足之本

春保森拉天时集团的成功建立在坚实的基础之上，拥有着三大立足点：第一，不断从欧洲和日本引进先进的技术；第二，运用亚洲市场三十年经验，特别是来自日本和台湾市场的销售经验；第三，在中国大陆建立生产基地，就近获取丰富的钨矿资源。正因拥有这三方面的优势，春保森拉天时钨钢才能够持续为客户提供各种不同的解决方案、创造更多的价值。

三十几年来，春保森拉天时钨钢集团已成世界第三大钨钢集团，并成功地促进了民族工业的快速发展。廖万隆说，“钨钢产品一定要开发下游产品，不断对产品进行深加工。打造现代精品，不能只开发上游钨钢产品，因为上游产品是原材料，长期开发挖掘现有的资源是卖祖宗做法，只会阻碍我们民族工业的发展。我要对钨钢进行深加工，并开发中、下游精品，把钨品深加工的主动权永远掌握在中国人自己的手中。目前，企业主要依靠新技术和设备，研究中、下游精品，为民族工业的再度崛起做出自己的努力。”

春保早在 1987 年就掌握了江西赣县占全球七成的钨矿矿权，在当地设立冶炼厂，随后在厦门设立精炼厂，再运用自身的钨钢模具技术，建立起上中下游一条龙的生产基地。2000 年，一条全球惟一从采矿、冶炼、精炼到模具制作，近 1000 公里的生产线就此成形。

管理内外均和谐

谈起创业30年来的管理经验，廖万隆很有自己独到的见解和心得。他说："在大陆开厂，就要在大陆招纳员工。因为大陆的体制和台湾不同，会造成人思想上的不同，这样就不能照搬对待台湾员工的老一套，要耐心通过管理和公司的纪律规范让他们适应公司的工作生活。资金够，技术好，企业自然可以发展好，但最重要的还是人。企业要给员工良好舒适的工作和生活环境，要有温馨的管理模式，这样才有人来，才留得住人。"

廖万隆说，他最大成就就是创造出了一个企业文化，在这种文化的感召下，大家形成了一个氛围——见面有礼貌，都亲如兄妹，"这样企业的管理就体现出了温馨"。

而从春保森拉天时对员工住房条件的要求就能看出廖万隆对人才的重视。他的企业的员工住房一律有卫生间和空调，每天24小时365天都可以供餐。他说这是对人负责,也是对社会的一种责任。这也正应了他经常说的一句话"先独善其身，再兼济天下。"

廖万隆也根据自己的经验对为事业打拼的年轻人提出了建议："一个人要忠于工作、忠于公司、忠于职责、忠于自己。自己的优点要拿出来贡献给大家，缺点要尽快改进。一定要明白，公司有发展，个人才有前途。公司发展好了，个人生活才有保障，才能服务于社会。这应该是一个良性循环。"

家族企业的乐与忧

2010年10月1日以前，春保钨钢一直是独资企业，尽管大陆许多人把家族企业当成集权专制的象征，但廖万隆却不避讳。他认为家族企业是一种中华伦理，继承传扬理所当然。家族企业的好处，一方面在于一家人说话做事可以直截了当；另一方面，家族式企业更注重人与人之间的关系。他认为自己本身就是一个直言不讳的人，家族式管理模式当时有助于企业的发展。但家族企业也有不好的地方，因为都是一家人，外人一进来，听到我们直接的对话方式，都不舒服。

家族式管理因为太讲人情，就容易在工作上出纰漏。因此，廖万隆认为应当把欧式管理方式引进到家族企业中来，"欧式管理注重的是制度化，所有事都讲制度、绩效、计划，它变成一种规范，配合我们中国式的人情管理，是完全可以适应市场发展潮流的。”

目前，廖万隆每年有300天的时间都在大陆，台湾春保则由他的太太来管理，他笑称太太张春桂是“合伙人”。为了培养家族企业接班人，他将三个女儿都送往欧洲念书，毕业后回到大陆创业。“每个人都尝试一下，她们自告奋勇要发展新的产业。”对于产业多元化，廖万隆认为，这能使家族企业融入大陆内需市场，对激励企业的市场活力很有用处。“我们先尝试一下，我们准备搞不动产，这需要很大的信心。如果做好，利润会很可观，当然我们要做就要做到最好。”廖万隆看好两岸开放双向交流后的台湾商机，2007年开始大力加码投资，累计投资金额近50亿元人民币，投资行业遍布饭店、不动产和钨钢本业。

作为全球第三大钨钢企业的董事长，廖万隆并不会急于将企业规模扩展到多大，而是希望能够利用大陆丰富的钨矿资源，做上中下游一条龙产品，使客户产生依赖性。

从1973年创立到现在，春保森拉天时已从一个小小的钨钢贸易公司成长为世界第三大钨钢集团，“亚洲第一，世界第三”，市场版图几乎拓及亚洲、欧洲、中南美洲。

“CB CERATIZIT” 春保森拉天时钨钢集团已经在国际间打响知名度。2008年美国出现次贷风暴危机的时候，远在欧洲的德国大厂森拉天时，悄悄找上春保钨刚，双方准备进行更进一步的技术合作，逐步迈向世界钨钢龙头。2010年10月1日，春保钨钢与德国森拉天时宣布合资合作，正式成立春保森拉天时集团，中西合璧，同时也为了抢占世界稀土老大的地位。

达芙妮：多元化专卖　布局大陆

达芙妮集团董事会主席　陈英杰

达芙妮产销鞋类及相关服饰。由台商陈贤民于 1987 年创立，1995 年在香港上市前名为永恩国际，2008 年易名为“达芙妮国际控股有限公司”。业务主分为两大类，根据 OEM 协议产销鞋类制品，产销自有品牌与代理品牌。目前，达芙妮是大陆女鞋品牌领导者，在大陆拥有超过 5000 个销售据点。

面对未来的 10 年，陈英杰说，将以“多档次、多品牌、多渠道、多品类”为主，除了女鞋本业，还将以多品牌方式经营，透过代理 ALDO、SOFFT、BORN 走向高端市场，另一方面也维持中端达芙妮、低价 SHOEBOX 鞋柜，并持续拓点，2011 年所有品牌店铺达 6000 家。

背景

因为台湾成本上升，1980 年代到大陆设厂，代工生产女装鞋的一间企业，名叫永恩国际。80 年代后期至 90 年代初期，永恩除了代工生产外，尝试在工厂淡季时，利用库存原料，生产出第一批内销女装鞋，并以“达芙妮”作为品牌。

1995 年，永恩在香港上市，当时的主营收入仍是代工生产，内销多少有点玩票性质。到了 1998 年，公司开始建置零售网络。2000 年以前，“达芙妮”虽已有超过 100 间分店，当时在内地已经小有名气，但六成以上的分店仍处于亏损状态。不少公司转型至此便会放弃，宁愿回头只做加工，也不愿继续转型之路。

而永恩当时下定决心进行整顿，将不挣钱的分店一一关掉，但每关一间，就开新一家，到了 2009 年，“达芙妮”品牌之下，已经有 1904 家店铺，716 个专柜及 743 个加盟零售点；另一品牌“鞋柜”则有 813 间分店。2008 年 8 月，永恩国际将集团名称改为“达芙妮国际”，以反映公司的主营业务，已经由制造业、代工生产，转型至内销。

达芙妮连续十五年在大陆市场同类产品销量荣列第一。“我不讳言，7-11 就是我的参考对象，”陈英杰为了替达芙妮找出一个长治久安的方法，从 7-11 的经营模式中找到了答案，要掌握品牌自主权，就必须建立直营通路。

“陈总”和“小陈总”

陈贤民

——使达芙妮在大陆生根，打下基础。

达芙妮品牌的灵魂人物与创办人，同业称他是“鞋界的郭台铭”。

出生：1950 年

学历：台湾政治大学地政系

管理理念：1. 用合适的人　2. 做正确的事　3. 用有效的方法

退居二线的陈贤民，半退休的生活将如何安排？陈贤民说，“我到大陆二十多年，黄山、九寨沟都没去过，福建我呆了十多年，武夷山我也没去过。所以，以后巡视分公司的剩余时间，会安排重新认识大陆，希望能‘看广一点、看深一点’。”

陈英杰（陈贤民之外甥）

——使达使芙妮在大陆深耕，开花结果。

出生：1969 年

学历：台湾中原大学国贸系

陈英杰是达芙妮创办人陈贤民的外甥，毕业于台湾中原大学国贸系。中学期间便与任贤齐等人组成“赤蛇”乐团，任贤齐担任主唱，他担任键盘手。

陈英杰在家中长辈的要求下，23 岁进入家族企业达芙妮工作，从基层作业员开始做起，之后轮调到各个部门历练，1999 年起接任达芙妮总经理。陈英杰表示，从基础开始做起，让他完整了解了制鞋的过程与品牌营销的概念，对他之后经营品牌帮助很大。

达芙妮的成功策略：

大胆转型：从代工转品牌，舍外销走内销

品牌做大的背后并不容易，达芙妮曾为走代工还是品牌挣扎过，也曾经面临退出一线百货的挣扎，更曾发生过因为发展通路而被房东欺骗或是店长卷款潜逃的事情。

2000 年是达芙妮决心经营品牌关键年："确定了一条路，达芙妮要做大众的、流行的、市场第一的产品。大陆这么大，各省各市又那么多，该从哪着手，其实都非常难。"

大胆定位：利用生产速度快，舍高价走平价

达芙妮做女鞋有一点赢得别人，那就是鞋厂的生产速度，达芙妮就是有办法在一样的时间内生产比别人多一倍的女鞋。"别人做的是名牌，我们做品牌；别人是做双 B 车，我们做 TOYOTA。"陈英杰说。

什么是大众化的品牌？答案就是跟着中国大陆的平均工资走，来决定自己的售价；定在一般白领每月 1/10 的薪资，刚好就是人人都能买得起的价位。

大胆设点：改变通路形态，舍百货走街边

达芙妮在通路上做了一个大胆的选择，撤出百货专柜，改成街边店，并且进入社区与三四线城市。"消费者去逛百货公司通常都是专程跟刻意的，所以，百货公司的业态必须讲独特和稀有。"陈英杰说，一双鞋要花上班族一整个月的薪水，这样的消费是比较少的。

价位未必胜出，但销量就惊人了。达芙妮从主要在百货公司的 199 家店，扩张到 4000 多家店，连同集团旗下其他品牌，总共有 6000 家店，十年间营业额成长近 20 倍。

这 6000 多家店中，包括创立的次品牌"鞋柜"，卖更低价鞋子，并且将店面设在大卖场等更低价位的通路，价位则是设定在农民工也能买得起的价格。现在，达芙妮还要走进五六线城市直接到乡镇城市，目标就是掌握通路。

为了管控这些局面，达芙妮设立专门的"店铺开发部"，专门负责寻找店铺、评估各店铺业绩与各店房东交流、谈续约等工作。以一省（自治区或直辖市）五到六人的规模，光这样就必须养超过两百多人，通路的管理难度与成本并不低。

所以，现在的达芙妮，严控自营与加盟的比例，从十年前超过九成是加盟，变成加盟不能超过三成，直营与加盟维持在七比三的比例。但如何管好这些加盟业者，陈英杰的回答很妙："永远搞不定，永远都在管理。"

1992年，大学刚毕业的陈英杰进入家族企业永恩集团（达芙妮国际控股有限公司前身，以下简称“达芙妮”）大陆事业部，从最基层的作业员开始做起，悉心钻研制鞋流程与产品研发。

那时，集团以OEM为主营业务，自创品牌“达芙妮DAPHNE”在大陆才推出两年，品牌经营与市场拓展皆处于起步阶段。等到他入主管理层时，达芙妮的业绩已经扶摇直上，并在香港IPO成功上市，品牌效应成效斐然。

现为集团董事会主席的他,上任后更致力于扩展品牌业务及发展通路。他表示，达芙妮从制鞋起家，到现今由制造商转零售商主攻品牌，在进入大陆市场的近20年里及未来，会一直朝着“多品类、多品牌、多档次、多渠道”之轨迹发展，建构以女性消费为中心的事业群体。

品牌起步　跟着时尚白领市场走

上世纪90年代，大陆涌现出不少女鞋品牌。“百丽BELLE”、“千百度”、“星期六ST&SAT”……一时间百花齐放。

在台湾已有20多年制鞋历史的达芙妮，经由香港投资大陆后，亦在原有的OEM业务上，推出自创品牌“达芙妮”，开拓内销市场。

达芙妮一开始便锁定消费金字塔中端，品牌一直跟着白领阶层走，“白领阶层的消费水平在不断提高，我们的生意也在快速发展。”陈英杰回忆说，鞋子平均价位从当年的100多元人民币，到现在的300多元，价位上升的同时，品牌定位与档次亦随之拉升。

在年产5000万双鞋子中，有3000万双售往内销市场，2009年的营业额接近60亿元人民币，年复合增长率平均在25%以上。

为吸引到更多不同年龄层次的女性消费者，达芙妮重新设计店铺形象，在2005年推出D18青春店及D28经典店，使“大众、流行、第一、品牌”的品牌定位更加明确及具体——D18店专营Young系列和Cool系列产品，集中面向18岁-25岁的女生；D28店则专营Ladies系列和Soft系列女鞋，以25岁-45岁的成熟、独立的职业女性消费者为主。

达芙妮亦成立服装事业部，陈英杰希望将D18店变成为消费者打造“从服装、鞋子到配件整体形象”的时尚店，提供“一站式”购足之便利；D28 店则专卖鞋子，将两者在品类与形象上区别开。

达芙妮在 2010 年将阿迪达斯、耐克等运动服饰代理业务全部结束，“未来将焦点放在女性时尚事业上。”

继续前进　掌握直营销售渠道

完成自创品牌的第一个突破后，达芙妮的第二个突破是明确以直营为主的销售模式。

习惯代工制造的达芙妮品牌在成立之初的销售模式以加盟批发为主，陈英杰形容说，把货“放”出去后，并不在意货怎么在市场上流通，而是主要关注品牌生产及款式设计。但“品牌发展一直往前迈进，就越来越要控制好销售渠道。”于是，达芙妮决定做出一些改变，以“总公司－分公司－专卖店”的直营模式，直接管理销售渠道。

“要让品牌在消费者心目中更进一步的巩固，就要更稳健地控制好销售渠道与通路。”为追求利润最大化，他亦十分看重销售渠道的扁平化管理，“企业自己掌握渠道，能更直接地面对消费者需求，更快速地掌握到消费心声，调整市场策略。”

出于大陆市场过于广大的考量，达芙妮并不完全放弃加盟，在直营无法产生经济效益的地区，亦有开放委托加盟。

确定销售模式后，达芙妮加快了市场步伐。2003年开始，以每年开设300家门店的速度进行快速扩张；目前全部门店大约在6000家，其中达芙妮品牌为4000多家，直营店所占比例在3/4以上。

他透露说，未来亦会发展虚拟渠道，增加电视购物、网络销售等，贴合消费趋势。“在初期是以实体店代理为主，后来转向直营，再发展虚拟，多渠道概念就是达芙妮这几年在销售渠道上的发展轨迹。”

提高市占率　多品牌通路同时经营

企业发展必定经过三个阶段，即草创期、发展期、稳定期。

达芙妮连续十年销量稳居行业第一，与“百丽 BELLE”、“星期六 ST&SAT”

一起被业界誉为大陆女鞋“三巨头”，基本站稳脚步。陈英杰分析，达芙妮目前正处于发展稳定期阶段，“处在稳定期的企业，不进则退。达芙妮已经在稳定期走到一定的程度，当然更需要谋求新的发展。”

因此，他开始思考多品牌化问题。“这也是全球的商业精英在布局大陆市场时都必须去思考的问题，就是如何做到‘在销售方面多渠道、在品牌经营上多品牌、在销售商品品项上多元化’。”

除了将达芙妮品牌区分为D18、D28形象店外，2004年，量贩店品牌“SHOEBOX鞋柜”亦应运而生，以“鞋柜鞋不贵”为口号的多品牌通路经营模式，出售男、女、童鞋及一些鞋类用品，与达芙妮共同抢占市场，以提高市场占有率。

2006年，达芙妮在台北开店，正式进军台湾市场。

2008年，达芙妮与国际高端品牌SOFFT、BORN及AREZZO合作开展大陆市场。2010年1月更以1.95亿港元（约2,516万美元）价格收购Full Pearl 60%的股权，多方布局高端鞋类市场，以涵盖消费金字塔全部客层目标。

从陈英杰历数的这些“大事件”中，可以看出目标已经很明确：达芙妮将按照“多品类、多品牌、多档次、多渠道”之策略发展。“未来会把更多的资源与资金投入在品牌经营与销售上，来达成此目标。”他坦露，企业追求的是更多的成交比数，“以不同的品牌、不同定位的商品、不同的销售渠道去服务消费者，让更多的消费者选择达芙妮，这当然是企业乐于见到的成果。”

进军新市场　企业形象去区域化

看好大陆女鞋行业前景，多数企业竞相投资大陆本土鞋业，同业竞争亦日趋激烈。

陈英杰走马上任后的达芙妮团队，将更多精力专注于品牌与通路建设上，“多品类、多品牌、多档次、多渠道”的战略布局则确立了未来的发展方向，有别于同业的竞争优势。

作为行业翘楚，达芙妮已发展为以鞋业研发、生产、加工及品牌管理销售为主的多元化经营集团，内、外销业务遍及大陆和香港、台湾及欧洲、北美洲各地，未来更朝向发展成为一间提供舒适与引领时尚的品牌管理公司。

为转型成世界级大型企业，作为企业第二代接班人，陈英杰亦努力去除企业品牌形象的家族化与区域化色彩。“市场够大，企业最好的包装就是去区域化，必须有来自全球的人才与资金，才会获得更多消费者的认同。”

在资本上，早在 1995 年，达芙妮在香港联合交易所主板上市，隔年成为恒生中国内地综合成分股之一。2009 年 5 月，美国德太投资有限公司（TPG Capital）以投入 5.5 亿元人民币（当时约 8100 万美元）的策略性投资，持有达芙妮扩大后约 14.5% 的股权。

在人才方面，达芙妮设在上海的总部亦有来自美国、台湾等地区的人才，“把在各个国家或地区学到、看到的‘Know-how’在总部里做沟通与交流，形成策略后，交给各个地区的团队，强有力地执行。”陈英杰认为这才是“上上之策”：“这样做出的决策不会太区域性，而是有国际大局观念。”

此外，陈英杰透露说，目前已经派出团队去韩国、日本、新加坡等亚太地区市场考察，“希望达芙妮品牌能遍及大陆和亚太，流通于国际市场，品牌去区域化，全面国际化。”

大成：从源头保障安全、健康

大成四兄弟（从左至右）
大成集团执行副总经理 韩家寅；副董事长 韩家宸；集团总裁 韩家寰；集团董事长 韩家宇

1957年，祖籍山东的韩浩然在台湾创办了大成集团。当时不过是一家不起眼的小型豆饼榨油厂，全厂仅有12名工人，身为老板的韩浩然也要亲自下乡推销豆饼。

1990年，已经是亚洲首屈一指畜牧养殖商的大成集团步入新老交接期。韩家四兄弟接棒，分工合作，老三韩家寰预见了大陆的无限“商鸡”，决心把重心投向大陆市场。

1990年进入大陆市场，以农畜食品产业链为核心竞争力，大成凭借着专注的精神以及对未来前瞻性的判断，成为大陆最大的鸡肉产品供应商之一。从“大成鸡宝宝”到肯德基、麦当劳、德克士……都可寻到大成的踪迹，消费者也从食品链的各个环节享受着大成带来的健康与便利……

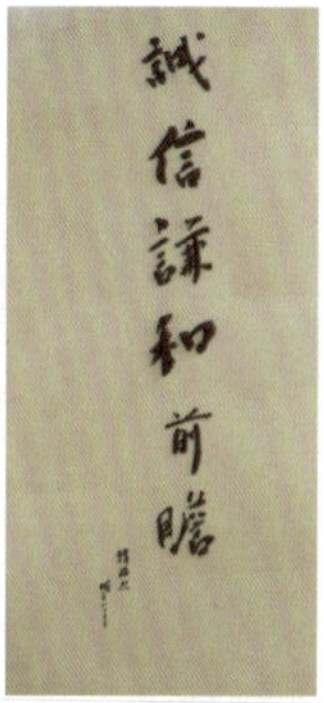

四兄弟各自分工、发挥所长、齐头并进

随着韩浩然退休，其长子韩家宇接任董事长一职；次子韩家宸接任副董事长；老三韩家寰也随着大成的事业版图不断扩大，成为集团总裁，是大成发展最重要的操盘人；四子韩家寅则是大成执行副总，一路从餐饮事业跨足到农畜产业。

四兄弟各自分工，韩家宇负责公司对外事务，经常代表公司出席重要场合；韩家宸负责集团面粉事业；韩家寰主导大陆农畜市场，是大成成长最快的事业版图；韩家寅则负责台湾市场。平时四兄弟各自分工、发挥所长，彼此会给予相当的空间，尊重彼此在事业经营上不同的操作选择，意见不同时多半都是异中求同，以达到目标为主。

但如果是遇到策略联盟、经营方向等重要事件，四兄弟一定会先行开会讨论、交换意见，甚至会请教父母的想法，尽量争取达成共识。

韩家寰不幸在 1 岁时患上了小儿麻痹症。尽管自此与双拐结伴，但目睹了家族创业的艰辛，不负父母叮嘱最终获得芝加哥大学企管硕士学位。1990 年，韩家寰接下大成集团总裁一职，并开始将目光投向大陆市场。

身为大成集团副董事长的韩家宸主管大成的面粉事业，亦与台湾鼎泰丰小笼包结缘，并取得鼎泰丰华北地区的合资经营权。在“狗不理包子”闻名天下的天津，把鼎泰丰推陈出新，一举杀出长红业绩，并研发出不少创新菜色。原国务院副总理吴仪曾带着家人到鼎泰丰品食。韩家宸回忆，那顿饭本想做东请客，但吴仪不改铁娘子作风，说道，“让人知道我吃饭不付钱这还得了。”

目前，大成的鼎泰丰在华北地区已有 10 余家。

20年前，作为大成集团第二代掌门人的韩家寰，正是预见到大陆13亿人口的无限“商机”，怀揣着梦想，登陆拓荒，凭借着专注的精神以及对未来前瞻性的判断，让今天的大成，成为大陆最大的鸡肉产品供应商之一。从“大成鸡宝宝”到肯德基、麦当劳、德克士……都可寻到大成的踪迹，消费者在食品链的各个环节都能享受着大成带来的健康与便利。

寻找企业的核心竞争力

大成食品（亚洲）有限公司主席韩家寰指出，大成集团在台湾从民生所需的油脂起家，之后介入饲料行业，在当时新的经济背景下，大成紧扣产业经济的命门，向动物蛋白质垂直整合的方向演进和拓展。如今，大成在农畜食品产业链条中所取得的成就，很大程度上归功于大成对未来市场的敏锐判断。

韩家寰认为，一个企业能否保持核心竞争力，关键在于资源够不够集中。于是，大成决定把自己熟悉的产业作为核心业务，守住自己的阵地，从上游到下游，垂直整合动物蛋白质供应链，简单来说，就是集中所有优势资源，围绕鸡产业做生产开发。

鸡产业的崛起

在过去的十年里，大陆的肉类市场稳步增长。1996年到2005年间，肉类产品的需求增长巨大，从4700万吨增至7920万吨，年复合增长率高达6%。

在这个过程中，鸡肉的消费增长呈现出比牛、羊、猪肉更为强劲的态势。鸡肉的人均消费量占肉类消费总量的比例由1990年约10%增至2005年的20%，而牛肉、羊肉、猪肉的比例，则分别上升了5%、2%和–15%。资料显示，牛肉、羊肉缓步提升，猪肉则大幅度下降，呈负增长，只有鸡肉一枝独秀。

为什么选择鸡产业？

韩家寰指出，从中国传统食补理论和营养价值来分析，鸡肉每百公克含有水分74%、蛋白质22%、钙13毫克、磷190毫克、铁1.5毫克等，鸡肉也含有丰富的维生素 A、C、E 等。鸡肉是一种健康的蛋白质食品，客观上是鸡肉比牛肉、猪肉更容易料理，而且料理的形式可以多样化。

还有一条很重要的原因，那就是鸡将饲料转化为肉的效能要远远高出猪、牛等动物。

资料显示，平均 1.9 公斤饲料可以转化为 1 公斤鸡肉，平均 3.5 公斤饲料转化成 1 公斤猪肉，平均 8.3 公斤饲料方可转化成 1 公斤牛肉。 比较可知 1 公斤牛肉所消耗的饲料（粮食）竟然比鸡肉高出 4 倍还多!

从肉品成长的周期上来看，一只鸡从鸡雏放进鸡舍开始，到出栏，只需要 46 天的时间，猪的成长周期需要好几个月；而牛出栏则需要更长的时间。

韩家寰还用数据做了一个简单的对比，如果 13 亿人每人每年多吃 5 公斤的牛肉，那么大陆每年将因为养牛而消耗 520 亿公斤的饲料；而如果每人每年将这 5 公斤的牛肉转向鸡肉上，则每年可节省 390 亿公斤的饲料。这其中所节省的粮食也是一个天文数字了。

鸡产业的发展集中体现了建设节约型社会（吃得少、成材快、奉献得多）和可持续发展（鸡生蛋、蛋生鸡，循环往复，无穷无尽）的理念，相当符合民生。

另一个方面，根据 2006 年相关资料统计，大陆人均消费的鸡肉为 8 公斤，美国为 50 多公斤，香港为 40 多公斤，资料的背后，是大陆民众巨大的饮食需求，以及未来庞大的消费市场。

韩家寰指出，从全球的资源来看，如今土地资源日益稀缺，粮食资源也日益紧张，2008 年金融海啸之后，这种矛盾更加明显，资源和粮食的紧张更加凸显了鸡产业的优势竞争力。

“大成”和“大鸡”

在新的机会点上，大成找到了一把开启自己企业发展的金钥匙。

“大鸡，一语双关。首先，大陆的版图就是一只大鸡，说这只大鸡崛起，恰当啊；再者，我们大成集团做的就是鸡产业，说大鸡崛起，不仅说我们的鸡产业要做强，更要做大，让大陆每个家庭的锅里都有一只大成鸡。”韩家寰爽朗地说。

目前，大成分布在东北和台南的电宰厂，每天宰杀的活鸡大约在 40 万 ~60 万只，“让大陆每个家庭的锅里都有一只大成鸡”指日可待!

另一个方面，作为鸡肉垂直整合为模式的大成，正在主张一种基于粮食安全角度的消费观，具体来说，就是增加鸡肉的消费。这是一个既能满足国民日常生活所需、又能在更大程度上节约粮食的产业观。

如何将供应链做得更有效呢？韩家寰认为，如果大陆13亿人，吃鸡肉的可能性略微增加，那么这个行为带来的结果就是：节省出来的粮食将达到一个天文数字，如果将节省出来的粮食再投入到鸡肉垂直整合的产业里去，靠着大陆庞大的消费基础做支撑，鸡肉产业链将成为一个积极推动大陆健康产业发展的重要环节。而这正是大成、也可以说是大鸡崛起的最好时机。

杀手锏：给每只鸡发一张“身份证”

大成是肯德基、麦当劳在大陆最大的鸡肉供应商，也是大陆最大的鸡肉供应商之一，台湾大成此前是一家纯粹的B2B企业。现在，他希望进军B2C零售市场。

如何打动消费者？韩家寰说他已掌握了杀手锏，即给每只鸡发放一张“身份证”，消费者可以通过身份证查到这只鸡的成长过程，间接参与到企业的内控中来。

大成直击消费者心理，解决消费者担心和关心的问题，在每一包或每一箱“姐妹厨房”的鸡肉产品及鸡肉加工食品上，都印上一串十位数字的安心码。记者在“姐妹厨房”的互动网站上输入了一串安心码，荧幕上清晰地显示出手里的鸡肉“身份”：原料鸡是2009年1月9日入雏，2月24日出栏，来源于大连市元台饲养场，场主叫侯琳娜。侯琳娜的相关信息同时也显示在页面上。能够显示的信息还不仅仅如此，饲料来源、生产日期、宰杀单位和加工单位都一一在列。这份安心码就相当于给鸡发放了一张“身份证”。

韩家寰表示，大成将更进一步：“公司正在积极跟超市、商场协商，只要场地允许，我们会把电子查询机摆进卖场。”让消费者参与到企业的产品品质内控体系中，做到随时可查，这也使韩家寰提价的理由得到了市场的认可。

食品追溯系统在国外已有先例，但在大陆迟迟无法大规模推广，更深层次的原因在于大陆消费者对企业产生了信任危机。肉蛋奶利润并不高，但是消费者却认为企业利润很高，可追溯系统必然提高企业成本，最终导致终端价格上升，所以一般企业不愿意冒险。

以大成为例，为了实现让肉鸡通过网络能顺畅监控，一是对基础饲养流通环节进行技术改造；二是增加基层驻点兽医和质检人员；三是在大陆增设100个中央控制点，以收集传输肉鸡产业链各环节信息，最终实现网络互动。韩家寰表示，这套系统的投资主要集中于系统开建，后期维护费用并不高。

“大成先吸引高端消费者，再慢慢树立品牌。”韩家寰认为，在连续遭受三聚氰胺等一系列食品安全事故重创后，消费者越来越担心食品安全，“大成主动把知情权给予了消费者，让消费者和企业一起监督生产流程，换来的自然是消费者的信任。”

蛋白质产业链实现“五统一”

大成集团的药方是“五统一”，实现对鸡肉产业链的垂直整合。在整个环节中，大成实行“统一供雏、统一供料、统一防疫、统一收购、统一加工”的五统一政策，借此控制养鸡产业链的各个环节。

大成食品的蛋白质产业链首先就是从饲料开始的。如今，大成的饲料除了供给签约的养殖户外，同时也向外零售。除了饲料，种鸡和孵化厂是大成蛋白质产业链中非常关键的一环。

种鸡厂出来的鸡蛋经过挑选和消毒处理后，才能送到孵化厂。进入孵化区后，一枚种蛋要变成一只健康的小鸡还需要经过近40个步骤。

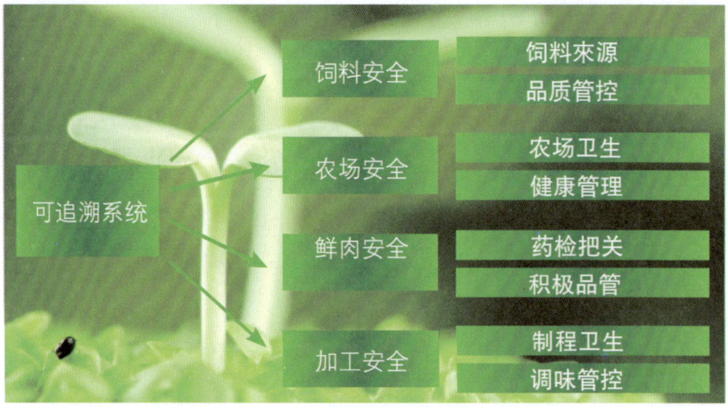

严谨的食品追溯系统，为大成的鸡换来消费者的信任。韩家寰自豪地说：“大成决定从‘幕后’走向‘前台’，将品牌打入零售终端。”

出孵化场的小鸡需要经过疫苗注射，方能送到大成的签约农户手中，上述各个环节的交接过程中，都有详细的交接记录。

从 B2B 延伸到 B2C，韩家寰认为这一步棋是水到渠成。毕竟，相对于 B2B，B2C 的业务利润率要高一些。作为肯德基和麦当劳在大陆最大的供应商之一，大成虽然能够享受大额的订单，但是单位产品的利润空间并不大。

韩家寰表示，相对出口市场而言，大陆的加工食品市场仍未打开，因此公司将分配更多资源在大陆推广毛利率相对较高的加工食品业务，以提升公司盈利能力。

“预计未来三年，加工食品对毛利的贡献将上升到 20%，而原料鸡肉的获利比重会逐渐下降。”韩家寰已经打好了算盘。

法蓝瓷：开启缔造世界品牌的梦想

法蓝瓷总裁　陈立恒

1984 年，陈立恒创立了海畅集团，并成为全球最大的礼品代工商之一，但有感于代工终究是为他人作嫁，故开始考虑创建自己的品牌。2001 年陈立恒创建法蓝瓷，期许成为世界知名礼品品牌。他投入全部心力，就是要打造一个“现代名窑”的梦想，一个象征文化力量的崭新品牌。

2005年，法蓝瓷进驻大陆后，将行销总部设在厦门，生产中心放在景德镇，研发设计中心留在台北。这种有些自我分裂式的公司设置体系，其意在要走出一条与众不同的中华瓷器设计、生产和行销之路。

当时，大陆工艺品行业因低廉的人力成本，优势凸显，欧美订单开始流向大陆，陈立恒希望来大陆发展。然而，他发现，大陆瓷器技术虽好，可以烧得像花瓣那么薄，但设计太过传统，造型不是佛像、仙女，就是围着肚兜骑牛的顽童。承袭千年的造型和理念，因缺乏新意，而在国际市场上接受度很低。

陈立恒认为，中华瓷器要想重回国际舞台，最需要改进的就是设计。

瓷器像被施了魔法

陈立恒创办了法蓝瓷公司之后，从传统中汲取灵感，把西方人所熟悉的优雅、浪漫、瑰丽的元素注入其中，这也是法蓝瓷从创立伊始就一直秉持的设计理念。在 2002 年举行的“纽约国际礼品展”上，设计灵感源自敦煌飞天仙女的“蝶舞”系列艳惊四座，既有欧洲艺术的流线造型元素，又注入了浓浓的东方气息。法蓝瓷自成一派，一举夺得当年“最佳礼品奖首奖”，从此开始进入国际视野。

此后，法蓝瓷与两岸故宫合作，创作出一系列故宫授权限量作品，包括取材于清代宫廷御用画师郎世宁《仙萼长春图册》创作的“樱桃嬉春”、“桃花双燕”系列瓷器作品等；法蓝瓷还与法国顶级品牌柏图瓷器（BERNARDAUD）、昆庭银器（CHRISTOFLE）及巴卡拉水晶（BACCARAT）合作，由北京故宫博物院监制，制作了“福海腾达”精品餐具组，大受欢迎。

50 元钞票让我瞬间长大

做了 20 几年礼品生意，让陈立恒最难忘的礼物，只是一张 50 元大钞。

陈立恒小是家中八个小孩里的老幺，在嘉义的住宿学校上初中，他周末回家，都会缠着妈妈要东西，妈妈往往给他 3 块、5 块零钱打发。14 岁生日那天，正值周末妈妈默默给他一张 50 元大钞，吓了他一跳。陈立恒明白，妈妈的用意，是要告诉他：“你长大了。”

从那一刻，陈立恒开始“转大人”，回家不再只是黏着妈妈要礼物，而会想要多陪妈妈，并立志长大赚钱给妈妈用。“那是妈妈送我的大礼，让我惊觉，我已经不是小孩了。”

50 元的礼物，将懵懂无知的 14 岁少年，驯服为懂事体贴的儿子。在陈立恒成长的过程中，妈妈每一个阶段送他的礼物，都带给他不同的启示。

陈立恒念高三时罹患 B 型肝炎，总共看了 17 个医生，那一年他没考上大学。他陪妈妈逛市场，路过一家金饰店，看中橱窗里一枚刻着印第安人头的戒指。他因为联考失败，不好意思跟妈妈开口，妈妈什么话也没说，买下戒指送给他。陈立恒知道妈妈是在鼓励他，不要因为一时挫败而气馁，接下来半年，他努力读书，隔年考上辅仁大学德文系，戒指也一直保留到现在。

上大学后，他为了要组乐团，想买一组价钱相当于三年学费的乐器，妈妈仍未发一语，买来送他当礼物。

“妈妈送礼，从来没有附加条件，却深深启发了我。”陈立恒收下最贵的乐器礼物后，拼命练习，组乐团到各大餐厅驻唱，就再也没有花过家里一毛钱。

妈妈的礼物，也奠定了他经营礼品事业的价值观，那就是，好的礼物，一定是个深刻的启发。

陈立恒母亲送他的最后一份礼物，是短短两句话：“赚钱容易花钱难，要给别人机会。”此时，陈立恒已是事业成功的企业老板，对他而言，这句话是价值连城的礼物。（部分内容引自台湾媒体）

做品牌如同做人，只要懂得做人，就会懂得如何做品牌。陈立恒说：人一定要建立自己的自信，如同品牌要有自己的内涵一样，而不是一味地模仿别人。一个好的品牌必须要经过“广度、深度、高度、速度”四项考验。

作为冲进国际时尚舞台的第一个华人品牌，凭借着一系列缤纷飞舞的蝴蝶，让自创品牌不到一年的法蓝瓷一炮而红，赢得无数政商名流与品位人士的青睐，就连美国前总统克林顿、影星巴巴拉史翠珊都忍不住珍藏。替欧美国家代工 30 多年的老板陈立恒说到这个属于自己的品牌梦，嘴角露出隐藏不住的笑意。

陈立恒谈到，从代工到自创品牌的想法在他心中酝酿了很久，也是他认为势在必行的路。因为法蓝瓷的诞生，让陈立恒有了全新的视野，他的人生也因此而蜕变。

开启“新瓷器时代”

在公司成长的过程中，陈立恒从一些不同的产业链逐渐进入陶瓷业，并结合多年来自己对陶瓷的认知，汇集从中到西、从古到今等多种元素，确定了法蓝瓷品牌的定位路线。

上千年来，欧美人称瓷器为“china”，称中国也为“China”，所以从陈立恒的海畅集团开始独立打品牌时，就定位于要做高品质工艺品——法蓝瓷，希冀借由法蓝瓷再现中华文明，展示华人瓷艺的绝代风华。

谈到瓷器，陈立恒意气风发，满腔爱国情溢于言表：“为什么会选陶瓷呢？我认为，陶瓷是中国人自己发明的东西，属于中国的第五大发明。它不仅有使用价值，还有工艺品的收藏价值，比如，现在一套产品卖到 1000 美元，说不定过 40 年、100 年之后，它会卖到 100 万美元，既有它的商品价值，也有它蕴含的文化价值。现在经过几年的摸索，证明我的决策是正确的，我没有给中国人丢脸！”

在将法蓝瓷推向国际奢侈工艺品舞台的时候，陈立恒同时提出了一个“新瓷器时代”的概念——“china is China”，陶瓷就是中国，中国就是陶瓷；“from China back to China”，陶瓷从中国来，又回到中国去。希望为中国争光，擦亮中国第五代陶瓷的光辉。“新瓷器时代”，就是要重铸陶瓷在国际上曾是白金地位的辉煌。

“陶瓷大王”的品牌策略

法蓝瓷是以陈立恒的德文名字 FRANZ 来命名的，陈立恒希望借由 FRANZ 来

实现梦想，将自己的理念融入产品的设计风格之中。在做代工的日子里，他一直在思考自创品牌该怎么做，“你一定要有一套自己的思维，而这种思维是根植于文化的，然后将它贯穿到你的产品中。”

能讲一口流利德语的陈立恒从德文中了解了西欧，了解了世界，或许是此前深厚的积淀，陈立恒选择品牌之路也相当独特，他把眼际放得更高，眼光看得更远——要做品牌，就从国际开始。

在寻找品牌国际化的发展路线中，为了服务好当地的客人，陈立恒利用自己的国际品质观，了解世界人文的不同，市场的变迁，最终确立了结合中西创意，设计风格世界化的高品位、高品质的生产思路，也为法蓝瓷打开国际市场提供了推动力。“市场在哪里，产品的导向就在哪里！”陈立恒说。

在说起自己品牌的特性时，陈立恒以极具中国智慧的“仁”作为法蓝瓷品牌哲学。因此，在设计上，法蓝瓷多取法自然，花草风姿、虫鸟律动、山川原野都以立体造型呈现于作品之中，将杯盘瓢盆，从再平凡不过的生活用品升级成艺术品，居家摆设颇有画龙点睛的效果。

成功的设计创意则为品牌带来了生命力，但是其产品并不为特定市场量身定做，而是走“中庸”路线，寻找市场的“最大公约数”。“制作一件优美的瓷器并不困难，但设计一件同时蕴含着东西方文化的瓷器才是现代瓷最大的挑战。法蓝瓷在设计上的微妙之处在于：在东方人的眼中她深芷东方古韵，而在西方人的眼中她又饱含西方色彩，这就是她的优势所在。”陈立恒说。

法蓝瓷在国际市场一路畅销的过程中，陈立恒又决定回归瓷都景德镇。在他看来，要做国际品牌就需要到景德镇做投资，因为，景德镇已经打下了所有瓷器品牌的基础——当地不仅有先进的制瓷工艺，更有深厚的瓷器文化沉淀。在全世界都在大力推进文化创意产业发展的进程中，在景德镇设厂，法蓝瓷不仅可以赢得最有优势的创意产业机会，品牌还可以挂上“景德镇制”，将产生双品牌效应，无形中也提高了品牌价值。

品牌决胜秘笈

陈立恒曾经思考过，中国的烧瓷技术不是问题，也有了很先进的科技力量，但还有什么不如人家呢？就是设计和创意。中国的瓷器出口之所以卖成地摊货，主要就输在这些地方。创意，是决定一件艺术品能否成为国际名品的重要因素。

“我们早在二三十年前就代工代设计，走的是工艺化，累积了 25 年的经验，产业链也梳理得很通，为我们走向国际化奠定了基础。”

“世界新民窑”的概念就是陈立恒提出的，是对法蓝瓷品牌的延伸和自我持续，那么在技术方面，法蓝瓷如何实现创新？

一方面，法蓝瓷在中国陶瓷传统工艺的基础上，调低烧瓷的温度，做到了环保和节能。传统的烧瓷温度是 1400℃，而法蓝瓷才烧到 1205℃；跟西方的陶瓷加工工艺相比，法蓝瓷的温度也下降了 195 多℃，这样就大大节省了能源消耗。另一方面，法蓝瓷运用高科技手段做模具、模型，运用电脑设计图纸、模具等，颠覆了用泥巴堆砌烧制的老式生产方式。

陈立恒自豪地介绍到，法蓝瓷现在运用这些新技术专利，比如，运用“倒角脱模工法”与釉下彩技术，创造立体独特的造型与浪漫梦幻的色彩。“这种克服倒角的方式，让我们的产品更立体、更活灵活现。”

从代工到自创品牌的蜕变

回顾由代工向品牌的蜕变，陈立恒总结了四点经验：人脉、钱脉、创意，以及控制整条产销价值链。

“人才是一个企业的核心。”他说，“不管是派出去的人还是当地帮你跑业务的外国人，一定要有一个具备核心价值的共同愿景，并赢得他们的认同，这样一切事情才会到位。”

而塑造品牌向来是持久战，需要有足够的金钱做后盾，同时，因为要付出代价去学习，坚定的意志也不可或缺。

身处文化创意产业中的陈立恒，还非常强调创意的重要性。在他看来，创意不仅限于产品的设计,也包括行销手法及服务手法。当创意变成了血脉中的一部分，也就意味着企业有了强大的竞争力。

掌控整个价值链被陈立恒视为重中之重。“一个品牌要建立很难，要垮掉却太容易了。”为保证整个价值链都在自己的掌控中，法蓝瓷的产品从制造到销售他全部亲力亲为，“即使将来更壮大了我们也会坚持这样做。”陈立恒说。

谈到法蓝瓷品牌在中国大陆乃至全球市场的未来规划，陈立恒透露说：“与国际市场的代理和盘销策略不同，法蓝瓷在大陆是稳步扩张，逐步发展直营销售点，将法蓝瓷这个品牌慢慢渗透到消费者心中去。”

对于法蓝瓷全球的销售情况,陈立恒还是比较满意的,他认为法蓝瓷品牌的“通路”，即销售管道、售后服务等都是畅通的。但他也面临着很大一个挑战，就是人才难求。比如说，他希望能有一些员工，能把法蓝瓷产品卖到不同的国家。但是，如何找到懂得多国文化和语言,能适应不同国家市场的人才,也成为困扰他的难题。虽然法蓝瓷也请到了许多德国和美国的顶尖通路人才，但陈立恒更想的是，要在世界各地六七千个销售网站、专柜都有自己的人，从更大领域去建设出一条属于法蓝瓷自己的品牌通路。

冠军磁砖：全面发力大陆市场

冠军磁砖董事长　林荣德

自 1972 年在台湾创立冠军建材迄今 40 年来，冠军集团秉持珍惜资源的经营理念，致力于研发绿色环保、高科技的精品瓷砖，期许成为绿色企业的优良品牌。在企业成长的历程中，冠军磁砖已获得了太多的第一，正像冠军集团林荣德董事长所说的那样：“我们一直保持着谦虚的态度，不断学习，不断创新，不断超越。”始终坚持“好，还要更好;要做，就做第一”的冠军精神。

1997年，台湾冠军建材集团在昆山设厂，将品牌“冠军”磁砖引入大陆，掀开了十数年业绩10倍成长的序幕。为因应市场变化，巩固品牌力量，“冠军”磁砖结合科技优势，重塑品牌形象及调整通路架构，以期在大陆市场形成一个新的最大市场占有份额。

截至2010年底，“冠军”磁砖在大陆的销售据点已达500多个。

“冠军”履历

1972年，“冠军”磁砖现任董事长林荣德（上图）的父亲林田村白手起家创办“信益陶瓷工业股份有限公司”，生产“冠军磁砖”，普获市场认同及肯定，成为在台湾第一品牌的磁砖公司。

“冠军”始终以“坚持生产最高品质磁砖”和“诚信为本”为企业信念，一步一个脚印，奠定了坚实基础，创造了优良声誉。

1992年，冠军股票在台湾成功上市，业绩一路遥遥领先同业，产品市场占有率达35%，连续18年在台湾雄踞行业第一品牌。

1997年，冠军建材集团投资3000万美元在江苏省昆山市设立信益陶瓷（中国）有限公司，建立了当时最好的公园化“绿色工厂”，同时，在北京、上海、天津、广州、南京、杭州、西安、重庆等城市开设了分公司。

2003年，冠军投资5000万美元，在山东蓬莱购地500亩，以“绿色工厂”的标准，设立信益陶瓷（蓬莱）有限公司。

2010年设立昆山新厂、安徽宿州新厂并扩增山东蓬莱厂产能，两岸营收冲刺新台币100亿元。

冠军磁砖之 2011 年绿色品牌

大陆陶瓷产业经过 10 年以上的红海厮杀，产能过剩、恶性价格竞争成为产业致命伤，但消费市场日趋成熟亦为业者带来机会。因应变化，信益陶瓷（中国）提出新的市场理论，将优势品牌“冠军磁砖”多年来强调的“绿色工厂、绿色工艺、绿色产品”的优势再次整合后，以品质为基石，以打造百年绿色瓷砖品牌为目标，调整出新的市场战术，将最优质环保的产品带给广大消费者。

冠军的口碑

品质冠军：冠军磁砖的核心理念——品质、服务、诚信。

绿色冠军：瓷砖行业第一绿色环保工厂；首家“绿色选择”产品认证陶瓷企业；同行业服务满意度第一品牌；陶瓷业首获中国 III 型环境标志企业；陶瓷业唯一荣获 ISO14001 以及环境标志双绿色企业；第一家荣获 ISO9001、ISO14001 品质、环保双认证陶瓷企业；唯一的公园化、自动化、零污染的瓷砖制造企业。

科技冠军：冠军领先同业开创 Champion-V 技术平台，率先研发成功“科技新石材”产品，引领瓷砖科技化革命，并以科技吸纳天然石材的精粹，令瓷砖纹理自然，蕴涵天然石材的高贵质感，具备健康环保、施工简便、维护轻松、物超所值等超越石材的优点，可谓“源于石材，胜于石材”。从欧洲到北美，从日韩到台湾，“科技新石材”已成为追求格调生活与精致空间人士的首选。

行销冠军：截至目前，冠军建材集团在大陆各地有 16 家分公司和 50 个营业所，产品畅销欧、美、日、韩、澳、非等 25 个国家和地区。

从 1997 年进入大陆市场至今，冠军磁砖一直强调从生产制造到行销服务的全流程营运方式，创造 10 年 10 倍业绩成长。在未来，将结合科技创新优势，加大品牌、通路的投入，以期打造一个百年品牌。

1997 年开始，台湾冠军建材集团将旗下热销 10 多年的“冠军”磁砖品牌（以下简称“冠军”）的技术与营销平台从台湾转移到大陆，10 几年来成绩斐然。在大陆内销市场之销售额从第一年的 1.6 亿元人民币，成长到 2011 年上半年超过 10 亿元人民币，保持着平均每年两成以上的成长速度，并且连续四年入选亚洲品牌 500 强之列，2011 年上半年时品牌价值亦高达 52.16 亿元人民币。

林荣德的企图心是要打造出一个百年品牌，为达到这个目标，冠军强调从生产制造到行销服务的全流程营运方式，并不断调整着步伐。

走出工厂误区　多管齐下

在过去，冠军把比较多的资源，投资在生产与研发上，在品牌跟通路方面并没有特别重视。相对于陶瓷同业省下设备费用，而将钱花在推广品牌、通路店面装修等直接面对消费者的行销方式，冠军更舍得花大笔资金购买先进环保的生产设备，打出“绿色环保”牌，强调品质实力。

林荣德算了一笔账：生产相同的产量，冠军所投入的成本就要比同业高出 4 倍。但与欧美和台湾相对成熟的消费市场相比，大陆市场目前还停留在价格决定购买行为的阶段，缺乏理性消费，这令不少埋头做品质、不善经营品牌的台商十分困扰。同样的，对冠军来说，高出同业 4 倍的投入如何获得相应回报？

“没有办法，只有牺牲掉一部分利润。”一直认为只要专心做出高品质产品，就不怕消费者不识货的林荣德也不由得大吐苦水，“说实在话，冠军过去疏忽表面工作，只做大家看不到的工作，所以消费者就不会了解我们的价值。”

林荣德工厂出身，他认为“工欲善其事，必先利其器”，后来发现只做好品质还是不够的，“跟同业竞争的时候容易吃亏，所以后来开始调整策略。冠军的品质是超前走在了同业前列，这依然是我们要坚持的，但未来同时还要加大对品牌形象和通路建设的投资。”

冠军的策略已经很清晰：除了在品质上继续保持领先外，目前已经开始在品牌与通路上重磅出击，多管齐下。

品牌推广动作多　意在最大市占率

2009 年 6 月，冠军在苏州地区推出安心居、精品联盟工程计划，安心居将冠军磁砖和卫浴洁具、橱柜等产品联合配套，同时引入专业团队提供资讯服务，结成品牌策略联盟，推出后冠军在苏州当年业绩成长接近 70%。

苏南行销总部总经理袁锟表示，因看好大陆楼市中高成长的精装楼盘为陶瓷业带来的商机，冠军推出了安心居、精品联盟工程计划："一是塑造冠军自身的品牌形象，二是与其他建商及知名品牌联合组成精品套装展示，抢攻迅速成长中的大陆精装楼盘市场。"

市场预测，目前大陆的陶瓷业有超过 3000 家企业，2011 年的磁砖市场容量为 1300 亿元人民币左右。安心居、精品联盟仅是冠军推广品牌、抢占大陆精装楼盘市场的策略之一。

袁锟为冠军未来的销售方向列出一组数据，零售占比 45%，工程占比 55%，其中工程项目里精装楼盘用磁砖的占比将越来越高，在一些大型城市中会达到至少 30% 以上，甚至超过一半比例。

"消费者认识一个品牌是要以好的品质为基础，所以品质跟诚信一定要好。"林荣德进一步解释说，不论安心居还是精品联盟，均是冠军以品质为基础，在推广品牌上所做的一项重要改变："跟一些大的建商或连锁通路一起来合作，对品牌的提升会产生正面的帮助。"

冠军亦坚持多品牌战略，除了现有的"冠军"品牌外，在 2009 年联手意大利原创设计师推出高端、复古为主线风格的第二品牌雅的高（artcode）磁砖，产品风格、市场细分及营销模式均有所差异。

结合第三生产基地的投入，林荣德乐观地表示，冠军未来将会在大陆市场形成一个新的最大市场占有份额。

"直营 + 混合"模式　打开通路新局面

早在 10 年甚至更早前，冠军在通路布局上就做了不少调整。

经过 12 年的沉淀与经营，主体架构为直营的冠军在大陆的行销系统十分庞大，以一、二级城市为主，目前已设有16家分公司、50多家营业所，在整个陶瓷业都极具代表性。

考虑到后续整个大陆市场行销策略及本土化经营的需要，林荣德透露说，冠军的销售体系将会在现有的基础上做出一些调整，部分地区将会改为代理制，并增加本地高级干部的比例，以令公司决策能够更加贴近大陆市场。

冠军此前一直以分公司直营通路为主要模式，为了更适应本土的营销环境，近几年开始优化原有分公司的系统架构，不断进行整合，在发达城市区域全部采用相对强势的直营管道。此外，亦从2008年开始在诸多边远地区实行总代理制，特别是在直营管道难以把握的区域，则采取代理与直营混合的模式。

“目前冠军是以一种整合的模式来操作通路，并不是一个单纯的直营或代理，这在竞争力与掌控力上来讲，会更加有效。既可以鼓励地方经营者的积极性，提升当地经营效果，更重要的是，也能够更及时地因应市场变化，增强对地方市场在经营上的冲击力，巩固通路优势。”这是冠军在通路布局上的一招妙棋。

而更令林荣德有信心的是：冠军从台湾到大陆，有近40年的成熟经营经验，特别是针对通路，自身有相当完善的管理规章与条件来落实这种改变。

经过这样的调整，效果显而易见。

业绩成长数据显示，“直营+混合”的营管系统配合产销系统，令冠军的通路布局如虎添翼，华东、华北及西南地区的市场占有率与地方控管能力均有大幅提升。直营架构带来平均每年20%以上的成长速度，代理区域的业绩亦有15%~20%的成长。

业绩积极成长　开拓市场更有信心

“事实上，冠军的消费者经过对品质的认定和了解后，回头客会越来越多。”林荣德说。

尽管作为一个非快速消费而是耐用品产业，陶瓷市场消费者购买时间的间隔相对比较长，但冠军在生产、品牌、通路三方面的大手笔投入后所展示的绩效表现，令林荣德坚信：“随着时间越久，消费者对冠军品牌的认识会越多。”

冠军销售额一直以来保持的正面、稳健增长，亦证明他的坚持有所收获。

他分析说，冠军并没有像同业那样在广告上花费过多的投入，虽然之前做得很辛苦，但销售额每年能够保持15%的平稳增长，足以验证消费者开始逐渐认可冠军品牌。未来加强对品牌、通路的投入后，将会加快消费者的认知过程。2010年启动了新一轮的市场推广策略，加深了在大陆地区消费者心中的品牌形象。消费市场一旦成熟，在台湾开展的“十年保护”服务也将有望引进大陆地区。

此外，外销只占5%比例的冠军在国际市场上表现亦不俗。

受到金融危机影响，冠军在美国及澳洲的业绩略有下滑，但由于2007年就已开始对重点及新兴市场进行布局，冠军在韩国的业绩大幅上升，2009年业绩超过过去两年的总和；在欧洲的业绩也有将近2倍的成长；在非洲地区也成功开拓5~6个国家，统计下来，2009年的外销业绩甚至比2008年还有3成以上的增长。

林荣德并不满足于现有的成就，他毫不掩饰要将冠军打造成一个百年品牌的雄心。在生产上，科技结合传统，加强环保诉求，赋予磁砖更多功能性之外的美观性；在品牌行销与通路上更会加大投资力度，扩大市场影响力，以“打造一个真正的百年品牌，也是亚洲区的第一品牌”。

冠龙阀门：用“服务”打造金字招牌

冠龙阀门董事长　李政宏

上海冠龙阀门机械有限公司成立于 1991 年 7 月，其母公司为台湾明冠造机企业股份有限公司，创立于 1966 年，是一家有着 30 多年阀门制造经验的台湾知名企业。初期主要是制造并销售配管零件、闸阀和消防栓。1985 年，于高雄地区增设新厂，并将生产线扩大，制造水力控制阀、复合式排气阀和双瓣式逆止阀等新型阀门。

在 1995 年以前，冠龙公司生产的产品均销往美国、欧洲和东南亚地区。随着大陆经济建设的迅速发展，冠龙积极引进多项国外阀门制造专利技术，进行新产品的开发，拓展大陆市场，并以优良的品质和良好的售后服务，迅速崛起于市场，取得了良好的业绩，自 1995 年起销售额连续三年翻番。2007 年 8 月 20 日，KARON 商标被认定为中国驰名商标。

目前，冠龙已经拥有相当齐全的产品结构，并且，所生产的产品品质堪称同行业中的精品，在大陆阀门市场上，冠龙已俨然成为其中的“过江龙”。

李政宏说，我们希望能成为龙中之冠，因为中国人就是龙的传人，所以父亲投资大陆就将企业改名为“冠龙”，寄托了把企业做强做大的期望。

冠龙的第一次良机

在大陆市场上推广产品的时期，冠龙品牌第一声响是上海市政府大厦建设；当时大厦整个工程都已经完工，但消防就是验收不过；后来市政府相关负责人亲自找到了冠龙，来到工厂，并要求当场试用。为了这个把企业推广出去的机会，建立起来之不易的信赖，冠龙不惜高成本运费从台湾运来自己的拳头产品——水力控制阀。那次测试后，市政府很满意，实地安装使用后彻底过了消防验收关。从此，大陆的消费者开始真正认识到了冠龙阀门。

冠龙品牌第二声响，是在东方明珠的建设上。当时东方明珠的建设，楼高 468 米，随着高度每增加 10 米，每平方米的水的压力就要增加 1 公斤，采用分段加压的方法，先把水打上去，但是水下来后也是一个问题，只能采用分段减压方法。采用这种方法，上升时管道内的水压会达到 40 多公斤。大陆的阀门生产商都没办法承受这个负荷，于是找到了当时小有名声的冠龙来铺设阀门，再次解决了设施上的问题。

从这次成功后，东方明珠成了客户去参观冠龙的阀门样板，重大工程接踵而至，冠龙用高品质抓住了自己的第一次快速发展的良机。

尽管在品牌维护过程中，会遇到很多困难，也需要很大的成本和精力投入，但从目前冠龙经验来看，这一切都是值得的。

—李政宏

舍弃了代理商的关系和人脉，自建通路，一切从零开始，投入很多，很难；依靠代理商或贴牌代工，也许能在短时间内快速扩张，但是服务的缺失、品牌的消耗，将是更大的挫败；因此“冠龙”不走捷径，其最终目的是透过自己的努力，把“冠龙”打造成一块金字招牌。

走进上海冠龙阀门机械有限公司（以下简称冠龙）董事长李政宏的办公室，刚一落座，李政宏西装上衣领口处一个大 K 字的徽章就引起了记者的注意，晶亮的表面上，似乎还有熠熠闪光的钻石，“这的确是白金镶钻的，K 就是冠龙 KARON 的第一个字母。事实上，这是一个职位标识。”李政宏说。

从普通业务员的蓝红 K 字标，到铁质、镀金、黄金直至白金镶钻，徽章升级的独到做法，宣示的是冠龙一以贯之的激励机制。尽管李政宏笑言这个“鼓励员工往上爬”的做法是从日本企业“偷来的”，但正是这种“用人唯才”的理念，使得这家低调的家族企业，安然走过近半个世纪，跨海西进，立足大陆，走向世界。

两记响炮　敲开大陆市场

“我的接班是半强迫的。”说起当初来大陆的经历，李政宏的表情有些凝重。1993 年，先期来大陆设厂的父亲，因劳累过度突然过世。当时正在台湾服兵役、还有一个月才退伍的李政宏，仅仅修了半年的会计，就在 1994 年 1 月，匆忙中扛起了家族企业的重担。

“完全没有传承”，两岸奔忙的李政宏压力很大，尤其在大陆，他接手的上海冠龙阀门机械有限公司，当时还只是一个承接外销订单、营业额只有数百万元人民币的小工厂。尽管如此，李政宏依然非常看好大陆阀门市场：“父亲非常有远见，他认为大陆必有一天会自来水普及化，这个必然趋势就是冠龙的机会！”

初来大陆，李政宏发现，作为一个末端工业产品，大陆阀门技术水平差、价格低廉、品质堪忧，处于被忽视的地位。而经过数十年阀门行业的耕耘，冠龙的领先技术和精良产品具有明显优势。“之前阀门在大众的观感里是十阀九漏，冠龙要带给他们全新的概念，重新塑造阀门滴水不漏的新形象。”

冠龙市场开拓战略从用户的源头——设计院开始，在多次细致、耐心的技术交流和沟通后，机会终于来了。

上海市政府大厦，困于阀门问题，消防验收迟迟不过，冠龙拿出自己的拳头产品——水力控制阀，难题迎刃而解；上海地标建筑东方明珠，468 米的高度、最高处每平方米 40 多公斤的巨大水压，让大陆本土阀门产品纷纷折戟，又是冠龙阀门的优异表现及时解围。“两次临危受命，冠龙都经受住了考验，两炮都打响了！”李政宏笑言，“要感谢东方明珠，因为后来所有第一次买我们产品的客户，都会去那里参观，看了以后就放心了。”

两记响炮，冠龙敲开了大陆市场大门，也打开了业界知名度。自 1995 年开始，内、外销两条腿走路的冠龙大步前行，业绩连年提升，2007 年 8 月，KARON 商标被认定为中国驰名商标，在大陆给排水领域，冠龙成功跻身阀门行业前三甲。

不走“捷径”打造金字招牌

尽管位列前三甲，但李政宏坦言，“与国外前三甲的市占率还不能比”。大陆阀门厂有上万家之多，每年 600 亿 ~700 亿人民币的营销额大饼也被摊薄。即使是龙头企业，想要透过整合吃到更多，也“并不是太容易”。

李政宏指出，阀门是一个“用了才知道”的特殊商品，表面看起来似乎都光鲜亮丽，实则良莠不齐。半年到一年的品质验证时间，让很多低价伪劣品大行其道，加之使用者视阀门为“低廉易损品”的思维定势，使得“即使是品质一般的产品，也能在对应的层次上保有一定的市场”；而讲求产品坚固度、耐用性、密封性的冠龙，有时会投入三倍于同行的价格购买品质上乘的原料，在价格战中无法与其他企业进行价格血拼，“经营得很辛苦”。

此外，长期的低质，让大陆阀门行业的销售管道品牌意识不强，产销脱节，一些经销商忠诚度很低，利用代理知名品牌的机会以次充好，用假冒的产品贴牌，谋取不当得利；加之一些委托制造企业通常以商业利益为先，品质意识淡薄，甚至利用合作机会骗取技术和生产工艺……销售和制造环节的种种“乱像”，让冠龙下定决心走“自产自销”之路。

“舍弃了代理商之前的关系和人脉，自建通路，一切从零开始，投入很大，也很难，但这是品牌永续生存必走之路！”李政宏说，比起鸭子划水般的逐步累积，依靠代理商或做贴牌代工，或许能够短时间内快速扩张，但是服务的缺失、品牌的消耗，将是更大的挫败，“我们的最终目的是建立自己的品牌，要把冠龙打造成一块金字招牌，没有捷径可走。”

在李政宏办公室的墙上，挂着一幅巨大的中国地图，上面有很多五颜六色的标记和小红旗。这是冠龙在大陆近 20 年辛苦铺建的销售网路，由华东、华南、华北，华中四大业务部出发，逐渐拓展至各个办事处、工作站，达到“由点到线、由线到面整体业务的铺开”。

“经营这个管道，我们耗费了大量的成本和精力，但一旦成形并理顺后，我们就比较有余力去掌控市场，甚至我们要去扩张，都是比较容易的。”李政宏说。

双向服务　优势凸显

除了销售网络的构建，要想在鱼龙混杂、竞争激烈的阀门市场脱颖而出，冠龙在技术、业务和服务能力上也都做足了功课。

“阀门的技术创新更大意义上是局部的细化，包括材质、密封方式，冠龙会根据客户的具体需求进行一些更优化的设计，从材质、设计、组装、加工精度几方面入手，把品质掌控到精致、稳定的水平。”李政宏说，技术过硬的同时，业务能力也至关重要。

“在冠龙，我们把拓展市场的业务人员称作销售工程师，与客户沟通时从技术面着手，为客户解决问题，并对具体工况环境下要选用哪些型号的产品给出合理建议。”把销售员与工程师的角色合二为一，带着阀门给客户讲解构造、材质、功能和密封性的冠龙业务人员，常常会最先得到客户方技术人员的认可，“把我们领进大门的通常都是技术人员，因为他们在接洽后了解了冠龙的技术和产品，产生了信任感。”

事实上，这种类似技术咨询顾问式的行销策略，也恰恰是冠龙企业文化中强调的“双向服务”——售前服务与售后服务的一部分。

冠龙的产品系列很多，在特定的系统内使用什么产品大有讲究。比如，光是止回阀就有五六种，考虑到不同的压力、介质，到底应该使用什么样的阀门能够达到最佳状态，冠龙在售前必须跟客户沟通，包括阀门开启的时间快慢，影响都很大——如果突然关闭，就会造成水锤，整个管线会炸掉。“细部的问题，我们希望跟客户进行事前沟通，这样可以免除后续使用中的问题。”李政宏强调，“服务两个字说起来容易，做起来难。让 250 人的售前与售后服务团队中的每一个人，都能够真正发自于内心地把服务理念融入工作，是冠龙多年来一直坚持的重点，也成为冠龙的最大优势。”

精英团队建设　点线面铺展

服务，不是只是一种简简单单的表面功夫，而是把服务融入到工作的细节中，从工作的各个环节去实现服务顾客，这才是一个有效的服务；而不是为了服务去服务。

在售后服务的管理上，冠龙一直坚持自己培训自己的服务队伍。目前分布在大陆各地的办事处一共有 250 人，通过服务教育训练，由业务主管管理，每个月都会举行月会，从上到下贯彻企业的方针，尽量把冠龙的售后服务一脉传承做到及时和到位。为了构建这样一支高效的售后服务团队，冠龙在这个环节上投入了大量的成本，投资总是为了收获，冠龙认为培养自己高水平、高素质的服务团队是值得的，这个强有力的团队造成的正面效益是可观的。售后团队的建设，在未来冠龙的发展中，可以让企业比较有余力去掌控市场、份额，甚至可以作为自己扩张的基础。在冠龙的未来的发展蓝图上，目前在大陆市场已有华南（广州）、华北（北京），华中（武汉）、华东（上海）四大业务部，从四大业务部出发，售后团队从点到线，再由线到面，慢慢拓展他们各自的办事处，把冠龙业务整体的铺开。这样的布局，为的就是决胜在未来——通过自己的服务网络，去建设自己忠诚的消费群体，这是冠龙在未来的扩张策略。

勇拓海外市场　双路线并行

冠龙在大陆的市场上施展拳脚的时候，也没有忘了一个更加具有挑战性的目标：那就是把自己的品牌推广到全世界。在 1995 年企业刚刚创立不久的时候，由于当时的企业规模小，订单不是很多，所以冠龙把自己的重心放在大陆的市场上，非常专注于内销市场。从 2005 年开始，冠龙才把自己的目光投向更加广大的海外市场。当时人们不禁要疑问，为什么正当全世界的资本都开始青睐大陆巨大的市场，尤其经历过金融海啸以来，全世界都在期望中国大陆能从世界工厂变成世界市场，在这样的大背景下，为什么冠龙会逆向而行呢？其实冠龙的考虑是，在冠龙绝大多数的业务都集中在大陆市场的情况下，如果大陆的市场出现大问题，那对于冠龙来说，可以说是灾难性的。鸡蛋不能放在一个篮子里，为了更好地规避业务和资本集中带来的风险，这才决定去开拓属于自己的海外市场。

进入到海外的市场，一般的企业都是有着两个渠道：一个是做知名品牌的 OEM，一个是打造属于自己的品牌。对于冠龙来说，始终没有脱离过做自己品牌的目标。为了迅速而稳固地打进海外市场，冠龙采取“双路线并行”的经营策略：在发达地区的市场，由于当地市场成熟，竞争激烈，为了更加顺利进入这样的市场，冠龙采取 OEM 方略，一边推广自己的业务，一边摸索市场状况；而在拉美、澳洲、非洲、俄罗斯等地区，冠龙以自己的品牌出现，从一开始就经营自己的品牌，即使这样的投资巨大，冠龙还是坚持品牌自主。没有这样的魄力，只能是永远的 OEM，李政宏说，“冠龙始终没有放弃过自主创业的信念，也是这样的坚持，才有了今天冠龙在海内外市场上的成功。”

矢志不渝　百年品牌

商业上的博弈，“常变”也是“常胜”的法宝，当然变的前提是有自己的坚持。其实不管是在大陆开始扩张自己的版图，还是在海外通过不同的途径开拓自己的新地盘，冠龙所要追寻的只有一个：那就是自己的品牌。要成为百年企业，没有品牌是绝对不可能的；在阀门这样的特殊行业中，要想占据市场的龙头位置，没有品牌的力量，也是做不到的。所以从冠龙创立的那天起，品牌的意识就深深植入在每一个冠龙人心中。

在保护好冠龙品牌上，不管是投入巨大的资金建设自己的品牌，还是强烈的品牌维权意识，冠龙都不遗余力。在市场上，总有不良竞争的存在，这就要求企业要有恒心维护好自己的品牌，有所作为。不管是产品的品质还是销售的通路，都需要企业去重视；一旦有人仿冒，都要坚决打假，为的是创造一个良性竞争的市场环境，引导同行之间友好、平等、规范、合法竞争，保护大家的品牌，保护整个行业的品牌，最终也就保护了自己的品牌。“尽管在品牌维护过程中，会遇到很多困难，也需要很大的成本和精力投入，从目前冠龙经验来看，这一切都是值得的。”李政宏说。

只有从产品的品质出发，从顾客的情感出发，自己的工作才是有成效的，不是白费的；为了顾客着想，最终顾客会造益于企业，这才是一个品牌真正该有的与顾客间的良性关系。在多年的发展历程中，冠龙把品牌目标直接提升到企业的文化当中，处处让员工体会到一种力争上游的奋进精神，让所有的员工都是树立百年品牌的一分子。随着市场变化，随着行业态势发展，冠龙不断调整着自己步伐，谋求新发展的同时，矢志不渝百年品牌意识。从注重大陆内销市场，再到勇拓海外领域；从品质为先，再到服务先行，冠龙一直走在了同行的前面。在未来的发展上，冠龙走出的步伐将会越来越明确和坚实。

在大陆阀门业内流传着这样一句话：阀门市场的价值是被冠龙公司带起来的。的确，在设计功能、品质、外观等各个环节都不受重视，给人印象“粗粗黑黑”的阀门业，刷着蓝色油漆的冠龙阀门，以其优异的性能和精良的外观，在大陆阀门行业刮起了“蓝色风暴”，品牌声名鹊起，李政宏也在2005年被评为“上海十大青年经济人物”，成为首位获此殊荣的台湾企业家。

尽管优势凸显，在千军万马分食市场大饼的阀门行业，冠龙也面临着诸多挑战。

民营企业的异军突起，外资巨头的大举入侵，一些重大标志性工程招标中复杂因素构成的层层壁垒，都是冠龙的外来挑战。而在企业内部，随着生产规模的扩大，如何提升供应商的品检手段，如何排除和掌控企业外部与内部制造、品管环节产生一些勾结动作，提高员工的忠诚度、廉洁度，都是冠龙亟待求解的严峻课题。

对此，李政宏信心满满。继续以技术创新和双向服务领跑大陆阀门业，是冠龙当仁不让的使命；对本土市场的了解和文化的融入，足以令冠龙坦然面对外资威胁。而近来花更多心力在工厂管理的他，也正在把冠龙的内功练得更强。

当初以外销起步、内销成长的冠龙阀门，如今又开始了拓展全球市场的逆向操作。“从现实出发，在一些发达的国家，我们会从做 OEM 开始；在另外一些发展中国家，我们都以自我的品牌在当地出现，商标也在当地注册。我们始终抱持的一个理想和信念是，要推自我品牌，把冠龙品牌发扬光大，成为龙中之冠！”

国泰产险：大陆市场开跑

国泰金控董事长　蔡宏图

蔡宏图，1952年出生，台湾国泰金控董事长。其父蔡万霖（台湾保险与房地产大亨）是国泰集团创始人之一。自从20年前成为国泰集团接班人，蔡宏图使集团的核心业务人寿保险稳步发展。现如今，几乎每两个台湾人中就有一人是国泰客户。“国泰金控”蔡宏图多次荣登“台湾首富”宝座，其家族有逾80亿美元资产。

2008年9月26日,国泰金控旗下国泰产险在上海正式揭牌营业。以“国泰产险”为主打品牌，以企业财产险、车险、责任险、水险及新种保险等为核心竞争力产品。以集团资源做后盾，靠服务差异性与同业竞争，国泰产险正准备在有着将近50家产险公司的激烈竞争中拼杀出一片市场……

早在 1980 年，蔡宏图被父亲从美国召回打理国泰人寿。法律专业出身的他从财务报表学起，当时蔡万霖对蔡宏图比对员工更严格。10 年后，不到 38 岁的蔡宏图接过父亲的衣钵，成为国泰人寿第二代掌门人。

蔡宏图上任之后，坚持推行持续稳健的长期战略，以创新商品避开价格战的恶性竞争。企业文化的核心不再是业务员，而是客户。果敢的蔡宏图，甚至对员工实施了 30% 的大换血。

蔡宏图大刀阔斧改革的成果，从 1999 年底开始显现：国泰人寿连续两年居台湾业界之冠。2001 年底，蔡宏图主持成立了以国泰人寿为主体的国泰金融控股公司。2005 年 2 月，国泰人寿与中国东方航空集团合资设立的大陆版国泰人寿开业，国泰人寿成为第一家赴大陆的台湾寿险公司。

2010 年 12 月，国泰世华银行上海分行开业。

国泰在大陆的产业布局已趋完整，未来将为客户提供更多元、更优质的金融服务。

国泰产险总经理　林秉耀

大陆国泰产险于2008年在上海成立,开业3年来,公司业务与据点快速发展,经营范围已扩及上海、江苏、福建、广东、浙江及山东6个省直辖市，在大陆9座经济发达城市设有服务网点。

未来在保监会（局）批准的前提下，国泰产险仍会积极铺设分支机构，将经营范围扩及大陆各地以建立全面的服务网，提供给客户优质、效率的服务。

国泰产险总经理林秉耀对记者表示："随着两岸的进一步开放，国泰产险在交通运输、旅游观光等预期都有可观的成长空间。"

回馈社会是企业价值观的直接体现，国泰的员工经常参加社会公益活动，"爱"让他们快乐！

尽管姗姗来迟，但国泰产险依靠集团资源优势与差异性服务，积极拓展大陆产险业务，在陌生的大陆市场上并不显得生涩。

在台湾，国泰世纪产险背靠国泰金控大树，以后起之秀的势头，在产险市场名列前茅；在大陆，其与兄弟公司、台湾第一大寿险品牌国泰人寿联手投资的国泰财产保险有限责任公司（以下简称国泰产险），正准备在有着将近50家产险公司的激烈竞争中拼杀出一片市场。

尽管刚刚才在大陆起步，国泰产险总经理林秉耀非常自信，"国泰产险能以专业的商品与服务开创出新天地，我们的愿景是将国泰产险打造成民族保险业的新典范。"

初涉大陆市场　集团资源做后盾

2008年9月26日，国泰产险在上海正式揭牌营业。注册资本为4亿元（人民币，下同），股东方台湾地区国泰世纪产险与国泰人寿各出资50%，经营包括企业财产险、车险、责任险、水险及新种保险等业务。

作为大陆保险市场竞争最为激烈的地区之一，上海保险业已有22家中资公司、8家外资公司。姗姗来迟的国泰产险如何在上海甚至大陆分得一杯羹？

林秉耀分析说，作为首家跨足两岸的财险公司，国泰产险将充分发挥集团资源，一地承保、两岸服务的优势，开发出庞大的商机。"随着两岸的进一步开放，在交通运输、旅游观光等预期都有可观的成长空间。"

国泰金控是台湾资产实力最强的金融集团之一，旗下拥有寿险、产险、银行、证券及投资顾问公司等；股东方之一台湾地区国泰人寿亦早于2005年进入大陆市场，拥有一定的市场经验与资源。这些都成为国泰产险初涉大陆时的“坚强后盾”。

“国泰产险利用集团资源主要有两个方面。”林秉耀透露说，一是台商客户资源，在台湾每两个人中就有一人是国泰金控客户，拥有许多老客户资源。“今日国泰产险到大陆仿佛是到一个陌生的地方一般，假如有过去曾熟识的人愿意给你一些指引、一些协助、拉你一把，就可以更快速地在新地方立足，稳定下来。”保险业务十分需要人际关系与人脉的运用，他亦希望能透过老客户的引介来拓展业务。“初期以老客户为主，接着再透过他们接触其他外资、陆资客户。”

二是共享用大陆国泰人寿的经验。他坦言，无论是筹建或正式营运，都吸取了不少国泰人寿过去的宝贵经验，令国泰产险避开误区，无须重新摸索再蹈覆辙，得以快速发展适应陌生市场。

与同业竞争　关键在服务差异性

受制于大陆对外资保险业者的限制，包括台资在内的外资企业不仅险种产品与本土业者存在差异，经营策略与目标亦有所差别。

比如财产保险里份额最大的汽车保险，在台湾占了近一半的比重，大陆统计资料亦显示其比重有70%之多。但在大陆，外资保险公司只能从事汽车保险中的商业险业务，而最基层的交强险（即台湾强制险）则不能做。

林秉耀在观察中发现，上海的外资保险产险公司在产品结构上比较偏向责任险、运输险等业务，大型企业的商业保险亦较少涉足。“外资保险业者都面临同样的问题，所以基本都先朝着在大陆有投资的本国企业开展业务。”

而以投资的金额或厂商的数量来看，台资企业明显多于其他外资。背靠集团资源优势，国泰产险的经营策略初期也是以台商企业为出发点，能服务所有当地客户则是其最终宗旨。“与外资相比，台商业者在打进中资市场上具备同文同种的便利条件；与本土同业竞争，要看我们能不能提供或创造不同的产品与服务。”

在他看来，国泰产险在台湾做得不错的一些附加价值项目如“损害防阻”、“安全小锦囊”等在大陆市场亦具有竞争优势。

他介绍，“损害防阻”服务，例如在客户投保厂房火灾意外险时，公司会有专业人员去现场做细致查勘，并做出详尽的查勘报告，提出目前厂房隐患风险所在及改建建议。不仅使客户认识到有可能的风险，提供改善的建议，降低风险度；同时也为客户降低投保费率。

在汽车险上，为每位保户赠送“安全小锦囊”的光盘、《旅游安全手册》等资讯，让客户能够在生活中最大限度地得到自我保护和救助；此外亦有如何安全使用煤气、地震逃生等诸多技巧服务。

这些服务在未来都将陆续引进大陆市场，“大陆很少有保险公司提供这些服务，客户也没有相关概念。引进这些附加价值服务，是国泰产险有别于同业的地方，并透过这些差异化服务来提升公司竞争力。也许中资企业未来会有，但目前没有那么普遍，这是我们的切入点之一。”

他亦明确看到，大陆的保险业呈跳跃性发展态势，不断吸取外部先进经验，但有了硬体后，软体部分则需要时间累积完善。“我们希望把与同业不同的附加价值服务优势赶快发挥，进行差异性竞争。”

求稳健经营　力拓网点与产品

按照事先的经营规划，国泰产险预计在 5 ~ 6 年内达到损益两平。林秉耀透露，国泰产险 2008 年 9 月底正式营业至年底三个月的时间内，营业额仅为 528 万元，而 2009 年 1 ~ 7 月份交出的保费成绩单则是 955 万元。

“基本上我们是按照进度来操作，但跟一开始的计划还是有点落差，实际的操作情形有许多变量。”“就 2009 年 1–7 月份，按照我们原先的计划，差不多只有达成 90% 的额度，进展差强人意。”他分析说，造成落差的原因，一是金融危机下的大环境对 2008 年的保险市场影响不小，二是国泰产险那时只拿到上海地区的营业执照，分支机构与营销人员都在增长中，营运效应未产生实际收益。

“公司成立后，我们希望能在稳健中求发展，稳中求快。大陆市场这么大，有很多发展的机会，不能急于一时。”国泰产险从熟悉的台商客户、熟悉的产品等着手，逐步推进各项业务与管理，希望以此打下扎实基础。“初期以台商为主，所以在不断透过各种管道来接触与开拓，以增加台商客户数与业务。今年来随着旅综险、车险业务的陆续开卖，也尝试开拓兼业中介管道，以增加业务来源。”

“经济发展与保险需求息息相关，地方经济愈发达，企业与消费者的保险需求就愈大。”他强调道，国泰产险的总体发展战略就是从沿海开始，再推进到二线城市，最终能覆盖全大陆，透过机构的铺设提供给广大客户最快速、最优质的服务。

考虑到分支机构据点及产品线的不足，国泰产险未来的发展会围绕这方面来规划。“发展重点在规划分支机构的铺设，期将经营范围的触角扩大到更多省份；在人才上，将朝向本土化、专业化来培育。”在业务上，国泰产险亦将不断丰富与创新商品，同时开拓更多元的管道来源，以期在市场上占有一席之地。

后记：

1. 国泰产险第一任董事长马万居先生现为台湾国泰产险顾问，第一任总经理林秉耀先生现为越南国泰产险董事长。因业务发展规划需要，国泰产险现任董事长张发得先生，总经理为陈谨洲先生。

2. 国泰产险 2010 年保费收入 7726 万元（人民币），同期成长 241%；2011 年 1~6 月份保费收入 7754 万元（人民币），已超越 2010 全年度保费收入。

国福龙凤集团：转型突围之路

龙凤食品股份有限公司董事长　叶惠德

“龙凤”1977年成立于台湾高雄，1992年率先进入大陆市场，秉持“台湾经验，大陆发展，世界营销”的理念，致力弘扬中华美食文化潮流与发展。1998年龙凤导入新的企业识别系统，并以“追求卓越，永续发展”作为龙凤迈向21世纪的经营理念。现在“龙凤食品”已经成为家喻户晓的畅销品牌，也是“中国名牌”。集团在上海、天津、成都、广州、浙江等地设有生产基地，在大陆共设有38家分公司与营业所。2001年引进世界先进的ERP系统，形成完整且密集的生产、营销与信息管理网络。产品更是远销到美国、日本、韩国、欧洲及澳洲等十多个国家和地区。

“红海”不能退要坚持本业，同时也要与时俱进找到“蓝海”，否则企业会无法发展。每一个行业都有获利的阶段，而现在就要趁着能够获利的时候赶快行动。我不要等到龙凤亏损的时候才转型，尽早把鸡蛋分开放可以减少风险。

——叶惠德

弃计算机卖水饺

叶惠德 1951 年出生于台湾高雄，一家人的生计全靠当码头装卸工人的父亲维持。由于当时的货船装卸全靠人工操作，遇到下雨天不能干活没有收入，那时母亲就会安慰孩子说“父亲无法赚钱我们就随便吃吃”。

常言道穷人的孩子早当家，从小叶惠德的心里就有一个意念将来有机会一定要多赚一点钱，让父母亲和这个家早日摆脱贫穷。叶惠德共有 7 个兄弟姐妹，因为家境清贫其它兄弟姐妹的学历都不高，唯有阿德（叶惠德在家中的小名）从小聪明伶俐、读书刻苦用功成绩好。父母就对他“网开一面”，原则上是“只要你能读，我们再辛苦也要让你读”。为了减轻父母的压力，叶惠德在学校读书的时候一到寒暑假就去在台南的姐夫家打工贴补学费。姐夫开了一个做面条、水饺的作坊，顾客多半是乡邻乡亲。一来二去，他不但学会了做水饺，还给水饺起了个好听的名字“龙凤”，意为“望子成龙，望女成凤”。

1977 年，叶惠德大学计算机系本科毕业，本来可以去研究所的计算机中心工作，但是从小的意念一直牵绊着他，就是要让父母、兄弟手足过上丰衣足食的日子。所以叶惠德最终决定放弃计算机做水饺，到高雄闯天下。

叶惠德和太太带着新台币 6 万元的本钱，开始了在高雄的艰苦创业。他把家里的客厅当饺子工厂，夫妇二人晚上做冷冻水饺白天卖，由于基本上没有支出，初创时期的利润还相当不错。许多顾客不知道他就是老板，还常常塞小费给他。叶惠德回忆说，“从创业的第一天起，我就陶醉在那种天天有收入，天天有钱赚的乐趣中。”就这样，阿德的“龙凤”饺子一天天成长。1984 年他在经过了 7 年的艰苦创业之后，终于摆脱了家庭作坊的生产形式，盖起了第一个工厂；1987 年他生产的冷冻食品已开始外销到日本和美国；1989 年叶惠德在台湾盖起了第二家工厂。

差异化胜出

2003 年因为卖场上架费愈来愈高加上市场竞争激烈，叶惠德转向投资团体伙食，希望接近消费者，直接收现金。进军团体伙食的前三年，叶惠德都赔钱，到第四年开始获利，到现在做到年收入新台币 5 亿多元，甚至 2010 年成功进驻上海世博为职工供餐。

“团体伙食的利润很薄，这几年工资上涨，伙食费却没有等比成长。”叶惠德之所以咬牙做了七年，目的就是打造中央厨房，将团体伙食做到工业化的标准生产，因为他有更远大的梦想：开快餐连锁店。

叶惠德的第一家中式快餐店 2011 年开张。除了快餐连锁，叶惠德进军电子产品，提到他的得意之作、能随着天气调温的“生态水毯”，滔滔不绝，还帮产品取了很美的名字“睡云间”。另在台湾光膜太阳能项目投资了 1000 万美元。

“快 20 年了，它们也长得这么高了！”望着上海东兰路厂区门前一排葱郁茁壮的雪松，上海国福龙凤食品股份有限公司（以下简称“龙凤”）董事长叶惠德的感叹中透着些许的不舍。这些 1992 年 10 月建厂时栽下的幼苗，历经 18 年风雨，已然长成了参天大树，就连当年路人无意中扔进来的一个桃核，如今也在厂区墙边枝繁叶茂、开花结果。

“下个月（2009 年 3 月）就要搬了”，距离东兰路十几公里外的新工厂，注册资金 1000 万美元，占地总面积 60 亩，包括厂房面积 4000M2、办公面积 3800M2、辅助用房 2000M2，其中冷库面积 5000M2、冷库吨位达 6000 吨，拥有多个装卸平台，是集办公、研发、加工、仓储、物流于一体的产业基地，那里将取代旧厂区成为一个再次飞跃的新起点。

在大陆做品牌，先要定位清楚，做好差异化，并坚持到底！

在大陆做品牌最先要定位十分清楚，一步一脚印掌握到消费者的趋向，然后明显区隔市场凸显产品差异化，最后更重要的是坚持到底直到成功为止。叶惠德回忆说，“1991 年他去了许多华人集聚的地区，像大陆、泰国、新加坡、印度尼西亚等，经过考察比较后还是选择到大陆发展，因为这是个同文同种消费众多的好地方。”于是 1992 年正式在上海建厂，1993 年 9 月投产后的龙凤水饺进入市场，售价比其它同类产品要高出一倍多，但销售非常红火，原因是质量大大优于竞品，有效地宣传推广活动也起到了效果。

叶惠德介绍，大陆市场幅员广大，各地口味“南甜北咸东酸西辣”各不相同，即使是相同类的产品也要根据每个地方的口味差别做细微的调整，因而事前做好口味调查十分重要。今天的“龙凤”已经多样化发展，对不同饮食习惯的人群，龙凤推出了有针对性的产品。所以“以质量确保竞争优势、以消费者的一切利益为首任”的定位，使得“龙凤”品牌创造了一个又一个的业绩高峰。

叶惠德认为，在大陆经营品牌要一步一脚印，掌握消费者趋向，区隔市场、产品要有差异化；同时，要有回馈社会的心理，因为这是让企业品牌深入消费者心坎的快捷途径。

红海厮杀　困局求生

1977 年以“水饺起步”的龙凤，从台湾到大陆，在两岸食品行业一路领先。2003 年荣获“中国名牌”称号，产品从速冻水饺、汤圆、包点、火锅料、点心等，共衍生了十大系列三百多种。“送货小弟”已然被业界尊为了“水饺老兵”。

随着大陆食品行业经营环境的变化，竞争日益严酷，尽管在同类产品中，龙凤以其“营养、健康、高质量”的品牌形象广受消费者青睐，但居高不下的通路成本、税费和原物料价格，以及激烈的竞争，都意味着“微利”时代到来了。

面对这样的发展态势，叶惠德一方面以优化内部管理来达到节省成本、提高质量、提高效益的效果。另一方面，他也在思考龙凤的蓝海突围之策，“红海不能退，要坚持本业，同时也要与时俱进，否则会无法发展。我不要等到龙凤完全没有获利的时候才转型，尽早把鸡蛋分开放，可以减少风险。”叶惠德认为，每一个行业都有最好获利的阶段，而现在就要趁着能够获利的时候赶快行动。

于是，这位在传统食品业打拼了30多年的“水饺老兵”，开始了他转型升级的“新兵之旅”。

蓝海探路　与“食”俱进

两条腿走路更稳当，叶惠德的转型思路双管齐下、脉络清晰。

首先，他立足本行，从本业的升级做起，整合上下游产业链。近年来，消费

随着团膳事业成长，叶惠德往上游投资物流仓储。国福实业以专业的低温物流为目标，添置了一整套现代化的专业设备设施，大大提升了效率。

（1）无间隙进出库设计、货车预冷措施，完全保障产品质量；

（2）1000M2 温控发货间、11 个装卸口、库区全机械化操作，大大提升了货物装卸效率和吞吐能力；

（3）采用国际先进的氨制冷冷却技术、全自动温控系统调节温度，最大化地满足了客户的冷链需求；

（4）先进的 ERP 计算机管理体系，能有效确保产品“先进先出”原则实施的同时，更能协助客户精准地分析各项数据，优化经营决策；

（5）充足的停车场，超大面积的辅助办公区，是完善后勤服务的保障。

者的饮食逐渐走出家庭，餐饮业因此风生水起。“消费者到哪里，我们就把产品卖到哪里，必须与“食”俱进。”

2002年成立了专职经营“大型团体膳食承包、团体送餐服务、餐厅、半成品加工”的上海龙厨食品有限公司。2009年成立了以“低温仓储物流”为发展核心的国福欣欣（上海）实业有限公司。

上海龙厨目前在上海市内配有2个中央厨房及30多个后勤管理中心，日服务量已超过10万人次。从生产冷冻食品延伸到现场为企业加工食品的服务，“这与新产品的研发一样，我们要在制造的同时开发出新的服务方式，这是一种创新的商业模式。”叶惠德说，团体膳食是封闭市场，可掌控上下游供应链，上海团膳市场已初具规模但成长空间还很大，未来也可扩展到其它城市。

本业转型的同时，叶惠德的另一条跨界转型之路通向“技术利基型”行业。他相继独资创立了集研发、生产及销售为一体的惠鸿光电科技有限公司，倡导“人性科技，创造健康生活”的理念。

“成为台湾惠晶生物科技有限公司的最大股东，同时也参股南通庆鸿房地产……”叶惠德说，这些公司属中小企业，但拥有专利技术，经营者多是技术出身。他注入资金，带入公司治理，派财务主管进行内控，更协助这些公司控制成本，拟

国福集团印象

笔者对国福集团的最深印象就是“朴素、务实、效率”。厂区整洁规范，货物进出有度，安保人员尽职尽责，生产、研发、物流有条不紊、井然有序；董事长叶惠德使用了近20年的办公室，陈设非常简单。叶惠德本人及下属对媒体的态度谦恭、认真，采访期间没有任何电话干扰，后续的数据配合也及时到位。看得出这是一个踏实做事的实干家，公司的治理也讲求章法和效率。

叶惠德的言谈谨慎且不失坦诚，联系实际又充满创新思维，言之有物、逻辑严密，是一个理性思考兼具探索慎行的企业家。

龙凤的转型，与其说是探寻蓝海商机，不如说是红海的残酷厮杀、高风险和低盈利，已经让这位赚了30多年食品业辛苦钱的老兵心生疲惫，他主张转型要主动，要在事业进入高峰期时就未雨绸缪，这也是分散风险的良策。

转型刚刚上路，叶惠德也重新做回新兵。在他的引领下，国福集团能否顺利迈向多元化，能否把品牌的综合效应发扬光大，依然还有很长的路要走。

差异化胜出

2003 年因为卖场上架费愈来愈高，加上市场竞争激烈，叶惠德转向投资团体伙食，希望接近消费者，直接收现金。进军团体伙食的前三年，为了健全组织奠定基础，公司都在亏损，直到第四年开始获利，而现在已做到年收入新台币 5 亿多元，甚至 2010 年成功进驻上海世博为职工供餐。“团体伙食的利润很薄，这几年工资上涨，伙食费却没有等比成长。”叶惠德之所以咬牙做了七年，目的就是打造中央厨房，将团体伙食做到工业化的标准生产，因为他有更远大的梦想“开快餐连锁店”。叶惠德的第一家中式快餐店——“多 & 大”2011 年 8 月开张。除了快餐连锁，叶惠德还进军电子产品，提到他的得意之作——能随着天气调温的“生态水毯”，叶惠德滔滔不绝，他给产品取了很美的名字，叫“睡云间”。

定业务发展方向，发挥互补优势，协助这些企业走出地方、走上国际。这也是让自己投入新行业、分散风险的快捷方式。

转型突围　三大战役

作为一个投资人，该如何扮演转型中的“新兵”角色？从传统制造到高科技，怎样实现完美转身？“绝对不能完全套用龙凤的理念，但是一个企业发生、发展和成长的基本原则是相似的，关键是要打好团队组建、健全管理制度、做好产品定位和营销策略三大战役。”叶惠德不愧是一员老兵，尽管上了新战场，打起仗来依旧是章法有度、套路清晰。

“董事长最主要的任务首先是找人。”第一役，叶惠德先图谋兵强马壮。对于熟稔通路开拓的总经理，叶惠德就找“互补型”的干部进来，把总经理定位在业务发展与经营管理。同时定期沟通，“把我的经验跟他的专业结合”，检视大的发展方向并及时修正，还要关注每个月经营结果和成本分析，严格监控现金流，降低经营风险。入点。”

第二役，产品定位主攻差 异化。把产品定位在一些特殊规格和用途上，不贪图跑量，这样投入不多，资金获利还会更强，走的是利基型的道路。”

第三役，营销策略上“做外看内”、“以外养内”，积极着手开发内销市场，“人无远虑,必有近忧。很多外销台商的穷途末路就是前车之鉴。”如何打开内销通路？“它山之石，有样看样！”叶惠德显得信心十足。他的科技产品外销美国时，他瞄准的是工业生产线控制、医院、学校、户外广告、酒店自动点餐、小区安保等方面的应用，“美国走过的路，失败的我们不要走，要调整思路，结合实际，参照同样的思路在大陆发展潜在的用户。”

“水饺老兵”说起高科技，一样的侃侃而谈，“术业有专攻，既然这个行业我要做了，就要有深刻的认识。别忘了，我的大学念得是计算机科系。”

和成：淬土成金，让“中国风”行世界

和成董事长　邱士楷

HCG 和成卫浴于 1931 年诞生在台湾陶艺之乡莺歌小镇，从产销花盆与水缸的手工作坊起步，后转型制造卫生瓷器产品。历经 80 年的磨砺和耕耘，今天的和成已成为全球最大的单体静音马桶生产商之一，深耕卫浴、橱柜及给水铜器等制造业界，横跨建筑、精密陶瓷、瓷砖、炉具及住宅设备等领域，跻身世界十大卫浴厂商行列。

1992 年，HCG 进入大陆，始终坚持回归企业本质，做好品质和服务，并谋求与品牌定位相匹配的个性差异——传承华人文化的“中国风”路线，进入大陆市场前三名……

和成 HCG80 岁了

HCG 为全球知名卫浴品牌，自 1931 年创立至今，已有 80 年的历史，基于品牌的永续经营，和成每年皆投入相当多的人力及财力，进行产品研发。

HCG 不仅生产卫生瓷器、铜器，厨具，热水器、瓦斯炉、排油烟机等产品，更有世界最大、最轻、最薄的建材陶板及艺术陶板，让消费者可以一次购足，“全套用和成，采购服务一次成”的营销理念；近年来，和成还跨足碳纤复材产业，研发精密陶瓷，生产 NB、鼠标、手机等产品外壳。

和成卫浴在台湾市场，已连续 26 年获选为消费者心目中理想品牌第一名，验证了其“诚意、创意、满意”的经营理念，2010 年获得台湾优良品牌的肯定，另有智慧型超级马桶获得德国 iF 设计大奖及金点设计标章等殊荣。

Hi-tech 科技化 坚持以科技化的投入，推动产品与管理的全面提升，创造高品质的生活；
Compact 精致化 建立高效的管理制度，将艺术融入产品，实现精致化生产；
Globalization 国际化 建立全球化的生产基地与行 销网络，打造值得信赖的国际品牌。

品牌要生存，就要有自己的品牌风格。中国的发展越来越受到全世界的瞩目，未来中国要强，绝对是文化跟自我认可，这是必经的道路。而能够抓住和诠释“中国风”的品牌，一定会胜出。

“刚从南通回来，等下还要赶回去。”西服衬衫、侃侃而谈，职业的微笑与握手，和成（中国）有限公司董事长邱士楷，这个曾有着建筑师梦想的和成卫浴第三代，已经完全进入了“忙碌的专业经理人”角色——从被派往菲律宾盖厂，到驻守大陆拓展市场，数年的历练，让他“带有使命感”地扛起了家族事业的大旗。

“在大陆只有想不到，没有做不到！”邱士楷说，与父辈的“两边飞”状态不同，“大陆市场变化越来越快，竞争越来越强，作为一个经营者，你必须要在这边，才能准确感受到真实的人文气息和变化。”上任伊始便被外界封为“和成新少帅”的他，高调喊出“3 年内进入大陆卫浴行业前 3 名”的目标，凭着第三代掌门人与前辈不同的经营气势，邱士楷要带领和成上演一场“后危机时代”逆势上扬的精彩戏码。

自我设计　突破创新

1931 年的台湾陶艺之乡莺歌小镇，邱和成怀揣 12.5 美元，凭着“和气买卖不欺三尺童子，成业有道义取四方之财”的朴素营商理念，从产销花盆与水缸的手工作坊起步，后转型制造卫生瓷器产品。历经近80年的磨砺和耕耘，今天的和成已成为全球最大的单体静音马桶生产商之一，深耕卫浴、橱柜及给水铜器等制造业界，横跨建筑、精密陶瓷、瓷砖、炉具及住宅设备等领域，跻身世界十大卫浴厂商行列。

“和成在创立之初，就在寻找创新突破点。如果爷爷一直做花盆与水缸，也许不会有今天的和成卫浴。”邱士楷说，和成成功的重要因素之一，就是坚持技术研发和产品创新，谋求永续经营的持久生命力。

1949年即研发出台湾第一个坐式马桶的和成，每年都要拨出年营收的3%做为研发费用，这在同业中算是大手笔的。“要想永续经营，就必须有自己的研发设计团队，早在上世纪70年代末，我们就已经意识到这一点；1980年，和成成立‘技术研发部’，培养自己的研发设计人才。”邱士楷表示，从最初请日本知名卫浴行业设计师做顾问，到现在有自己专属的研发团队，和成一直把创新当成立业之本。

1984年，和成开发出台湾第一套单体静音马桶——阿尔卑斯系列，这款产品将马桶冲水噪音减至36分贝以下，解决了长期以来一直困扰人们的马桶冲水的噪音污染，一上市就受到大力追捧，当年销售即高达10万套，一时间风靡全球。此后，漩涡静音技术、两段式省水技术、一体化水箱包装EASE-KIT、超洁技术、缓降技术……和成突破自我的脚步从未停歇，持续不断的技术创新，也助推和成从12.5美元的手工作坊“小舢板”，成为市值40亿美元的“卫浴航母”。

个性差异　品牌商机

尽管1992年邱士楷还在念书，但对于当年和成卫浴的西进登陆，作为家族成员的他仍然记忆犹新，“当时刚上市不久，和成在台湾的市占率已近六成，市场饱和，发展进入平台期。刚刚募来的一笔钱要如何使用？当然要走出去！”配合台湾当年的南下政策，和成跨出台湾的计划瞄准了大陆和菲律宾，“总要想一下投资报酬率，你花1块钱，在台湾也许只能拿到0.5元，可是在海外可能就是1∶1或者1∶2。”邱士楷说。

19年前的大陆卫浴市场，尽管市场规模没有现在大，但“品质好的也少，蛮好做的。”而6年半前当邱士楷从菲律宾转战大陆时，竞争形态已经发生了翻天覆地的变化。“目前大陆已成为全世界卫浴行业竞争最激烈的市场，卫浴厂商大概有 3000 多家，供大过于需。加上欧美市场的疲软，一些原来从事外销的企业转内销，导致内销市场的竞争更加激烈。”邱士楷说，卫浴行业的品牌集中度不高，市占率最高的 Kohler、TOTO，份额也只有 10% 左右；而处于第二梯队的和成，近有 ROCA 、American Standard 的贴身进逼，后有箭牌、法恩莎、惠达等本土品牌的迅猛追赶，竞争态势颇为严峻。

对此邱士楷十分淡定：“竞争是必然的，无论去哪个市场都会碰得到。对成熟品牌来讲，良性竞争正好是一个优胜劣汰的洗牌过程。而要想吃到更多的市场大饼，最终还是要回归做企业的本质——把品质和服务做好，同时谋求与品牌定位相匹配的个性差异。”他认为，随着多年市场经济的发展，大陆消费者正在变得更加成熟和理性，对品牌产品涵盖的品质、品位和服务都有了更高的要求。

“和成面对的主流消费群体是 25~35 岁的白领，与上一辈不同，他们的理念更超前，要求更多”，邱士楷指出，正像和成所提倡的理念“爱上生活每一天”，浴室早已跳脱了固有的旧定义，引入了 SPA 等休闲概念，成为现代人放松身心的场所。“既然人的一生平均有 2~3 年的时间在浴室空间度过，为什么不去享受和经历这个时间呢？而这也正是和成的商机所在。”

文化内涵 “中国风”行

在每次国际交流的正式场合，总是喜欢穿简洁中山装的邱士楷，骨子里有一颗珍视和热爱传统文化的“中国心”。面对愈演愈烈的同质化竞争，他同样认为，品牌的核心价值在于文化内涵。

“品牌要生存，就要走出自己的风格。大陆的发展越来越受到全世界的瞩目，未来大陆要强，绝对是文化跟自我认可，这是必经的道路。而能够抓住和诠释新的‘中国风’的品牌，一定会胜出。”邱士楷强调，和成的核心价值就是在设计上的“中国风”。“很多欧美设计师，把在欧洲市场、美国市场设计好的产品拿到中国大陆来卖，没有真正专属为中国设计的产品。而我们告诉设计团队，要真正了解大陆市场和大陆人的文化和生活习惯。”

一次邱士楷与琉璃工房杨惠姗、张毅的偶然相聚，让和成卫浴的“中国风”借由琉璃工房的艺术创意得到了几近完美的诠释。

2008 年 12 月，和成卫浴携手“琉璃工房”重磅推出“中国石头”系列，在业界掀起了“雅趣卫浴”的新旋风。这款名“清泉”和“云水石”的面盆与座便器，线条干净凌厉，传达出山石的力量与无穷变化，颇具中国传统文化之美。“多棱角，制作难度高，是一个大胆的尝试。突破上市后，市场反应非常好。”邱士楷表示，打造出富有中华文化的卫浴产品，是和成的责任，也是和成在同业竞争中的制胜法宝。

多元通路　效应最大

“与单纯的制造相比，最困难的还是品牌的建立和维护。”邱士楷坦言，面对庞大而差别巨大的大陆市场，和成也曾遭遇一系列的挑战，如不时冒出来的假冒公司和产品，占据销售额 10%~25% 的巨额广告投入，业态变化多、专业度要求高的建商客户等，“事实上，随着大陆投资环境的逐步规范和对市场的深入了解，这些问题都找到了答案，但更大的、永远存在的瓶颈是如何突破自我。”邱士楷指出，今天的卫浴市场，一个产品卖 10 年的日子再也没有了，大家都在创新，谁能跟上变化的速度，谁就能稳操胜券。“所以我大部分时间都在跑市场，这也是最富有价值的一块。”

和成目前在大陆有近 300 家行销网点，在区域性划分的大原则下，和成会走纵横结合的通路管理策略。横向策略是以上海、江苏为中心点向外扩张，所有投资点以系统、发展性为首要，对其他偏远地区，则找实力强的经销商给予全权支持；纵向策略是执行卖店营运办法，让每家销售点的毛利达到 25%，同时每年的业绩成长不低于 50%。

“大陆的通路非常多元，任何一种通路都不能称霸市场，要根据具体业态特点，最大化的发挥通路效应。”邱士楷指出，在零售面，除了直营网点之外，和成也有一些探索，比如与路达集团在南北通路上的合作，与冠军磁砖“安心居”及红星美凯龙的通路共享等；对于集团客户和开发商客户，则更多的是依靠经销商。“人脉关系很难传承和复制，经销商更大意义上就是我们的合作伙伴，是和成在当地的代表。”

此外，和成还与同样从事装潢制造业的台资企业南宝树脂、冠军瓷砖及台湾玻璃组成了资源整合共享的平台——精品联盟，共同开发市场。对此邱士楷表示，“大家团结起来绝对是更强的。每一家都在跑不同的客户，有些客户是相同的，不需要重复。一个案子，了解到瓷砖、玻璃、油漆都是用谁的，精品联盟就会 create（创造）很多 value（价值）出来，大家一起共同成长。”同时，精品联盟也有一个一站式服务的概念，更贴近消费者的需要，“我们瞄准了一些连锁业态，当他们在设计门店的时候，我们会找设计师来加入，专门针对他们的具体需要进行量身定做，真正给出整体的解决方案，让连锁业者能在最快的时间高品质的把店开出来，尽早创造效益，实现多赢。”

对于未来的发展，亲眼目睹了大陆二三级城市惊人成长速度的邱士楷信心满满:“市场还是继续成长，和成最近几年成长都在 2 ~ 3 成，依目前的发展状况，‘3 年内达到大陆市场前 3 名’，绝对有这样的机会！”

有效管理　应对风险

一个企业的运行如履薄冰，每一天都可能遇到不同的问题，要承担不同的风险；企业要应对危机，就要靠着自己的有效管理来防范风险，应对危机。

和成有自己应对危机的方法。市场低迷、不景气时，危机也会是一次机会，一些不规范和竞争力不足的企业就会被淘汰。洗牌之后会让整个市场更加专业化、正规化。即使企业也会受到不小的冲击，但是只要闯过那段艰难的时光，企业将会得到更好更良性的市场。和成人一贯坚持专注自己的专业品质，只有把自己的产品品质和服务做好，才是应对危机的不二法则。有强大竞争能力的企业，总是能从容地面对危机的到来，而竞争能力靠的就是品牌。

在竞争激烈的浴具市场上，卫浴厂商大概有 3000 多家，基本上供大过于需。受到金融危机的影响，造成欧美市场疲软，一些原来从事外销的企业转向内销，导致内销市场的竞争更加激烈。和成面对的正是一个比原来的竞争形势更加严峻的局面，但是就像和成人所理解的一样，危机也可以是转机。正因为大陆市场之大，消费者的需求也是不尽相同的，和成可以在不同的层面去满足消费者，生产出来的产品就有不同风格和档次的区别。海外的合作当中，和成也为欧美的客户做战略型的代工，是基于未来有更好的发展性。和成清楚知道自己的价值不是 OEM，而是 ODM（原始设计商，即 Original Design Manufacture 的缩写，是一家厂商根据另一家厂商的规格和要求设计和生产产品），甚至目标是 OBM（自有品牌生产商，即 Own Brand Manufacture 的缩写，指生产商自行创立产品品牌，生产、销售拥有自主品牌的产品）。在企业的发展上，和成始终坚持走自主品牌的道路，也坚信只有把握住自己的命运，才能赢得市场，抵抗住危机的冲击。

在铺设自有通路上，和成采用区域性管理，最大限度地满足经销商的效益，对经销商进行一些扶持（设计、标准化、产品的服务——售后服务人员都会送到工厂做训练等），让经销商真正了解和成产品及和成文化。对于集团客户和开发商客户，必须有当地的人脉，所以经销商更大意义上就是和成企业的合作伙伴，是和成在当地的代表。只有好好地培养在各个地区的经销商，自己的品牌才能渗透到市场的各个方面。

和成从来没有放弃过对品牌的追求，面对竞争和危机，把更多的精力投放到产品品质和产品服务上去，这是最富有价值的做法，只有这样才能抓住市场，企业才能在激烈的竞争中立于不败之地。品牌就是市场上的试金石，品牌就是信任，和成人总坚信不移。

担起责任　握住未来

在未来的发展上，和成更想走出自己的风格，把文化注入自己的产品，提升自己的品牌价值，这就有了当初跟琉璃工房的合作，讨论中国风的未来发展。当时市场上很多是欧美设计的产品拿到大陆的市场上销售，并没有真正专属为中国设计的产品。和成一直在探索大陆市场，大陆人们的生活习惯，真正创造出适合中国人的产品。

在走品牌化的道路上，和成利用多种媒体平台结合运作，把报纸、杂志、电视的传统媒体与网络媒体打包规划，同一主题做到最好的宣传效果。此外跟行业的设计师协会保持着密切的联系，经常参加他们的沙龙，这为和成产品的更新换代、品质提升，提供了源源不断的思想源泉。和成也注重设计师的培养，赞助“和成新人杯”，从学校培养杰出的设计师，让从事设计专业的学生，通过参与比赛，预先体会走上社会后的竞争和工作方式，通过新品发布、展览，也为自己的产品提供后劲生命力。

2005 年，美国国防部境外测试部门初次来台进行境外比较测试（FCT），和成的抗弹陶瓷是台湾少数认证合格的厂商，相关单位邀请和成参加了美国 2008 年抗弹陶瓷需求计划会议。这是和成尝试新的领域后，得到了国际专业的肯定。从此，和成开始展开新的商业版图，在拥有台湾卫浴陶瓷份额 6 成的形势下，触及军品、复材和智慧住宅等新的领域，为新的未来铺路。依靠自己从创业开始就孜孜不倦对品质的追求，以及企业雄厚的实力，和成在跨领域发展的过程中，不仅没有影响到自己作为浴具领域领先者地位，更为自己找到了未来发展的多重可能性。

一个企业的发展脱离不了社会，同时也要承担起社会责任，这是和成一直秉持的理念。“我们不只是讲自然，更讲求环保。常常很多人讲，大陆帮全世界代工，外销很多东西给别人，可是都把污染留在了大陆土地上。地球暖化，气候变化，作为一个企业，我觉得有义务，不只是产品要绿色、省水，整个制造过程也应是环保的。”邱士楷说，“和成在绿色环保的概念上，是行业内的领先者，企业若没有在社会责任上的作为，就没有公共信任上的基础。和成珍惜努力得到的一切，将带着企业这么多年来的成功经验，带领和成走到下一个新的纪元！”

皇冠：以顶尖品质成为箱包业翘楚

皇冠集团董事长　江永雄

皇冠集团成立于1952年，以OEM代工起家，经营箱包相关业务，后来自创“CROWN”、“LOJEL”等品牌，产品销售多达100余国家和地区。皇冠从1992年在广东中山设立第一家厂房开始，20年来，集团旗下在大陆已拥有600多家遍布大江南北的据点，厂房更扩张为占地500余亩的大型工业区，成为大陆旅行箱业第一知名品牌。

皇冠集团:1985年进入大陆市场，1992年正式在大陆设厂，以“皇冠”为主打品牌，以箱包为核心竞争力产品。对产品品质的严格把关和专业的服务,以及强调“服务就是为了万一”的概念,让皇冠从一个家庭式工作坊，发展为一个在大陆203个城市设有600个行销据点、大陆年销售额6亿元人民币的驰名箱包集团……

走高档路线的皇冠产品即使价格卖到万元以上，依旧受到大陆消费者欢迎。

背景

皇冠集团总裁：江枝昌	副总裁：江枝田
成立时间：1952 年	生产基地：广东中山
2000 年合并营收：30 亿元新台币	2011 年营收目标：40 亿元新台币

在硬式旅行箱业打拼近 60 年的皇冠集团，可说是台湾皮箱产业的缩影。创办人江枝田在 1952 年成立明田皮件厂，直到 1981 年皇冠皮件正式诞生，1992 年前往广东中山陆续设立皇冠皮件、冠军塑胶及明冠皮件、罗杰塑胶等工厂。他与哥哥江枝昌共同掌舵皇冠品牌，从时值 800 元人民币、一架中古缝纫机、一批制作皮箱材料及十坪大的家庭式工作坊，发展成一个在大陆 203 个城市设有 600 多个行销据点，内销年营业额 6 亿元人民币，外销 7000 万美元，年产量 300 多万只，员工 3000 人，与世界知名品牌 SAMSONITE 相抗衡的集团。

由于贫困，江枝田没能上学，只好放牛，后转做学徒，不识字的他，一直到军中才学会识字，一针一线缝出第一个皇冠皮箱，坚信只要是真材实料，品质好，就算再贵也会有人下单。

皇冠的制作技术掳获国际大厂的青睐，几乎市面上知名的硬式旅行箱品牌，都下单给皇冠代工。皇冠除了 OEM 外，1981 年创建自有品牌 CROWN，在代理商偷销到大陆后，居然无心插柳，让皇冠渐渐在大陆市场打出名号，1997 年皇冠第二代成员——江永雄遂大手笔进行品牌行销。

皇冠集团更将其行李箱塑造为民族品牌。在第13、14届亚运会及2000年奥运会作为唯一指定专用旅行箱，再任2008年大陆申奥委员会高级赞助商。而后将版图扩往国际，2007年，皇冠行李箱荣获联合国第7届和谐系列唯一指定箱包礼品，并获世界华商创新奖。

“小细节”创新——“减体重”

皇冠皮件有限公司1997年开始坚持改变材料应用减轻箱包重量，成功将箱包全球市场份额扩大了一倍，2010年10月推出的全球最轻硬箱包，更是受到海外采购商抢购，皇冠把硬箱包重量减到全球最轻。

几年前，硬箱包在全球的市场份额仅为10%，而据皇冠的市场调查，目前这一比例已扩大至15%~20%。

皇冠是亚洲最大的箱包生产厂商，其产品占全球10%的份额，在中山三乡镇的公司是大陆总部，主要制造硬箱包。

皇冠从14年前开始为箱包减重，目标是每年减重10%。14年前最大尺寸的硬箱包是7公斤，现在已将这个重量减轻了一半。

细节的创新，就是皇冠近60年来成为全球箱包领先企业非常重要的竞争力因素。

皇冠箱包的产品1985年开始进入大陆市场，完全是无心插柳。1992年皇冠正式进军大陆，五年后开始建立销售通路，至今在大陆已经有600个销售点，平均年销售额达到6亿元人民币，被列为2006年度中国箱包12强之首，堪称业界翘楚。皇冠集团董事长江永雄说，对大陆消费者而言，皇冠是个老牌子，但是“牌子老，产品不能老”，要不断地研发创新才能维持品牌竞争力。

1952年，台湾台中县一家只有一台二手缝纫机、一批制作皮箱材料的小型家庭式工作坊，经过两代、数十年的家族经营，发展为一个在大陆203个城市设有600个行营销据点，大陆年销售额6亿元人民币的驰名箱包集团。皇冠集团（以下简称皇冠）董事长江永雄说，皇冠今天的成就，要从父亲与叔叔一起创业说起。

无心插柳进入大陆市场

“我父亲和叔叔原来都是农家子弟，起初叔叔离家在皮包厂当学徒，我父亲留家务农，后来叔叔要去当兵，于是我父亲接手了叔叔的工作，在家里做起小型的皮箱工作坊。”

江永雄谈起皇冠的草创阶段，“因为我父亲喜欢画东西，创业初期箱子的设计、形状之类都是由他亲自绘图。有一天他在画图的时候，看着自己的手掌，灵机一动，把自己的手掌画下来，经过多次修正，手掌的五只手指头成为了今天皇冠（Crown）的Logo（商标）。”1981年，“皇冠”品牌在台湾设立。

上世纪70～80年代是台湾经济起飞的阶段，皇冠在台湾的经营也不断扩大，1985年箱包产品已经外销到日本市场。当时有一位香港贸易商下订单，要把皇冠的产品出口到英国。但是第一批货出口不到一星期，香港客户就开始追加订单，而且订单急速增加到1个月内要造40个货柜的量。

江永雄开始怀疑英国箱包市场的需求不可能有这么大，经过两年多方追问才知道，香港客户把皇冠的产品卖到了大陆市场。1987年，江永雄首次踏足大陆了解市场状况。

“我发现皇冠的箱子被锁在玻璃柜里陈列，客人确定要买售货员才会把产品拿出来，因为当时皇冠的‘007密码箱’卖486元人民币（下同）一个，这是很吓人的价钱。”江永雄说，当时的486元比现在4800元还要值钱，而且当时在乡村盖一栋房子大概 1000 元，买一个皇冠手提密码箱差不多等于在乡村盖半栋房子的预算。

随着大陆改革开放，上世纪 80 年代末期，越来越多人营商，对高品质的箱包需求也越来越大。“当时做生意的人经常需要随身携带大量现金，安全、扎实的皇冠密码箱因此大受喜欢。”

人可以低调但产品要高调

经过几年的考察与筹备，1992 年皇冠正式进军大陆发展，在中山设厂，兼顾大陆内销与出口市场。江永雄说，当时皇冠的业务以出口为主，内销只是配套的角色，也没有品牌意识。

1997 年亚洲金融风暴对皇冠的出口市场造成很大冲击，也让江永雄开始专心经营大陆内销，逐步把代理权收回，并在大陆各地设立皇冠分公司和销售点，而真正推广品牌形象，则是在 2003 年 SARS 疫情冲击之后。

“SARS 过后才发现‘酒香也怕巷子深’。以前长辈的教导是赚钱要低调，不要太明目张胆，但是这个思维必须要改变，去迎合高调的时代。”江永雄说，“在高调的时代，人可以低调，但是你的产品一定要高调，高调地宣传品牌理念，才能吸引消费者去买你的产品。”

生产过程要严管

2003 年皇冠开始做很多品牌建设，包括办活动、打电视广告之类，但是客户调查却发现，只有 17% 的客人是看了广告来买皇冠的产品，换言之，投入巨大的广告宣传费之后，收到的成效不如理想。

后来皇冠调整品牌策略，加强培训服务人员的礼仪与专业知识，强调“服务就是为了万一”的概念。“你把这个客户服务好了，其他的 9999 个都不用担心，如果这个客户的服务出了问题,对品牌的口碑就会有影响,其他的客户就有可能松动。”

江永雄说，皇冠对品牌的坚持，首先是对产品品质的严格把关，其次就是专业的服务。皇冠在生产过程中做了“断针管制”，江永雄指出，这是日本高级礼服的制造商才有的管理制度。“其实每一台针车的针用到一定的程度就会断，我们要求工人要把针车断掉的针拼回来，贴在管制卡上，再拿着断针管制卡去库房才能领取一根新的针。”

对皇冠来说，断针管制就是重视和照顾消费者。“因为工人换一根针可能要用10分钟去找回断掉的部分，这对生产的进度有很大影响，但是万一断掉的针留在箱子的某一个地方，就可能会让消费者受到伤害，所以皇冠要从微小的一根针开始，让每个消费者都放心。”

产品定位要明确

江永雄说，踏入21世纪之后，大陆消费者对品牌意识越来越强，皇冠在2003年的时候却处在一个“不高不低”的尴尬位置。“没有能力买皇冠产品的人无论如何都会觉得价钱太贵，有能力买皇冠的人又觉得这个价钱定位‘太次’。曾经有个客人要我拿最贵的公文箱给他，我就拿了一个1800元的出来，从材料到外观客人都非常满意，可是他要的价钱是三四千元的产品，我们没有这个定价，于是他就去买另一某国际知名品牌的产品。”

这件事情让江永雄的心里很不是滋味，因为顾客转而购买的另一品牌的产品也是由皇冠代工，因而激发了皇冠强调品牌化和设计概念，聘请了欧洲设计师驻厂。“这要花很大的成本，每个月要好几万美元的工资，而且产品要让他们抽佣金，不过，设计出来的产品的确不一样，这就可以提高产品的附加价值。”

皇冠重金延揽的芬兰和意大利等国际设计师，为产品注入年轻、时尚的新元素，将皇冠产品只着重商务客户的定位，转型为结合时尚的品牌，并加入“中国风”的流行元素。2008年皇冠以“中国风”商品为主打，其中京剧脸谱系列是将中国京剧最精粹的成果应用到舞台以外的范围，融合现代与传统概念，推出具应用、观赏甚至具收藏价值的商品。

皇冠也因为产品加入了设计概念提高了定价，大概是其代工的某国际知名品牌最顶尖产品的七折左右，也就是便宜20%~30%。“因为我们替该品牌代工已经赚到他们的钱，其产品价钱也因此要往上调，价格自然会比皇冠高，要我们的价格调高到跟他们一样也不太好。我们的策略是，代工品牌卖3000元的产品，我们卖2400~2600元，但是皇冠这个价格的产品，用的材料比他们3000元的产品还要好，这样才能吸引消费者。”

江永雄分析，从2003年开始提高皇冠品牌的档次之后，销售量有所下降，但是销售额有显著的提升。可见皇冠注重了产品设计之后，让产品的差异性更明显，而品牌的美誉度也让产品脱颖而出。

皇冠从1997年开始设立销售通路，至今在大陆已经有600个销售点，主要设在百货公司和大卖场，平均年销售达到6亿元，被列为2006年度中国箱包12强之首，堪称业界翘楚。2008年，皇冠更荣获“中国名牌”产品称号。

江永雄说，皇冠的产品1985年已经在大陆销售，对大陆消费者而言，是个老牌子，但是“牌子老，产品不能老”，要不断推出新的产品概念，才能维持品牌的生命力。2009年推出针对妇女和儿童的新产品，让皇冠的客源能够从原来较注重商务客，扩大到更广泛的层面。

经营品牌的三大条件

国际金融风暴之后，江永雄透露，皇冠的外销订单2008年下跌了40%，到2009年第二季之后才恢复正常，但是利润空间也被压缩了很多。

近几年以来，“外销转内销”成为大陆台商的热门议题，江永雄认为，做品牌是外销型台商转攻大陆内需市场的重要策略，而做品牌有三个重要条件。

首先要有专业团队，尤其是专业的营销团队，对市场需求要有精准的掌握；其次是要评估产品的市场竞争力；第三就是老板的决心。

“要转型的话，也要了解自己的口袋够不够深，尤其要转型做品牌，这是绝对要烧钱的。如果在面临转型的时候，发现自己的团队不够专业、产品不够竞争力，也不够决心和资金的话，关门也是一个选择。”

江永雄说，市场竞争就是非常残酷，如果当机立断把生意结束的话，说不定还可以留下一些资金他日“东山再起”，这是对老板本人和家人的保障。“我建议台商，有足够的条件才考虑转型，不要硬撑，毕竟肚子比面子重要。”

心系台商　回馈社会

2010年12月底，江永雄联合多个知名大陆台商品牌，在北京前门的“台湾魅力生活馆”正式开业运营。“我们有五大主轴，首先是零售卖场；其次是针对台湾中小企业的长期展销，让一些还没有下决心投入大陆市场的厂商，把产品放在展销中心寄卖，观察市场反应。我们计算过，要在大陆成立一家小型的公司，最少要花15万的成本，对一个中小型的台湾企业来说也是一笔不少的资金，因此长期展销的概念可以让一些有特色的台湾中小企业产品，以最低的成本进入大陆市场。”

除了售卖台商产品，“台湾魅力生活馆”也可以对大陆消费者推广台湾旅游，把台湾25个县市的旅游信息放在馆内展览，每个县市展览两个星期，刚好一年可以全部展出。除了旅游信息的展览，配合两岸推动专业和学历认证，一些大学或者专业团体都可以在馆内做招生展览。

江永雄认为，做生意的同时，一定不能忘记肩上的社会责任，要积极回馈社会，因此他计划联合台商做一些社会公益事业，比如组织捐血活动，捐赠捐血车等。

其实品牌的美誉度也跟厂商对社会公益的关注密不可分，取之社会、用之社会，参与公益活动也是对品牌的一种宣传。

HOLA 特力屋：以变应变

特力集团董事长　何汤雄

特力集团是台湾最大居家连锁通路商，旗下有 DIY 修缮、居家布轩配件、修缮装潢服务等。特力集团居家通路布局包括大型特力屋、HOLA 和乐两大居家零售品牌。

特力集团荣获“2009 零售创新大奖”，这是从大陆超过 1000 家零售业者、逾 50 个实战案例中所选出的大奖。

特力屋（上海）商贸有限公司于 2004 年底成立，并在上海百联西郊购物中心建立一家营业面积达 6000 平方米的卖场，目前已陆续在北京、上海等地开设了 27 家门店。2009 年，特力屋在大陆的业绩成长近 30%，公司整体成长超过 60%。

何汤雄：天马行空的点子王

与员工开会时，员工提出三个想法，何汤雄可以触发九个创意，各种天马行空的想法让员工疲于奔命，“没有办法，我的脑筋就是停不下来！我是天生的点子王。”想得快，动作更快，有了想法就闪电般执行，不顾任何后果，何汤雄就这样一路跌跌撞撞把特力屋带大。

点子王何汤雄一路走来闯的祸不少，但还都在可控制范围，务实精明的妻子李丽秋还踩得住煞车。2003 年，何汤雄只花了一个月决定购并美国的科技通路商 Cen Dyne，虽然一样是通路业，但这家公司卖的是电脑相关零组件，价格变动快速，何汤雄完全搞不懂这个特殊的业态，不到两年就亏损了 6 亿新台币，最后何汤雄年终在全体公司员工面前剃个大光头谢罪！

这使得特力屋到大陆发展的步伐也迟疑了。直到好友康师傅二董魏应交看不下去，忍不住警告他，“你再不来，连末班车都搭不上了！”他才决定让 HOLA 低调于 2004 年底登陆。

之后，何汤雄只在大陆开了 6 家店，直到 2008 年每家店的营业额都成长了 30%，何汤雄才决定快速展店，2009 年一口气开了 5 家店，2010 年底前又开 5 家，累计 27 家，为因应三至五年拓点百家计划，还将成立特力学院，进行人力培训，以储备人才需求，而他自己则在 2010 年参加了台湾大学与复旦大学合办的 EMBA，希望透过同学互动，了解大陆精英的思维与印证理论。

HOLA 特力屋中国区总经理　顾忆华

采访 HOLA 特力屋总经理顾忆华，就像是一场没有考官的考试；采访结果，就像是一份没有标准答案的答卷；采访对象，就像是一位有个性的考生——这位考生，结合自己的经验及独特的视角，给出了独具个性化的答案。

1994年，顾忆华加入特力屋，第一个职务就是采购经理，她对采购的独到想法在这里得以顺利实施。“我到特力屋后，才真正明白采购的职责所在。”

从采购经理起步，在特力屋的 10 年也使顾忆华一偿夙愿，得以尝试了不同领域的工作，历任营销协理、商品副总，直至 HOLA 和乐家居馆商品及行销部副总。

在台湾特力屋呆了近 10 年之后，顾忆华再一次站到了人生的十字路口。当时的特力屋要开拓大陆市场，在领导找她谈话三次之后，顾忆华毅然决定转战大陆。于是，在 2004 年 8 月，顾忆华举家迁移，全都搬到了上海。那时候，她刚刚成为第四个孩子的母亲。

顾忆华在工作中一贯保持雷厉风行的作风，凭借其十多年的零售业经验，敏锐的市场洞察力，誓要带领一支国际化的团队打造国际化的品牌。用特力集团董事长何汤雄的话来讲：“当老总，应该学习顾忆华，她不是带人，而是在带心。2010 年，她一手建立了 27 个大型与小型门市，并在第三季交出首次获利的成绩单。”

顾忆华对大陆内需市场的潜在爆发力相当看好，她说，“大陆有计划地提升内需消费力，未来这股力量只会愈来愈强；以零售服务业者的角度来看，未来是大陆的黄金十年。”

在外界看来一切发展得顺风顺水的背后，是特力屋在经过试水后，根据大陆经济及消费者消费趋势，不断在调整步伐与方向。

在2009年经济最不景气之时，家居零售连锁品牌HOLA特力屋（以下统称为“特力屋”）在大陆却反向操作，加码投资连开6家店，逆市成长，令同业惊呼“很猛”！

从2004年进军大陆市场至今，作为台湾特力集团试点大陆零售市场的先头部队，短短6年内，特力屋在北京、上海、深圳等一线城市开出27家店，快速成长为家居软装行业不可小觑的生力军。

主攻一线城市　目标锁定白领消费族群

“金融危机期间，特力屋并没有停止发展，而是加大对上海的投资，拿到几个不错的项目。”回忆2009年令同业惊讶的市场布局，特力屋中国区总经理顾忆华自己并不觉得奇怪。

“我们当时的商业判断比较准，大陆的经济不会差，不景气只是短期的表现。”当时，大陆亦在鼓励内需市场，所以特力屋大胆发力，仅在上海地区，就接连拿下龙之梦、大拇指广场等标志性地标项目，一口气签下8至10年的合约。

与2008年相比，特力屋2009年业绩成长近30%，公司整体成长超过60%，对这份成绩她表示还算满意。2010年，特力屋又陆续开出5家店。

她分析说，特力屋主营家居软装产品，推广“家的价值文化”，就是想帮助消

据悉，特力集团将继续朝单一品牌整合，希望未来两岸都用同一品牌和消费者沟通。

费者实现家庭梦想。“市场布局上偏重大城市，是因为那里可以找到我们的目标客户群，就是对家庭有梦想的白领女性。”

目前特力屋的主力客户群以女性为主，约占60%的比例。她发现，这个族群的消费者不见得非常富裕，但拥有一定消费实力，对生活有自己的主见，不一定会追求名牌，却会把家布置得很温馨有品位。而以会员经营为主、拥有100多万会员的特力屋，推崇“轻装修，重装饰”，需要的就是这群“有自己品位，追求家庭梦想的消费族群”。

按照她的规划，未来10年内，将继续主攻北京、上海、深圳等一线城市，然后逐步往内陆发展。

业态转折点　从目的型店到商场购物中心

根据大陆经济及消费者的消费趋势，特力屋不断在调整步伐与方向。

特力屋在大陆的发展是从城市规划开始，在选择倚重大城市、锁定白领族群后，便会规划商圈，再进行业态配比。

顾忆华介绍，一开始亦是依照台湾成熟的零售与消费经验，早期开拓的门店以目的型为主，产品品类完整，店址位置较偏。

但摸索中发现，大陆市场呈现跳跃式成长，零售业态则百花齐放。与一般欧美地区在GDP达到3000美元时出现百货公司、GDP达到1.2万~1.3万美元才会出现购物中心趋势不同，目前购物中心在大陆已经成为主流业态，消费者则更习惯在熟悉、便利的地方购物。

2007年，特力屋试着在上海正大广场购物中心开出第一家购物型门店，结果开店第一年就开始赚钱，到现在都没有亏损过，这令顾忆华确定了要走大陆商业购物中心业态思路的正确性。

以2007年为标志，特力屋开始逐渐转入新的业态，直到2009年以后，新店全部开在商场购物中心内。她透漏，“未来开店的主要趋势还是以走进购物中心为主，以这种形式去跟消费者做比较近距离的接触。”

尽管开在杭州的目的型店是特力屋目前的“获利王”，北京的一家目的型店亦紧随其后在营收上排名第二，但她认为，大陆的消费者尚未成熟，目的型店虽然可以做，但客户必须对这种业态有基本的概念，还需要继续教育，因此真正的好时机还未到，她预计在未来两到三年后，应该可以有更成熟的条件来做目的型店。

开辟新概念店　以服务为导向降低库存

熟悉特力屋的消费者在走近其位于上海五角场的店，会发现门店之前像货架一样摆放的格局已被全新的陈列方式取代，比如在茶具旁边，会放着茶叶或垫子之类的配套产品，形成一套完美的规划。

“这是一个生活提案。”顾忆华表示,这是在由目的型店转变为购物中心店之后，特力屋开始进行另一个转折点：将货架型的门店陈列方式，调整为提案型，这种新概念店，将更靠近消费者需求。

自进入大陆开始，特力屋便是走家居软装路线，与宜家、百安居等大型家具家居品牌区隔市场，“提案有大有小，宜家做的就是大提案，特力屋现在在大陆还是专注在小提案，我们叫做生活提案。对消费者来说，与大提案相比，这种小提案比较容易实现。”

在门店陈列模式上做出改变，开始更多与客户拉近距离的做法，这种以家为空间规划的构想，能以更温馨的环境，贴合客户的需求。

“这是特力屋在2009年做的很重要的改变，把所有的产品密集度加深为服务密集度，转变成为以服务为导向。”她更发现，提案型的模式亦降低库存压力，提升周转水平，将有更多的时间来做客户服务。

“在这样的条件下，特力屋就可以开始把后勤与销售分开，分别负责客户服务及门店补货工作。”

据她介绍，门店营业员平时既要忙着为客户提供服务，亦需忙着随时补货，在库存周转水平得到提高后，店员各有分工，更显得专业。包括五角场店在内，目前已经在6家门店进行试点，收效颇丰。

实体与虚拟结合　“空中”“地面”通路齐发力

“要想让更多的消费者可以看到特力屋的好东西，与其要让他们主动去门店看，不如透过更多的管道让他们知道。”

顾忆华分析说，市场不断发生变数，特力屋也在不断调整，而随着互联网络的发达，网络销售的趋势已越来越高，消费者选择网络购物的频率也越来越频繁，这令她发觉，零售业除了在既有的实体通路上做大业绩外，更需要将销售管道多元化。

现实的另一面是，“无论是租金成本还是人力成本，这些费用每年都在上涨，这是经营者们必须考量的问题。实体门店受限于资金、服务和空间大小，增长的速度有限。一旦网络平台搭建起来，那么消费的潜力就是无限的，可以好好发挥。”顾忆华说道。

因此，特力屋从2010年开始陆续开拓百货业态与虚拟通路。

其中，在北京的第七家门店，是特力屋首家百货公司店，她估计百货店的销售业绩会超越其他业态店面的10%~15%。

在网络销售管道方面，除了既有的网站管道，特力屋亦抓住大陆进入三网合一时代的机会，接触电视购物、网络销售、目录管道、电话销售等多个通路模式，展开多渠道通路策略，目前在这些虚拟通路上的客户已占到10%左右的比例。

她更希望，随着虚拟通路的发展，能够把团购、邮购、目录等其他经销管道客户比例逐步拉升，获得更多的市场占有率。

“在电子商务领域，我们就必须保证一连串的后续服务到位，包括运送、客服、退换货等。发展长期忠实客户的关键，在于我们要有能力管理多渠道，而且管理成本又能做到最低。”顾忆华称。

“目前看来发展得还是相当不错，也算是开创了一片新的蓝海。”但她也坦言，特力屋毕竟主要做实体门店，要做虚拟通路的话，最大的困难是企业内部需要重新建立一套机制，完善电脑系统，避免困扰现有的实体通路体制，因此亦成立专门的EC部门负责虚拟通路。

做好这些工作后，“特力屋现有的通路跟未来的虚拟通路实际上可以强强联手的。”她将虚拟通路比喻为“天空部队”，实体通路则对应为“地面部队”。

不管是哪一种“部队”，她表示特力屋在同业中都有优势。“这个行业有很大的资金与规模门槛，如果没有透过实体通路，没有透过两岸联采，那要实现任何一个通路模式都会面临困难。”她指出，特力屋隶属台湾特力集团，目前在台湾有14家店，大陆有27家店，两岸已达到41家店，“如果有同业现在踏入这个行业，那么他其实就是面临着要跟有41家店的我们竞争，这很难。”

但她亦表示，“生意场的博弈中要有更多的对手才会好玩。”特力屋最关注的竞争对手为宜家与日系同业，只要保持竞争优势，不断根据市场变化调整策略，每天都超过对手一点，“就不会怕”。

她亦相信，特力屋离打造成为亚洲时尚家居引导者的目标并不太远，只要先把大陆市场做好，继续向前冲刺，肯定可以“进入亚洲前三名”。

后记：

“特力屋”为了统一两岸“特力和乐”品牌，于 2011 年 9 月 13 日更名为“HOLA 特力和乐家居”，升级后的 HOLA 特力和乐家居以“和谐家庭、乐享生活”的品牌承诺全新亮相。

捷安特：自行车王国是怎样打造的

捷安特董事长　刘金标

1972年在台湾成立的巨大集团最初注册资金不足400万新台币。如今其旗下自有品牌“捷安特”自行车却行销全球，年产销超过600万辆，在大陆、台湾市场占有率排名第一。

台湾巨大集团——生产行销享誉全球的著名自行车品牌“捷安特GIANT”，更将自行车新生活文化引入大陆，于1992年9月选定在江苏省昆山市设立独资的捷安特（中国）有限公司，首期工程于1994年4月正式落成启用。

捷安特不断以“全球品牌，当地深根”的行销策略，贯彻发展国际品牌为总体目标。以坚持创造与生产最佳综合价值的产品及服务，来满足全球消费者的需求。

捷安特以其执著之心，创造出一个新的自行车产销王国，并引导着自行车新生活文化。

刘金标：
骑出经营之道，第一变唯一

刘金标：骑出经营之道，第一变唯一

捷安特的品牌再造行动始于 2000 年。在品牌精神的凝练上，捷安特假手外援，聘请了国际知名品牌设计与顾问公司 Interbrand。在文化的塑造上，公司人人出动，力图打造全新的自行车文化。

年近 80 岁的刘金标，他从发起"自行车热"入手，希望通过体验让更多的人重新认识自行车，爱上骑自行车，从而迎来"自行车盛世"。这几年不仅穿行，还挑战北京到上海的壮游、赴荷兰骑车等，现在大家都改口叫他"标哥"。

刘金标骑车不忘研究车。过去，他的重点主要放在产品和材质上；现在，他则从骑车人的角度去想还有哪些没有为消费者考虑到的地方。刘金标提出了这样的目标：骑车人只要骑两个月，就会爱上自行车，要求捷安特的研发和生产必须完全从消费者的角度出发。捷安特将在全球继续推广消费者全方位服务的全新概念店。

捷安特大陆布局

1992 年 成立捷安特（中国）有限公司

2004 年 成立捷安特（成都）有限公司

2006 年 成立捷安特电动车（昆山）有限公司

2007 年 成立捷安特（天津）有限公司

捷安特在大陆最大的代理商（1995年在北京创建京商贸公司）、北京台资企业协会会长林清发阐述对捷安特创立品牌的策略：一开始从需要高端技术的市场切入，然后密切和高端市场的顾客合作，从高端客户的使用行为学会如何改进产品，创造顾客价值，所以品牌成功显然是靠技术支持，而不是建立在感性形象。随后在非常成熟的自行车产业价值链上，追求技术上的差异化。

巨大集团为全球最大自行车组装厂，年销600万辆，在台湾、大陆市场占有率皆为第一。从事自行车产业30余年的“自行车教父”、捷安特董事长刘金标说：我有人无，我们就可以创造市场的新需求，这个很抽象。但是我始终认为能够一手创造市场新需求，一手满足市场新需求的话，一个企业才会永续经营。在自行车行业研发能力和工艺水平无法构筑真正的、持久的竞争门槛，如果No.1不变成only one，第一的宝座随时都可能被别人抢走。“业绩冲到了世界第一也不够，因为品牌最终比拼的既不是设计，也不是品质，而是文化。”

2009年5月9日，刘金标带着27位台湾车友和数十位大陆车友，正式从鸟巢出发,历时20天完成了从北京到上海的“京骑沪动”骑行之旅。凭借这份激情和热忱，76岁的“标哥”一路将捷安特推到了自行车行业的龙头位置，也铸造了他的自行车王国。

捷安特这家由代工起家的公司，如何建立起自己庞大的自行车帝国？在位于北京北四环的盘古七星酒店的咖啡厅中，捷安特董事长刘金标与记者分享了他的经营之道。

创立品牌是永续经营之道

1972年，在经营过罐头、面粉、木材、螺丝钉、运输等生意之后，刘金标找到了最终成就他的自行车事业。

“巨大刚成立的时候，做的是自行车零件 OEM 最粗俗的代工，是以美国市场为主要对象。当时有很多美国的订单到台湾寻找代工，台湾虽然有很多业者在从事这个行业，但是零配件的标准化还没有形成，产品的品质也是参差不齐。这种情形给了巨大很大的生存空间。”刘金标告诉记者。

OEM 代工为巨大集团创造了利润，但却不是一劳永逸的。刘金标说，随着公司的规模越来越大，代工的订单越来越多，自己反而提心吊胆起来。“我们怕有一天客户生变把订单抽走了，我们就什么都没有了；另外一方面 OEM 没有自主权，比如价格、规格方面都要听命于 OEM 的客户，再怎么努力也得不到掌声。”

有压力就会有动力。在意识到代工的风险之后，未雨绸缪的刘金标转而大力培育 1981 年创立的自有品牌“捷安特（Giant）”。“我们知道这条路很难走，一旦走出去，不成功就成仁。但是我们还是全力以赴来推动我们自己的品牌。”事实为刘金标的远见做了最好的诠释。仅 2007 年，巨大营业额就超过 10 亿美元，其中 70% 的收入来自“捷安特”品牌的销售，30% 来自 OEM 业务。

现在回想起走代工还是品牌的选择，刘金标很有感触，“其实 OEM 短期内是最容易经营的，而且可以很快赚钱。但是相对的，它有它的宿命，那就是自己的权力被掌握在客户手上。要是客户有异心的话，生存空间可能就会有问题。”说出

这些话的刘金标，在创业初期有过类似的“切肤之痛”。当时巨大遇到了一个大客户——来自美国的发展了七八十年的自行车第一品牌 Schwinn，巨大通过为其代工获取利润。但是正如刘金标所说的，“OEM 代工的宿命是进入微利时代，客户寻找更便宜的供应来源势所必然，没有永远的客户”，经过 8 年的“蜜月期”，Schwinn 的权重已占了巨大全部业务的 75%，但是由于环境等诸多元素的影响，Schwinn 选择了其他公司进行投资。“所以从长远来考虑，我们应该自找出路，自创自己的品牌。”

如今在大陆发展的台资企业，很多还处在代工的阶段，现在又面临着转型升级的挑战。而巨大集团则通过二十多年的努力，穿越了被称为“无人之境”的公司发展阶段，进化成行业领袖。对于侧重代工还是品牌，刘金标说，“这主要是看你是追求眼前利益还是追求永续经营。如果要掌握自己将来的命运，必须要有自主性，就是要有自己的品牌。当然，如果选择了自创品牌，一定会经历各种磨难。”

相信 HOME MARKET 的力量

品牌运营的种种磨难中，有一种最为基础——那就是市场的开辟和通路的建立。

捷安特品牌的通路建立，可以说是从海外开始的。1986 年，巨大在荷兰建立捷安特欧洲销售公司，开始品牌国际化。为什么选择欧洲市场呢？

“首先，台湾市场基数很小，而且当时完全没有自行车骑行的风气，对台湾人来说，自行车不过是个代步的工具，在这样观念的基础上，台湾人都开始选择摩托车，自行车几乎没有市场。而美国的自行车市场相对来说已经发展得很完善。欧洲市场则并没有饱和，而且欧洲的自行车品牌在对消费者需求认知上墨守成规，市场对自行车野外休闲运动有所需求。”

正是因为对市场的深入了解和准确判断，捷安特在欧洲市场迅速做出了一番成就，自设立荷兰公司后，巨大随即在德国、英国、法国设立销售公司，捷安特自行车快速遍布了欧洲市场。

“虽然看起来一帆风顺，但是在海外扩张的困难我们很清楚。各国的民族性、语言、价值观都有很大不同，虽然我们也在海外公司聘请了熟知文化背景的当地人参与行销，共同经营，但是终究还是跌跌撞撞，遇到了很多问题。只是后来经过一系列的变革和调整，我们才创建了适应我们的捷安特方式，海外的行销据点和网络才得到良性合作。”刘金标告诉记者。在此之后，捷安特又开始了缔造其市场地位的“运动行销”之路。1997年，捷安特赞助了环法自行车比赛的前三甲中的西班牙车队，捷安特亦成为世界顶尖的自行车品牌。

虽然海外市场发展得有声有色，但是刘金标始终没有忽略台湾和大陆的市场。1992年，大陆的制造潜力和十几亿人口的消费市场吸引了刘金标的注意，巨大开始在大陆设立公司，1993年又在江苏昆山建立了独资的生产基地。再加上其设立在台湾的总部，捷安特完成了“HOME MARKET”的布局。

在“内外兼修”的战略指导下，捷安特一方面利用大陆劳力及其他资源优势扩大生产规模，降低生产成本，努力扩大制造能力与生产规模，以将大陆厂逐步发展成为亚洲乃至全球的制造中心，以面向国际市场，出口高附加值的中高端自行车；另一方面，面向大陆市场，在本地化经营之中，注重产品自主研发与设计，提供满足大陆高端消费者个性化需求的自行车。满足了大陆高端消费者的个性化需求，既成功切入市场，又快速获得盈利。

同时，捷安特积极构建自己的产业链。通过十余年的运作，构建了自己在大陆的产业链。在上游的原料生产环节，捷安特周围集聚着众多高品质的零部件供应厂商，有些是当初跟随捷安特来大陆的一些台资配套企业，这些配套企业的产品或零部件的品质的稳定性和供应的便利与及时性，使捷安特产品的品质获得了相当的保证；在下游的行销环节，捷安特建立了遍布全大陆的销售网路，掌握了销售终端，在此基础上控制了信息流和现金流，例如，为使存货及呆账风险降至最低，公司让这些销售点依市场概况保有一定的铺底额度，并给予适时的缓冲期，凡超过铺底额度量就必须现金交易。

不进大卖场

在行销上，刘金标开始就走高端路线，不惜工本在全球建立了一万多个专卖店来建立捷安特的品牌通路。对于销量极高的大卖场，刘金标坚决放弃。“不进大卖场，一样能够做到世界第一。大卖场，重视的只有价格，没有售后服务。”刘金标承认他曾经很犹豫，当看到竞争对手有时候以每天每地几百辆的速度卖出时，他也动心了。“可是卖了几个月，我就停了。因为几个卖场间不断地压价，卖出的车不会再进行回笼检修，也没有跟进的服务，价格降到你不得不考虑是否要更换品质差一些的、便宜的零配件。现在，绝对不会考虑将捷安特放进大卖场了，会一直持续做自行车的高端品牌。”

不过刘金标深刻意识到，“虽然布局已经建构起来，但这只是生产方面的实力而已。我们需要培养消费者的骑乘习惯。”刘金标介绍说，现在的自行车已经不仅仅是停留在原始代步工具的作用上，而是加入了许多高科技的因素，成为户外休闲运动的热门选择。不过在当时，大部分台湾和大陆的消费者还没有这种概念，对自行车的理解还停留在代步而已。所以，刘金标在台湾推动成立了“自行车新文化基金会”，推动大家骑车。除此之外，刘金标还亲力亲为，2007 年刘金标以 73 岁高龄，写下“15 天骑自行车环岛台湾”的纪录，完成全长 927 公里的行程。而这只是为他的骑行推广事业开了个头。2009 年，刘金标带着 27 位两岸车友完成了从北京到上海的“京骑沪动”的骑行之旅，总里程 1668 公里。

通过这一系列的活动，台湾和大陆的骑行风气渐渐形成，越来越多的人加入了自行车骑行的休闲运动中。“这为我们培养了许多挑剔的客户，但这正是我希望看见的。他们能提出许多专业的意见，让我们做得更好。相反，如果没有这些 HOME MARKET 的专业消费者，我们对市场的了解就只能来自漂洋过海的海外市场，这对新产品的研发很不利。”

捷安特一直致力于推动自行车的专业创新，除了传统的代步自行车之外，在户外休闲方面，捷安特也不断出新，为自行车产业平添了更多高科技技术。不仅如此，刘金标还致力于推动零部件供应商的技术升级——2002 年，在巨大的倡导下成立了“A-TEAM”，这个团队结合了巨大的竞争对手、零配件提供商、配套厂商、自行车业界的其他人士。“其实这是一个互惠互利的过程，零部件商的水平也决定了自行车的整体水平，这样能够共同推进自行车行业实现更快的发展！”

晋亿：通路突围　蓄势而发

晋亿集团董事长　蔡永龙

在投资大陆前，晋亿集团已在台湾从事近 20 年的螺丝事业，并将版图扩张到马来西亚。1995 年 11 月，晋亿实业股份有限公司成立，生产各类高品质螺栓、螺母、螺钉、精线及非标准特殊紧固件等。1998 年晋亿集团在浙江嘉善建成全球第一条“螺丝一条龙”的生产线。

2007 年 1 月，晋亿螺丝（601002）在上海证券交易所上市，是大陆螺丝行业第一股，也是迄今为止大陆台商在沪、深两市最大的 IPO 项目；2008 年 4 月，晋亿获得《中国驰名商标》证书。

自 1998 年初投产至 2009 年 12 月底，晋亿已累计生产销售各类紧固件 173 万吨，成为大陆紧固件行业的龙头企业。

蔡氏三兄弟　打造螺丝王国

晋亿集团董事长蔡永龙出身彰化竹塘，只有小学毕业，1975 年到高雄，在台湾螺丝重镇冈山从黑手干起，1979 年服役结束后，凑足 10 万元新台币和弟弟蔡永泉、蔡永裕创办“晋禾”螺丝厂。为突破瓶颈，三兄弟先到泰国，继而转往马来西亚设厂，做到马来西亚第一。

1993 年，蔡永龙毅然斥资 7 亿多人民币西进大陆，最后在上海、浙江和江苏交界处的浙江嘉善设厂。晋亿主攻大陆、加拿大和美国市场，1998 年，晋亿成为大陆最大的垂直整合厂，也是世界第一条螺丝“一条龙生产线”，产能登上全球首席。

兄弟铁三角各掌一地：老大蔡永龙是晋亿董事长；老二蔡永泉主持马来西亚和越南“晋纬”厂，主攻东南亚和欧洲市场；老三蔡永裕管台湾晋禾，主管高档产品和研发。

“多库存”策略制胜

在全球风行“零库存”的今天，蔡永龙却逆势操作，厉行“多库存”。晋亿占地 2000 亩，有自己的港口，有全球最大的仓储物流系统，储存的钢材可造出 41 座埃菲尔铁塔，随时库存 2 万种、用量三个月到一年不等的螺丝，全球随叫随送。

多库存策略证实妙用无穷。2005 年 8 月底，“卡特里娜”飓风酿灾，新奥尔良电杆全倒，需要 1200 万吨每颗一公斤重的电力螺丝，美国进口商订单发遍全球螺丝厂，限一个月交货，回答全是“生产到交货至少 45 天”，唯有晋亿只要三周，于是拿到订单，当时厂里有 600 万吨存货，再全力进口钢材增产，准时交货。

作为家族企业的第二代，晋亿总经理蔡晋彰（后立者），已承担起做大品牌和拓展通路的重任。

“我做螺丝 30 年，几乎没有亏损过；即使是金融海啸，也是打平。做螺丝是非常传统的（行业），只要不贪心、规规矩矩、一心一意，照顾好员工，找好接班人，企业就不会错！”

宽大气派的办公室里，晋亿实业股份有限公司（以下简称晋亿）董事长蔡永龙语气豪放，颇具“螺丝大王”风范。旋即，他话锋一转，面带凝重，“会做还得会卖，销售通路和物流，这才是考验的地方。十几年了，这些到现在我还不算成功，也是晋亿下一步的重点。”

浙江嘉善、山东德州平原两处各占地 500 亩的工厂，数个自建的专用内河码头，庞大先进的库存装备，蔡永龙耕耘不辍，把晋亿打造成了全球最大的螺丝生产基地。大陆主板上市、获得中国驰名商标，在品牌提升和产能蓄势的同时，晋亿下一步急需的是突围通路瓶颈，图谋更大市场。

十年铸剑　登陆主板上市

32 年前，东拼西凑 10 万元新台币，把自家客厅当厂房，蔡永龙在素有“螺丝窟”之称的台湾冈山，带着两个弟弟，成立了“晋禾公司”，从“黑手”生产螺帽起步，一脚踏入螺丝行业。30 年后，蔡氏三兄弟分别位于大陆、台湾及马来西亚的三家工厂晋亿、晋禾、晋纬犹如三驾马车，驰骋在“螺丝”这一毫不起眼、却又不容忽视的细分制造业里。

谈起 18 年前的西进登陆，蔡永龙说，当时在台湾晋禾虽有一定销售额，但相比当地年营业收入数亿元的行业龙头来说差距很大，“必须走出台湾才有机会”。经过多方考察，水路运输便利、适合螺丝业大进大出特色的嘉善，成为他到大陆的第一站。

1998 年，晋亿在嘉善最大、最完整的垂直整合厂完成投产，成为全球第一条“螺丝一条龙”生产线，晋亿自此坐上全球螺丝产能第一的宝座。自 1998 年初投产至 2010 年 12 月底，晋亿已累计生产销售各类紧固件 193 万吨，实现销售收入 141 亿元（人民币，下同）；2010 年度完成销售收入 30.25 亿元。

稳做大陆高铁紧固件制造商地位

蔡永龙当年为青藏铁路特别研制的螺丝，可能就是他能稳坐大陆高铁紧固件制造商地位的关键。

和一般铁路用的普通道钉螺栓不同，晋亿与中国铁道科学院专为青藏铁路设计螺栓道钉，长 20 厘米，直径 24 毫米，学名“大扭矩高强度防松螺旋道钉”。

在青藏铁路穿越的 500 公里高海拔多年连续永冻土地带，共使用 316 万套这种螺丝。为应付青藏高原高寒缺氧的恶劣作业环境与高昂维护成本，这种道钉最大特点即耐寒、防腐和防松。

早在 1999 年，蔡永龙就盯上青藏铁路这个大陆重大建设的机会。2002 年，晋亿在青藏铁路南山口试铺一公里。经过一年多的观察，晋亿螺丝终于通过考验。

在蔡永龙看来，对于青藏铁路的螺丝采购得标，他看重的不只是产品利润，因为青藏铁路工程在世界上是绝无仅有，这本身就决定了晋亿专供螺旋道钉的市场空间。

尚未做完青藏铁路，蔡永龙又注意到大陆即将投入的高铁建设。2006 年 6 月，参加大陆高铁扣件系统招标的企业齐聚北京的铁道部工程交易中心，包括大国企和民营企业，也有德国、法国等外商，晋亿一举获得高速铁路郑州至西安段以及温州至福州段扣件系统，合计中标金额为人民币 7.5 亿元，从此奠定在大陆高铁扣件市

晋亿作为嘉善的龙头企业，其成功很大程度上得益于当地及各级政府的重视和支持。

场的地位。截至 2010 年 7 月，晋亿实业已获得多项大陆高铁的扣件标案，“光是做铁路订单，一年可以做到新台币百亿元！”

在蔡永龙办公室门口，一幅“小螺丝、大世界”的题字格外引人注目。这是原浙江省委书记、现任国务院副总理张德江的手笔。蔡永龙说，螺丝被称为“工业之米”，不管是眼前的桌椅，或是高楼大厦，都少不了小小的螺丝钉。每年生产 1 亿颗“米”的晋亿，在 2007 年顺利攀上大陆 A 股，成为少数在大陆成功上市的台商。

“一进入大陆就看好内销市场，铁了心想上市。”蔡永龙说，因为早有准备，晋亿是以他个人名义在大陆重启的新事业，并与他分掌台湾、马来西亚公司的两个弟弟明确切割业务和市场，有效规避了台商在大陆上市最为弱势的关联交易及同业竞争等问题，审查过程比较顺利。

尽管因为大陆推行上市公司股权分置改革，晋亿 IPO 案沉睡了一年多，全部上市进程也长达 5 年，但晋亿以平常心看待，把持住了“好好经营事业”的主轴，终于在 2007 年 1 月 26 日修成正果，首次公开发行 2.1 亿普通 A 股股票，顺利募集到人民币 8.9 亿元的资金，创下当时 A 股台商最高募资金额。此刻距晋亿最初的正式投产恰好 10 年。

十年铸剑，上市改善了晋亿的架构和文化，让这家家族企业的包容更广，成为更加宏观的大众公司。同时，涉足的领域也将越来越宽。蔡永龙慨叹，“看到的格局会越来越大，目标也会越来越长远！”他强调，晋亿把募集资金投入到“新建高强度异型和汽车专用紧固件”项目，瞄准大陆公共基础设施工程比如西气东输、电网改造、高速铁路及西电东送等重点工程中，对高附加值的高强度紧固件的巨大需求。

库存配送　赚时间和物流钱

“紧固件行业很不值钱，但角色却很重要。”蔡永龙说，一部汽车，只有十几公斤的紧固件，一台摩托车只有一包紧固件。但紧固件品质的好坏，却直接关系到整个产品的成败。而制造工艺繁琐、规格品种复杂，标准件占60%~70%的紧固件，常常是客户在最后关头才想起来的“小角色”，“客户把所有产品做好了，再来订购紧固件，他们要抢时间，我们靠的也是快速出货，帮他们争取时间。”

如何实现快速出货？晋亿整合了上游原材料供应企业，并投资上游工厂设备，仅建造钢材再加工处理设备，投资额就高达上亿元。这种力度和操作模式在紧固件业极为少见。截至目前，晋亿拥有全球最大的紧固件原材料、成品及半成品仓库。而这，就是晋亿快速出货、打败竞争对手的杀手锏。

“等客户下了订单，再来买钢材，再制造已经来不及了，只能去做那些低价位的标准件。而晋亿接到订单后，因为自己有库存，能马上供应给客户。”蔡永龙说，目前汽车、家电甚至公共工程，为了降低成本都是零库存。而晋亿的做法是去了解市场，按照客户的需求备好库存，把客户的库存放在自己工厂里，“这样就拉住客户，让他跑不了。”

“大量采购原材料，备库存、接订单”的运营模式，曾让晋亿在2005年8月“卡特里娜”飓风重创美国后恢复电力通信的紧急订单中立下赫赫战功，靠原有的600吨库存加上满负荷冲刺，晋亿创造了短短一周时间就发货1200吨电力螺丝的奇迹。而这种每颗重达1公斤的电力螺丝，如果接到订单后再安排生产，最快也要2个多月。

屡获佳绩的同时，晋亿的大库存也不可避免的带来了成本上升和原物料价格波动的巨大风险。在2008年的金融海啸中，钢材价格的下跌让晋亿蒙受了1~2个亿的损失，尽管第二年业绩的强劲回升平掉了亏损，但其对净利的无情蚕食，依然让蔡永龙感觉“惨痛”。

如何用好这把双刃剑，把风险和损失降到最低？“经济景气周期谁也无法避免，做企业不敢囤货，没有这个胆识赚不到钱。但是什么时候进，什么时候出，这个功夫要做好，要依据自己的财务状况和市场状况做精确判断。”蔡永龙强调，库存效应目前依然是晋亿竞争扩张的杀手锏，会继续坚持下去。但同时，晋亿会向下游整合产品的物流配送，利用垂直整合的成本优势打破库存瓶颈，支持函式库存的规模扩张。

“靠一包包螺丝钉这样卖下去，想提高收益很难；即便是装在普通铁轨上的配套系统，一个螺丝也就值几块钱。做物流则不同，一天的配送费就达几百元。如果能在物流配送上下工夫，赚的钱将是现有的几倍。”蔡永龙说，晋亿的品牌效应在内销市场上能够带来 2%~3% 的产品溢价，完全可以覆盖配送和物流的成本。“事实上我们也并不是为了赚这个 2%，还是着眼于长远。做服务，就是为了把客户抓住，这样才有机会。”一些企业把整个工程的螺丝安全库存和配套都交给晋亿，形成了生产、销售、配送的全供应链服务，“现在完全不是靠制造螺丝赚钱的时代了，晋亿赚的是时间钱、物流钱和管理钱！”

通路突围　紧固全球产业

对一进大陆就瞄准内销市场，2010 年的内销比例高达九成的晋亿来说，取得“产能第一”、“螺丝大王”骄人业绩的同时，在通路构建和管理上可谓一波三折，喜忧参半。

初进大陆时人生地不熟，晋亿选择与几乎垄断大陆螺丝经销的温州商人合作，借由他们在各地的网络出货。可事与愿违，这些温州人擅自把晋亿的产品标榜成进口商品，报价也比其他同业高 20%~30%，造成晋亿产品滞销。在痛苦中徘徊了 22 年后，晋亿下决心自建经销团队和网络，由于有之前温州商人的市场铺垫，晋亿自操罗盘后，一路竟然顺风顺水，业绩迅猛提升。“从这个角度讲，温州商人也在某种程度上成就了晋亿。”蔡永龙笑言。

然而，新的问题又出现了。晋亿自己培养的销售团队，一些人禁不住更多的机会和诱惑，在独当一面、赢得客户信任后纷纷跳槽，自己当老板，这给晋亿的销售体系带来了不小的冲击。“10 年来我们大概有 300 个员工当老板了。如果他们还在我这里，最少我一年可以多做 5 个亿出来！”蔡永龙感叹，人才流失和通路架构的布局有待完善，让晋亿 10 年来的物流扩张几乎原地踏步，目前的 50 个分公司，距离原有 500 个分公司的目标还有不小的差距。

“必须改变！整个集团 2010 年规划目标做到了 30 亿，年平均成长率要达到了 20%，未来要冲到 100 亿。产能没问题，最大的挑战还是通路，通路上来了目标就可以实现。”蔡永龙说，一方面，晋亿抓大放小，先调整销售系统直接攻下国家重点公共工程和大工厂的业务；另一方面，抓紧实施人才培养计划，为通路扩张蓄势。比如，在台湾招学生来晋亿培训，培养 4 年后派出去做各地分公司经理。

同时，“晋亿要买地造仓库，在各地建紧固件旅馆。500 个销售点争取在 5 年内成形。以一个大点为主，养几个小点，在大陆建 15~20 个大点，以 100 公里为半径，以大带小。”蔡永龙强调，晋亿不仅以螺丝为核心，还要把螺丝当成支撑多元业务扩张的金鸡母，未来的晋亿，会把触角延伸得更广，涵盖相关的配套元件，进而扩展至整个的五金行业的服务与配送，朝着“紧固全球产业”的目标迈进。

克莉丝汀：新产品 新工业 新文化 大转型

克莉丝汀董事长　罗田安

1998年，克莉丝汀在大陆投资发展，迄今12年共有880家门市，预计2011年底跨过1000店大关。原计划2010年营收目标人民币20亿元，但受惠中央工厂发挥效益，加上展店与多角化策略成功，2010年营收冲破了人民币22亿元，旗下共有8个中央工厂。

2009年底，烘焙品牌克莉丝汀直营门店数量已近800家，遍布以长江三角地区为主的21个城市，成为大陆同业中直营业门店数最多的连锁烘焙企业。董事长罗田安认为，品牌要永续经营，必须不断创新。近几年，克莉丝汀从产品、商业模式、通路形态等方面着手，开始进行一场大转型行动。

曾缴不起电话费 罗田安10年翻身

罗田安曾经在台湾新竹叱咤风云，经营服装业，跨足证券、矿业、学校、运输、建筑业等，但1997年的金融风暴让他“粉身碎骨”，连电话费都缴不起，100元新台币的餐饭要吃一个礼拜……

1999年，他带着向母亲借的旅费，前往他最小的投资、位于上海的克莉丝汀面包店，一度还被员工认为他是来关厂，差点被围起来打。但他从清晨6时上班洗厕所、下雨天挖水沟，重新展开了他的面包事业。

“20世纪是速度时代，21世纪是数字的年代”，罗田安把传统食品跨入到生物科技，花了500万美元向日本买机器、技术，做出健康的胚芽食品，让克莉丝汀的产品除了口味多样化外，还富含营养健康成分。

谨慎的罗田安一直在思索企业永续发展的方向。现在他找到了答案，并已经付诸行动——力创新商业模式，调整通路形态，推动克莉丝汀走入转型之路，打造出一个全新的食品工业王国。

在同业仍求以量取胜打市场战之时，上海克莉丝汀食品有限公司（以下简称克莉丝汀）董事长罗田安已开始思考：传统烘焙企业如何进行差异性及创新性经营？这个问题令他在过去两三年的时间里过得相当“压抑”。

作为大陆烘焙业龙头品牌“克莉丝汀”董事长，他绞尽脑汁不断思索，并将自己上满发条，行程排得满满的，全世界到处跑、到处看，人都瘦了一圈，终于求得“真经”，将着力创新商业模式，调整通路形态，推动克莉丝汀走上转型之路，以打造出一个全新的食品工业王国。

烘焙业进入“红海” 克莉丝汀思索创新

现场烘焙、配饮料，是目前烘焙业十分流行的操作模式，基本在每一家面包店里都可以见得到。但在罗田安看来却有点危机：“烘焙业已经进入红海竞争，这种模式虽然在大陆是新的趋势，但很容易被跟风，加上产品品质不稳定，没办法长久做。”

2009年，克莉丝汀总销售额达到18亿元人民币，业绩成长27%。但他并不满足：“企业就跟股票一样，一定会沉沉浮浮，不可能一直向上。需要不时检讨，调整自己的角色，才能保持永续经营。”因此他一直在思考，红海竞争中，传统烘焙企业要怎样走出一条制胜道路？他十分明白，克莉丝汀发展前期是先扩充量，尽管销售与店面数量都排在大陆第一位置，但“只有量是不行的，还需要对质的提升，不然不利于未来的竞争。”

克莉丝汀作为2010年上海世博会赞助商及糕点面包指定供应商亦令他倍感压力，下定决心以此为契机，找出最新的商业模式，并将其展现在来自全世界的同行与消费者面前。“全世界的同行精英都会到上海，如果克莉丝汀无法体现包括差异性在内的品牌竞争力，未来要想继续维持第一名会有点危险。”

于是，随着计划的一一展开，克莉丝汀迎来转型的时代。

转型第一波：注入新商业模式　保持企业生命力

罗田安坦言，自己担心在同业面前丢脸，于是用两三年时间到处寻找，最终在法国一家面包连锁店里找到新的商业模式，花了三天的时间与对方沟通，才将这项专利买了回来。

他指着电脑上的录影资料介绍说，这家法国面包店现场陈列着数种放在面包里的菜色，让顾客可以看到后根据自己的口味随意搭配，再请店员当场将配菜与面包一夹，便可快速做出来。面包由中央工厂先烘至八分熟送到门店，现场加温五六分钟就好，配菜则是当天在店里配好。

“如果卖完全做好的面包，没有创新，就跟同业一样，但用这种新的模式，就让顾客觉得很有现场感，非常新鲜，也有激情，会让他们觉得眼前一亮，更可以吸引到年轻的顾客群体。”

克莉丝汀将该模式命名为“C*wich”，与之前将做好的面包直接放在店里卖完全不同，主要强调跟顾客之间进行互动，把中央工厂与后现场加工结合，在标准化上亦能保证产品的口味与品质。目前已在世博会园区店里率先尝试这种模式。“克莉丝汀在做一个大的转型。”

他表示，商业模式的创新才是企业发展之根本。“一个企业经营的时间长了，就会渐渐老化，需要注入生命力，必须不断的转型。”

除了2010年着力商业模式创新外，早在2008年便找到产品之“蓝海”策略，克莉丝汀便从日本购置GABA（r-氨基丁酸）专利生产线，生产胚芽系列新产品；2009年时亦发展所有的产品都成为GABA inside产品，并采用自动化生产线，将传统产供销一体的西点企业转型成高科技食品企业。

转型第二波：产品细分化　设立不同业态专卖店

在上海租金最贵的徐家汇商圈，克莉丝汀以年租金近1500万元人民币的大手笔，拿下一块1000平方米左右的地铁商铺设立旗舰店。

此前克莉丝汀以“低档社区—郊区城镇—进军地铁站—高档百货—与餐饮业者联动”之通路策略，在长三角地区开出超过800家的门店，2011年更是开到1000家。

“在通路上，如果以现在的经营模式继续发展的话，也会碰到瓶颈，所以理顺商业模式后，还要做产品的专业化，以不同的通路业态配合不同的主题产品，推出人气商品店。”这是罗田安为克莉丝汀规划的另一幅蓝图。

因此，徐家汇旗舰店除了尝试新的商业模式外，亦扮演另一个样板角色：不仅卖面包，还将开辟出600平方米左右的区域设立9个专柜，代表9个不同之业态，将产品细分化，一样产品就可以开出一种人气商品店。

按照他的设想，未来在上海每个区域都将找点开这样的旗舰店，以“母鸡带动小鸡”的方式，以旗舰店带动传统的“好邻居”店、人气商品店。

能够让他有充分的底气做出改变，源于克莉丝汀拥有完善的产品线，有糕点、面包、蛋糕、月饼、饼干、巧克力糖果等六大类三百余种，亦有乳制品、零食、伴手礼等产品，面向不同消费群体的高中低档产品齐全，不只局限于烘焙业，而更倾向于做食品工业。

“这样操作后，克莉丝汀的市场空间会更广，跳脱出传统的烘焙行业，做食品工业，走精致化路线。”他透露说，企业内部亦会根据不同业态成立相应的事业部，不仅细分产品，不同事业部亦各有专职。

转型第三波：做烘焙业的 Disney 产业文化

如果说这两波转型还算是最佳因应之策，那么将各种烘焙食品变成故事的主角，并配上故事，做成面包的 Disney 乐园的大胆想法会让很多人吓一跳。对此，他有自己的一番见解。

“就算是食品业，也必须不断地创新，让消费者为企业的用心感动。克莉丝汀要让原本就稳定的客源从追随变成喜欢，要形成一种文化潮流，才可更深入民心。”

他还想得更多：任何食品工厂发展到一定阶段都会被取代，剩下冷冰冰的机器，设备老化，环境也不一样，企业就会慢慢衰退。“后工业时代，最重要的是要有可持续发展之空间与市场，让消费者感受到产业的生命力与发展过程。”他想用创意文化的概念重新包装食品工业，让消费者认识到：原来食品还可以这么做！

罗田安的思路是做一个西点的文化创意产业，建设一个类似 Disney 的主题乐园，让产业文化化，再把文化产业化。“投入会很大，但这是必须的，可以激起社会对这个行业的尊重，而且对企业品牌也是一个有力的支撑，保持品牌永续经营。”

在南京江宁基地，克莉丝汀已规划出一个占地5000平方米的甜蜜城堡烘焙主题园区，共七层，分为三个区，顾客不仅可以品尝美味、体会烘焙DIY、参观生产线，亦可购物，观赏以西点为主角的剧场表演，并发展西点动漫产品之零售，2011年逐步对外开放。

“安心链”铸就社会责任

作为食品供应商，克莉丝汀对产品品质的要求，达到了“吹毛求疵”的地步，更建立起“安心供应链”掌控企业的品质命脉。“安心供应链，就是一个产品从上游的原料产地、供应方，中游的制造加工者，到下游的配送销售商及售后服务13个环节，在每一个环节都做到全程的透明化、资料化、可追溯，整个系统都必须符合安全、安心的原则。”罗田安说，“在产业供应链上，所有的供应商都在一条船上，有人掌舵，有人把桨，有人撑船。只要有一个环节不符合安心供应链的要求，轻者让船的速度减缓，严重的会让船体受伤，甚至沉船。”

除了长期合作的可靠原料供应商，为了保障产品安全，克莉丝汀甚至自己都计划种植起水果来。草莓、猕猴桃等水果，是蛋糕上经常用到的辅料。为了保障辅料安全，克莉丝汀计划自己买地，建立了辅料水果种植农场。

参与世博会，让克莉丝汀得到了很好的历练。“用服务世博的标准，作为生产、销售、配送等供应链的运作标准，这已构成克莉丝汀核心竞争力的要素之一。”罗田安说。从世博中赢利，并不是克莉丝汀的全部目标。克莉丝汀更看重的是借助世博会的机遇，提升企业的品牌，提高企业的知名度和美誉度，取得更佳的“后世博”效应。

“世博后，我们形成了一个调查与总结的报告。首要的关注点是，如何进行产品的结构调整，从而找到未来的支点。我们希望能够提供更加安全的产品，将安心供应链的‘安心指数’再提高一个档次。”罗田安说。在世博会后，克莉丝汀采用更加工业化的生产方式，用标准化的产品，保证食品的品质稳定。“当然，这也是为了将工人从生产线上解放出来，让他们能够进入到服务领域，提供附加值更高的服务。”

“世博的机会是短暂的，创新才是永续的。”罗田安清醒地认识到创新的重要性。看似传统的食品制造业，在研发和创新投资后，也可以提升为生物科技产业。

罗田安表示，研发符合生态和自然原则的新产品，为人类追求的长寿、健康和美丽做出贡献，让人人吃得起富有高科技含量的健康产品，是克莉丝汀的社会责任。

转型阵痛期　继续练功打基础

一向行事谨慎的罗田安一直认为“机会是短暂的，创新才是永续的。”这种信念亦促成他经营企业时丝毫不敢懈怠，坚持一步一脚印，打好基础，不断寻求新的发展机遇。

他一直强调，克莉丝汀现今的品牌知名度与企业能够壮大，是靠消费者进店里买三块、五块的面包一点点“投票”出来。“稳扎稳打一定是企业最安全的经营方式，跳跃式或投机性的经营是非常危险的。”

在未来目标逐渐明晰后，与企业一起处在转型阵痛期的他表示，克莉丝汀目前正处于酝酿爆发阶段，依然要继续“练功”，未来只要定位好商业模式，理顺通路业态，让消费者适应其中变化，就会将经验快速复制，不仅要覆盖到整个大陆地区，亦要进军海外市场。

酷狗：永远要当 NO.1

统联文具礼品董事长　陈德龙

1997 年，陈德龙投资 420 万美元创办了统联文具礼品有限公司，专业生产经营文具、礼品、工艺精品等产品，并推出了自己的卡通文具品牌——“No.1 酷狗”，自创“酷狗”牌文具系列产品，包括铅笔、彩笔、笔盒、橡皮擦、书包等。“酷狗”品牌深受孩子喜爱，并以年均 20%-30% 的增长率稳步发展，产品远销到欧洲、东南亚、日本及香港、台湾等地区。

统联文具礼品有限公司:1997年创立品牌,以“NO.1酷狗”为主打品牌,以文具为核心竞争力产品。以新潮流、新设计、新品质、新定位，开垦出大陆的文具市场处女地。目前，酷狗文具的销售通路遍布大陆31个省，2006~2009年，年销售额接近1亿元人民币，每年销售额都有10%左右的增幅……

偶然转投文具行业

陈德龙是台湾桃园县人。1988 年，在台湾从事纺织行业的陈德龙感受到台湾的经济困境，所以到大陆投资。陈德龙最初从事的还是老本行，转投文具行业则纯粹出于偶然。“我有一次在福州逛街的时候，刚好看到一个老太太带着孙女在买遥控车，当商贩说售价要 400 元时，我很惊讶。”陈德龙回忆说，“出乎意料的是，在孩子的苦苦哀求下，家长竟然以 350 元的价格买下了那辆遥控汽车。”

陈德龙认为在大陆投资儿童文具用品一定有前途。

1989 年，陈德龙与朋友投资 3600 多万元新台币，成立了新代文具礼品有限公司，创立了知名文具品牌“西瓜太郎”，产品一推出，就受到消费者追捧，并在当年的文化用品博览会上引起轰动。1997 年，陈德龙实现梦想创立品牌“酷狗”，成就了自己的文具王国。

统联相继开发了“辣猫”、“呼呼猫”、“毛毛熊”、“维他命小子”等卡通品牌，每个品牌都开发了上百种系列产品，组建了强大的“品牌家族”。

一支小小的铅笔，在笔帽上安有一个小小的削笔装置，轻轻转动笔杆就可以将钝了的笔芯削利，然后打开笔帽上的小孔，将铅屑倒出来；一次可以装入6支铅芯，用完一支，轻轻一按，就可以续上一支新的铅芯，这种“写不断”的铅笔是国家专利产品，孩子们在使用这种铅笔时，可大大减少接触有毒铅芯的几率。“如果在做文具时，将环保理念融入其中，会更有利于孩子身心健康，何乐而不为呢？”统联公司董事长陈德龙这样诠释统联的每一次创新。

早先，统联都是替国外品牌加工产品，慢慢做大之后，已经熟悉了文具生产和市场的陈德龙不想再让自己的公司给别人当加工厂。“我考虑很久，想打造一个中国人自己的品牌，所以找人画了一个卡通形象——酷狗。因为狗是人们的忠实朋友，希望能做到第一，就冠上No.1，即No.1酷狗。”

陈德龙将这个品牌定位为针对“学生群体”。凭借统联在大陆多年的销售网络和人脉，这只可爱的卡通狗迅速在大陆的文具市场树起品牌。“No.1 酷狗”先后获得福建省著名商标、福建省名牌产品、中国驰名商标、中国十大文具品牌之一等殊荣。

引领潮流　启发儿童学习兴趣

陈德龙说，酷狗是一只样子可爱的牛头犬，但是在 1997 年这个品牌刚推出市场的时候，很多大陆的朋友以为“酷”是“残酷”的酷，不适合当儿童文具的品牌名字，引起了一番争议。“当时台湾已经有‘酷哥’、‘辣妹’这样的流行用语，‘酷’其实是英文的‘cool’，虽然当时在大陆有争议，但是我还是坚持用酷狗这个名字。”

在市场定位上，陈德龙把酷狗定位为新潮文具，也就是吸引消费者的“冲动型购买力”，图案一定要很吸引人。“因为小孩子的零用钱有很多不同的用途，既要买零食，又要买玩具，要吸引他们掏钱出来买文具，产品的设计一定要能吸引他们的目光。”

陈德龙激发小朋友的购买欲，却不是要他们花冤枉钱，造成浪费。“我认为新潮文具可以启发小孩子的学习兴趣，但是与玩具又有分别。”陈德龙说，当时大陆还没有新潮文具，产品设计非常呆板，很多橡皮擦都是白色的，就像豆腐干一样，而酷狗的橡皮擦除了图案设计精美，还加入了水果等香味，为小朋友的学习生活增加不少趣味，从而激发他们的学习兴趣。

陈德龙说，造新潮文具会比较累，因为需要不断研发创新，领先潮流，才能不断吸引消费者。“酷狗在台湾和大陆都有研发团队，每年开发上百种新产品，图案的设计也要不断变化，让消费者有新鲜感。”

品牌策略以品质取胜

上世纪 90 年代中期，酷狗品牌创立之初，大陆的文具市场还是一块处女地，国际品牌进入大陆市场不多，有利于台商的发展。“我觉得中国人的头脑不比外国人差，为什么我们不创造一个属于自己的文具品牌呢？”这个理念驱使陈德龙创立酷狗，并且以品质优良、抢占市场通路作为打响品牌知名度的策略。

陈德龙抢占市场通路的策略就是在北京、上海、福州等城市，锁定第一名到第五名的大型商场与百货公司，租下文具专柜，并且花了很多心思去设计酷狗的展示专柜，让小朋友对酷狗这个品牌建立先入为主的印象。“因为在大陆民众的心目中，能够在百货公司看到的产品，就是品牌。”

由于当时外国文具品牌在大陆百货公司几乎没有专柜，酷狗在大陆消费者的心目中占了先入为主的优势，而且大陆大型百货公司和商场的文具专柜位置有限，后来很多外国品牌想要设立专柜都找不到位置。“创立品牌也要讲机缘，包括天时、地利、人和等因素都要配合恰当，由于我们比较早进军大陆市场，才能占有这样领先的优势。”

陈德龙说，除了抢占市场通路外，酷狗的成功之道，最主要还是靠品质取胜。“因为文具的利润空间很低，不可能花大笔经费去中央电视台打广告，只要品质好、款式新颖，就能吸引小朋友购买。同时，小朋友也总喜欢将自己喜爱的东西给他（她）的好朋友分享，是种无形广告，这样也就会让其他小朋友同样喜欢上‘酷狗’这个好伙伴，进而购买酷狗的产品。”

要以品质取胜，也就是不能以低价招徕，尤其是大陆市场低价货品太多，陈德龙说，台商卖便宜货一定卖不过大陆，要锁定大陆金字塔消费者的顶层的需求，做最好的产品。“要做到品质第一、价钱最贵的产品。”

做好产品定位　创品牌至关重要

面对国际金融海啸，很多大陆出口加工型台商都想要转攻大陆内销市场，陈德龙认为，大陆台商打算“外销转内销”的话，创造自己的品牌至关重要，而且要锁定自己的市场定位。“台商一定要保持自己的原则，其实在大陆市场，只要有‘台湾’两个字，无论是产品或者食品，在大陆民众的心目中都是品质的保证。”

1988 年陈德龙从台湾进军大陆的时候，是到福州开设毛衫加工厂，这也是陈德龙家族在台湾的老本行。一天，陈德龙行经福州一条著名商业街时，看到一位老太太愿意花 350 元人民币买一辆遥控车给她六七岁的孙女。

这幕祖孙之间的街头互动，让陈德龙相当吃惊，后来也启发了他开拓大陆儿童文具市场。因为一辆价值350元人民币的玩具车,折合成当时的新台币超过2000元，这在经济相对发达的台湾，一般家庭也不会轻易购买，何况那时福州市民的工资水平比台湾还要低得多。

陈德龙分析,大陆实行一胎化政策之下,一名独生子女应该有父母、爷爷、奶奶、外公、外婆 6 名家长为他们消费，加上当时大陆儿童用品市场产品单一，发展缓慢，尤其是学生的文具用品，款式旧，品种少，和台湾、香港等地的文具发展水平有很大差距。

陈德龙认为，投资大陆儿童文具用品市场，是一门发展可观的生意，于是他做了很多相关调查，锁定顾客对象。“当时大陆有 12 亿人，农村人口约占八、九亿，当中很多都是文盲,而我们锁定的客户群是沿海比较发达城市里的小学到初中学生,因为他们的家长消费能力比较高，较容易接受高端产品。”

陈德龙表示，很多时候台商有个迷思，认为大陆市场很大，有 12 亿人口，只要每人买一支笔，就有 12 亿支。不过，事实上并不是每一个大陆老百姓都一定会买笔，例如农村的八九亿人口，当中有些是文盲，他们就不一定会买笔。因此，台商在投资一个行业之前，应该要做很多详细的调查，分析各方面的可行性，避免盲目投资。

产品推陈出新　陪伴小孩成长

酷狗的客户群锁定小学到初中学生，经过几年后，这些客户慢慢长大，陈德龙也希望统联的产品能够与小孩一起成长，于是相继研发了“辣猫”、“呼呼猫”、“毛毛熊”和“维他命小子”等卡通品牌文具，以迎合不同年龄层的消费者口味。

陈德龙说，推广这些与酷狗相关的卡通品牌，主要是通过参加大陆各地的文化用品展会，把新品牌与酷狗一起展示，让消费者了解这些新产品与酷狗同属统联出品。

大陆市场仿冒的问题非常严重，陈德龙说，这是台商在大陆遇到的主要经营问题，而且也很难杜绝，台商的因应之道就是加速产品的研发创新。“要跑得比别人快、跑给别人追，研发新产品的速度，永远要领先仿冒品的出现。”

除了款式的创新，统联也很注重产品功能的研发。例如小孩子经常用的自动铅笔，由于笔芯较细，按太长的话写字时容易折断，也会浪费铅芯。于是统联研发出“傻瓜全自动铅笔”，在书写过程中，笔芯会自动跑出来，而且不会折断。“除了不会浪费铅芯，自动铅笔也不需要用木笔杆，可以减少使用木材，结合了环保概念。”陈德龙说，这些设计独特的产品，都有申请专利，而且需要高端的研发技术配合才能生产，因此不容易被仿冒。

计划开设酷狗屋　朝多元化发展

1995年陈德龙创立统联，花了两年时间设计及生产酷狗产品，1997年底，他带着刚出炉的酷狗文具，到沈阳参加当地举办的文具博览会，让酷狗品牌一炮而红。2002年在福州的大学园区设立新生产基地，相继投资722万美元，建立了占地面积3.5万平方米的花园工厂，员工接近1000人，生产的产品也超过1000种。

目前，酷狗文具的销售通路遍布大陆31个省，并相继在北京、上海、广州、武汉等十几个重点城市，成立了分公司。陈德龙透露，2006~2009年酷狗的年销售额接近一亿元人民币，每年的销售额都有10%左右的增幅，利润则是平稳上升。“文具主要是靠大量生产获取利润，没有谋取暴利的空间。”除了大陆内需市场，酷狗文具也出口到香港、澳门、台湾、中东、欧洲、日本、东南亚等地区。

谈到统联未来的发展大计，陈德龙表示，为响应政府在大陆中部崛起的号召，公司斥资420万美元在湖南长沙建立新的生产基地，成为统联公司扩大市场内需新的辐射基地，同时也解决沿海地区员工招聘难的问题。

随着统联的经营发展，陈德龙看到了教育是中国的百年大计，通过整合品牌和市场资源，将产业连结到幼儿英语教育市场领域。在经济全球化的今天，熟练掌握通用语言——英语是国际间交流与合作顺利进行所必需的，为培养英语人才，需从幼儿开始抓起。统联公司引进台湾成功的幼儿启蒙英语教育经验，改变传统的英语学习模式，运用双螺旋学习和自然语言学习方法，由美国专业教材机构Eduplus（U.S.A）及台湾TOP KIDS编审委员会共同研发，内容权威经典，并由人民日报出版社重磅推出的《NO.1 酷狗启蒙双语点读图书》系列产品，采用国际先进的 OID 隐形码技术和最新光学图像识别技术，是继学习机、点读机之后的新一代教育学习工具。它一改传统的图书阅览模式，可看可听可读可互动游戏。丰富多彩的卡通图片，趣味幽默的生活情境和故事情节，外籍专家纯正美音朗读，搭配优美背景音乐，帮助孩子在听故事、做游戏的过程中轻松实现英语启蒙，享受学习阅读乐趣，培养主动学习习惯，综合开发多元智能，真正做到寓教于乐。

统联公司将以现代化市场营销理念、高效能企业组织管理基础，结合动漫品牌资源，快速切入市场，预计未来三年内 No.1 酷狗启蒙双语点读图书系列产品在专业市场领域里成为 No.1 地位。

为了把“No.1 酷狗”打造成为像史努比、米老鼠等国际型的卡通品牌，统联投巨资与动漫公司合作成功推出“酷狗”家族 3D 系列动画片，预计会在 2012 年初于各电视台播放。

为展开 No.1 酷狗品牌推广授权工作，于 2010 年成立了北京统领统联文化传播有限公司专责来处理全商品品牌形象授权、连锁运营加盟终端店成立及代理商授权、No.1 酷狗衍生商品开发及销售等业务。公司计划成立“酷狗屋”专门店，“酷狗屋”的构思是一家多元化的概念店，以 No.1 酷狗的品牌商誉，集合不同类型的儿童产品，包括文具、点读图书、玩具、服装、鞋帽、婴儿用品等，成立一家儿童用品专卖店，将来也可以用连锁加盟的方式扩大经营，以此作为公司与各商品制造商、加盟商和代理商的沟通桥梁，整合资源，共同合作，联手打造 No.1 酷狗品牌全方位商品世界。

“结合台商的产业链，以各自的产品特点，做到资源整合、优势互补。”陈德龙说，台商在大陆发展不能够只是单打独斗，未来的趋势必然是资源共享，创造双赢，这样才能立足中国，展望世界，将“NO.1 酷狗”品牌打造成为真正的国际品牌，成为真正的 NO.1！

两岸咖啡：分区开拓休闲餐饮市场

两岸咖啡董事长　杨进发

浙江两岸食品连锁有限公司2003年在杭州起家，以“两岸咖啡”为主打品牌，以咖啡、西餐为核心竞争力产品；以“咖啡+西餐”的餐品模式，将咖啡与牛排卖到了大陆各地；并立志在10年内开出5000家门店，打造“属于中国人自己的咖啡西餐连锁品牌”……

以杭州为总部，截至 2010 年底在大陆约有 500 多家店面（直营的约 120 家），2009 年公司合并加盟营收约 20 多亿元人民币。

2008 年高盛与华生资本投资 3000 万美元，持股约 22%，目前计划三年内在大陆主板上市。

华丽“转身”从制造到餐饮

杨进发，52岁，台北县人，高中毕业就进入社会打拼。凭着敏锐的商业头脑，1989年来到大陆广东，从事纺织业开设拉链工厂，全盛时期拥有员工一万多人，产量号称全球第一，曾经被外界誉为“拉链大王”；他也从事过电子、房地产、投资等行业。1997年经过亚洲金融危机的洗礼，杨进发的拉链工厂并没有受到太大的影响。但此时的杨进发深深明白制造业这个行业无法再做下去了。

在谋求新的出路的时候，有着敏锐眼光的杨进发尝试着开了一家西餐厅。开业之后，杨进发的西餐厅的生意就很好，受到了人们的喜爱。从那时候起广东陆续有人开起了西餐厅。由于杨进发个人偏爱杭州，于是1999年他关掉了自己辛苦经营十多年的拉链厂转给其他股东经营，而自己去转到了陌生的西餐行业，在杭州开辟新的事业版图。

杨进发的养店面经营学

杨进发从 1988 年从跨海西进到深圳成立拉链厂开始，在大陆已经 23 年了。杨进发一边跟着大陆经济快速发展不断创业，一边观察自己感兴趣的房价波动，特别是开始经营两岸咖啡之后，“低价买房开店”、“边做生意一边养店，养店面价值”是杨进发的店面经营学。

杨进发有套“飞机导向投资法”，观察飞机载客率，判断当地的商务与市场是否足够活络。他认为凡事要“早半步”。

杨进发在每个城市房价在每平方米还在数千元阶段就积极买房，在杭州、武汉、重庆等地，他积极买房开设分店，现在店面的房价价格都已经翻倍。就以紧邻在杭州西湖畔的两岸咖啡总店来说，2003 年杨进发以 3000 万元人民币买下店面，经过 7 年后，现在总店的总房价已涨到 3 亿元，涨幅高达 10 倍，成为两岸咖啡连锁集团 500 家店面中最有价值的一家店面。

在房价低时抢进市场，以买房开设店面的方式来养店面价值，店面所销售的不只是食物，而是成为通路。现在两岸咖啡连锁集团在大陆有 500 家店面，等于就有 500 家通路，部分自购店面上涨的房价更提高通路的身价，这就是杨进发的店面操作学。

买店开店的循环，让杨进发成了房地产高手，尤其是对于选择店面上更是经验丰富，也因此让杨进发决定介入房地产中介业，2010 年成立了“两岸中介”，且已经在杭州开设 2 家分店，今年预计再增加 3 家分店。

董事长杨进发与总裁兼总经理金梅央的两岸情缘

2002 年春天，金梅央和杨进发在西湖边看断桥。“真美啊！”看着断桥两岸的美景，杨进发突然来了灵感，“我们酝酿了这么久的新品牌就取名为两岸吧，我是台湾人，你是大陆人，我们是两岸情缘。”这一天，两岸咖啡诞生。

2003 年，金梅央把原来经营的咖啡厅全部改名为“两岸咖啡”。

“连锁连锁，关键在锁，连而不锁，就不是连锁。”这是金梅央一直在强调的两岸咖啡连锁概念。连锁就是统一化、标准化后，两岸咖啡已经有了不错的锁定能力。2005 年，两岸咖啡建立了面积超过 8000 平方米的中央厨房，每周都有数以吨计的牛肉从北美和加拿大运到上海，直接送到杭州的中央厨房进行前期加工，按照标准的厚度、大小和重量切成块，然后配送到各家分店。

2003 年，两岸咖啡在杭州起家，以“咖啡 + 西餐”的模式在大陆休闲餐饮市场崭露头角，并立下雄心壮志，要打造一个具有中国特色的咖啡西餐连锁品牌。随着高盛银行与华生资本的大举注资后，两岸咖啡开始分区开拓大陆休闲餐饮市场，离上市目标更近了一步。

由制造业起家到转入餐饮服务业创立两岸咖啡西餐厅（以下简称两岸咖啡），台商杨进发以“咖啡 + 西餐”的餐品模式，将咖啡与牛排卖到了大陆各地。

他自豪地说：“在杭州，有很多家两岸咖啡就开在星巴克隔壁，虽然定价比星巴克高了 30%，但咖啡生意一样不输给他们。”而牛排，也是大陆同行业中卖得最多的一家。

自 2008 年 4 月获得投资银行美国高盛集团及华生资本的 3000 万美元投资后，两岸咖啡立志在 10 年内开出 5000 家门店，打造“属于中国人自己的咖啡西餐连锁品牌”。

经营品牌 先做再讲

从开出第一家店到目前，两岸咖啡在大陆有超过 500 多家连锁店，其中直营店数在 120 家左右。在大陆超过 3 万家的餐饮企业中，走商务休闲风格的两岸咖啡十分引人注目。仅其总部所在地杭州，现在平均每个月大约有 25 万至 30 万人次光顾，一年有超过 300 万人次的消费，业绩好得令人咋舌。

这样的成绩，在董事长杨进发看来，实属意料之中。“两岸咖啡现阶段一直在做经营品牌的工作。”他认为，经营品牌与卖品牌完全不同，许多连锁企业喜欢用大量的加盟来达到快速发展的目标，但忽视了其中的弊端：在长远看来，这种急速扩张的发展太过急功近利。“所以两岸咖啡是用经营做品牌，先做了，再讲。”

两岸咖啡如何经营并保证品牌的生命力？“第一，随着时代变化，餐品也要创新，符合消费者需求；第二，店面必须维持一定的标准，包括装修风格、卫生标准；第三，完善中央厨房的配送系统，最大程度保证餐品及口味的稳定性。”

走进大陆任何一家两岸咖啡，红色装潢风格与点缀其间的小桥流水等布局完全统一；除在餐品上推陈出新外，连咖啡杯都特别请人绘制中国四大美人杯。此外，为保证餐品的稳定性，及考虑到大陆市场的区域差异性，两岸咖啡 80% 的餐品由中央厨房统一配送，余下 20% 则依据各地消费者的不同口味加以调整。

杨进发亦表示，两岸咖啡并不担心被模仿或恶性竞争。“一个品牌到最后只有一点关键，就是让客人信任。现在的客人都是非常聪明的，只有抓准他们的消费需求，以诚相待，服务到位，才能赢得回头客。”

与星巴克竞争？靠中国元素！

杨进发一向不讳言，两岸咖啡一直以星巴克为主要竞争目标，要将店铺开到后者的总部西雅图去，成立两岸咖啡美国分公司。

“说实话，星巴克的美式管理已经达到无懈可击的地步，是两岸咖啡需要学习的；但如果在大陆市场，本土化会更占优势。”他分析说，既然在管理上没有办法竞争，就只能在引进国际先进的管理模式时，融入本土文化。

“中国人以茶文化为主，但从没有看到有人排队去买一杯茶来喝；美式快餐文化并不适合中国市场,咖啡应该在很休闲舒适的环境中来喝。如果真的要比个高下，两岸咖啡就要有一套属于中国人自己的发展模式。所以在自己的市场上，要用自己的方式来与星巴克这样的品牌区别竞争。”

在两岸咖啡杭州旗舰店，红灯笼、小桥流水、屏风……中国元素随处可见。

“把中国的文化融入西餐行业里，与星巴克的差别就是两岸咖啡有自己的中国模式，老外会更喜欢这种地方。同样的，中国人会去星巴克，老外会来两岸咖啡。”但他亦指出，两岸咖啡的最大消费者仍来自于本土市场，因此餐品还是要根据符合中国人的饮食习惯来做。比如老外要吃较生的牛排,但中国人难以接受生食，两岸咖啡就推出全熟的台塑牛排等餐品，迎合本土市场。在杭州地区，仅一天就可售出高达 6 万元人民币的台塑牛排。目前咖啡豆、牛肉的年使用量，都已经跃居大陆首位，且遥遥领先其他竞争同业。

“做服务业，老外讲究的是团队管理，我们中国人是讲究见面三分情，注重微笑；而在两岸咖啡，除了喝到咖啡外，还可以饮茶。不管是菜式还是服务，都有中国文化的体现。”

引进风投 强强联合

在杨进发看来，不管是否与星巴克的美式管理竞争，两岸咖啡作为连锁企业，标准化管理都至关重要。在两岸咖啡的连锁体系中，一般以省会城市直营为主，其他地区则开放加盟，“如果店数在三、五百家之内，家庭式操作与管理还能勉强对付；但要达到像类似肯德基等大规模的连锁体系，就必须有标准化操作的团队与大笔资金。”

2008 年 4 月，世界 500 强企业之一、全球排名第一的美国投资银行高盛集团与华生资本在杭州西湖边宣布投资两岸咖啡，先期大举挹注 3000 万美元，目前高盛与华生的占股比例则各为 22%、7%。强大的资金后盾令两岸咖啡团队信心十足，杨进发亦在发布会上定下目标：在十年内开出 5000 家门店，并计划于三年内在大陆主板上市。

“从 2008 年引进风投到现在，已经有 3 年多的时间，两岸咖啡原来在地区上的经营就已经深得客人信任，高盛与华生进来后，强势品牌 + 强势品牌，在影响力上 1+1 不是等于 2，而是呈几何级数的增长。”

杨进发坦言说，如果只是以两岸咖啡自有资金来做信息标准化管理，“我们确实很心疼”；但引入风投后，高盛与华生亦有要求企业信息化，有了风投的支持，两岸咖啡在操作上更加自信。他透露说，目前单是在信息化的投资上，已经花掉将近 2000 万元人民币的费用。“做好标准化，不仅对两岸咖啡的连锁体系相当重要，而且能提高客人的信任度。”

加强两岸咖啡的信息化，不少高端人才在其引进风投后慕名而来。“这是品牌与品牌双赢合作的另一个大收获。”杨进发还透露说，高盛与华生并非看两岸咖啡在未来能开出多少家店，吸引他们的是两岸咖啡做大品牌价值后的零售通路之未来前景。

四大区域布局全大陆

在杨进发团队的规划中，两岸咖啡将大陆分为四大区域，包括以杭州为中心的华东地区、以武汉为中心的华中地区、以天津为中心的华北地区及以重庆为中心的大西部地区。更重要的是，“将在两年内将杭州总部的中央厨房、培训学校、咖啡豆工厂及物流配送系统复制到天津、武汉及重庆三座中心城市，之后就近辐射周边地区，做好餐品、口味、服务、卫生的一致性及标准化。”同时，亦建立起整套 IT 系统，完善连锁体系。

杨进发分析，饮食精致化需要一个过程，店铺亦需要专心培养，获得客人的认同才有生意可做。在四大分区中，包括加盟店在内，每家店在每个星期会召开一次周会，各大区在每个月会举行一次月会，总部及各大区则每月召开两次“经营会议”，除检讨各项需要改进的工作，也借此做到统一标准化管理，“就算无法完全达到星巴克等品牌的国际连锁管理水平，但力求能有七八成的水平，并且不断进步。”

据透露，两岸咖啡在五年内，在北京、重庆、武汉地区的门店都要开到 100 家以上。“在大陆缺乏休闲概念的餐厅，因此这方面还有一定的成长空间。”除了看好大陆的休闲餐饮业未来的发展，杨进发也表示，在大陆扎稳基础之后，前身源于台湾的两岸咖啡，亦会开拓台湾市场，目前尚在考察阶段。

琉璃工房：打造文创业“成功样板”

琉璃工房创办人　张毅及杨惠姗

琉璃工房，1987 年于台湾淡水成立第一个琉璃工作室，是当今华人世界最大的琉璃艺术品牌。杨惠姗、张毅为品牌创始人，杨惠姗为艺术总监。从 1987 年成立至今，版图由台湾、上海、北京，到新加坡、马来西亚、美国，拥有 80 余家艺廊，遍布全球。

上海琉璃工房琉璃艺术品有限公司于 1996 年正式设厂成立。1998 年第一家店开张，截至 2011 年在大陆开店已达 45 家。

弃做影后　琉璃重生

“琉璃工房”的创办人，是在台湾电影界享负盛名的张毅及杨惠姗。两人无论在电影界还是在琉璃艺术创作界，一直并肩作战至今已经超过 20 年。

1984 年，由张毅执导、杨惠姗担任女主角的文艺片《玉卿嫂》，为杨惠姗夺得亚太影展最佳女主角的殊荣。之后，两人再次合作的电影《我这样过了一生》，更是一口气勇夺金马奖最佳影片、最佳导演、最佳编剧、最佳女主角 4 项大奖。

1987 年，杨慧姗在演艺事业巅峰时息影，投入了这一“有趣的选择”，创立了琉璃工房。“从最开始觉得有趣，到慢慢深入了解琉璃的历史，深深喜欢上琉璃和琉璃艺术，毅然决定息影投身琉璃事业。”

最开始，杨慧姗学习采用法国的“水晶粉脱蜡铸造”技法，却屡屡受挫。杨慧姗与张毅在三年半的时间中用完了所有积蓄后，还负债 7500 万新台币。杨慧姗从研究技艺到工艺造型再到幡然顿悟，从中国传统文化中寻找养分，让琉璃释放文化异彩，是一个抽丝剥茧的过程。

琉璃工房拥有上千名员工，在台北、上海拥有自己的制作室，在全球各地拥有 80 余家艺廊，杨惠姗本人依然是琉璃工房的艺术总监，换言之，琉璃工房每一件制品，都是出自这位影后的手笔。

独自撑起中国琉璃的大旗　张毅

再伟大的工艺，也有它被湮没的时候。

当我们从埋首于孤独辛勤的成长学习中抬起头来，蓦然发现中国四周广袤千年泥土底下，竟然处处埋藏着琉璃闪烁的光芒，我们觉得深深的惊讶。我们开始去查阅资料，去挖掘技法。然而，我们没有寻找到任何秘笈，我们看到的，只是一代一代人的努力，前仆后继。最后，我们领悟了一个精神概念：尊重和传承。

没有一代人可以独自完成一门艺术，只能说，是有人先悟先走，后人承继发扬。我们在1998年英国V&A展览期间，羡慕那些大片如茵的古堡草地时，想起一件报道，有人曾问，如何能使草地保持如此平整固定。贵族后裔回答说，那很简单，只要每天整理，四百年后，它就自然固定成这个样子了。

因此，我们相信，我们今天的孤独，是为明日而做的。也许，我们不仅可能使一门艺术重开风气，获得新的生机，更重要的，是维持住一种文化精神，就是学习尊重传统，学习尊重自己，然后觉悟要如何尊重别人。这样的工作，我们认为是有意义的。

西周的琉璃珠，到了西汉，技法就已豁然全新，已能用稳定控制的高温，以铸造法做出神韵沉敛、形制奂新、精准美丽的耳杯，那该是多长的一段历程。从新疆丝路到南方湖广，从河北到江西，出土古物中，都可以看到不同的成分和面貌，看到东西方技法和艺术思想的互相渗透和流变。

因此，在这条断掉的琉璃艺术脐带，我们愿意独自撑起中国琉璃的大旗，以承先启后的感情，用琉璃雕塑表达这个意义。

文化品牌最容易被人拿放大镜进行检视，要想屹立不倒，做出一个属于中国人的品牌，琉璃工房的策略是做事先做人，将口碑式行销进行到底。

从当初以为只要 15 万元新台币就能创建企业，到前三年半内居然赔掉超过 7500 万元新台币，琉璃工房品牌创始人张毅、杨惠姗伉俪的创业故事在两岸早已耳熟能详。

捱过最辛苦的技术与市场摸索阶段后，20 年时间里，琉璃工房将琉璃艺术品从台湾卖到大陆、卖到全世界，特别是在大陆，艺廊一家家的开，推出多个品项，依靠口碑式行销，知名度提升的同时，营业额亦逐年大增，一家单店成绩甚至在 2009 年有 50% 的成长。

身为“文化创意品牌”，琉璃工房如何创造出自己的成功模式？

先办展览　后开店

作为琉璃工房 7 位创始人之一，现任琉璃工房中国大陆区事业处总经理的王秀绢，生性爽朗乐观，但回想起当初刚进大陆时的辛苦，也不由得大吐苦水。

在她的印象中，早期中外品牌云集之地的上海南京路、淮海路上，基本看不到本土品牌，都是写着洋文的国际品牌，一直到大陆后来出台规定，要求进入的洋品牌必须有中文商标后情况才有所好转。琉璃工房所在的一个商场，甚至自掏腰包请另一个国际品牌进驻，因为没有听说过“琉璃工房”，该品牌差点要跟琉璃工房抢位置。

谈起这件往事，她想得很开，“换个角度想，是国际品牌跟我们抢位置，也很开心。”但她也坦露，“做品牌，尤其是自创品牌，人家不认识你前，非常辛苦。”

因此，琉璃工房如何在大陆打开知名度？策略是“先办展，后开店”。

“在大陆的拓展方式，就是先办展览，让大家认识到品牌与工艺，知名度提升后再来开艺廊。”她解释说，琉璃工房是自创品牌，历史不长，更无充足的资金，最适合走的路，就是用展览的直观方式进行宣传。

琉璃工房在大陆的第一次展览，是 1993 年在北京故宫博物院，做了六场专家说明会及研讨会，作为在大陆的“敲门砖”。之后几年内又陆续在上海、北京等地

作为琉璃工房 7 位创始人之一，现任琉璃工房中国大陆区事业处总经理的王秀绢，生性爽朗乐观，但回想起当初刚进大陆时的辛苦，也不由得大吐苦水。

举办多场。“毕竟在展览时还不能有收入，要变成知名品牌，就要产业化，需要很多人花钱来收藏作品，所以要不停的办展览，然后在百货公司或商场里设点，开艺廊。”

“在拓展的过程中，并没有采取快速的扩张，我们应该也算传播业，只不过是用琉璃这种材质跟消费者沟通，谈一个中国人的人生概念。办完展览后，经过市场调查，哪里的市场需要这样一个赠品来表达送礼者的心声，我们就在哪里开店。”

1996 年，琉璃工房派王秀绢在大陆设厂；1998 年，第一家店在上海开张。进入 2011 年，集合台湾、香港及美国等地的艺廊，在全球开店超过 80 家，其中大陆占了 45 家。

口碑式行销“锁定”客户

明确“先办展后开店”的策略后，琉璃工房并没有停止在品牌塑造上的探索。

王秀绢至今依然清晰地记得在一次内部会议上，张毅对伙伴的要求是“平时怎么对待朋友，就怎么对待顾客。”

“在琉璃工房艺廊工作的员工可能会比较辛苦。”在其他品牌店里，员工一般只要会卖东西就可以被肯定，但琉璃工房的概念是“要跟客人交朋友，不是一开始就谈生意”，因此在员工训练上下足了功夫。

她介绍说，艺廊员工不仅要读黄仁宇的《中国大历史》，要读《今生相随》（编按：记载张毅、杨惠姗创业故事之书籍），还要读《第五项修炼》（The Fifth Discipline），“要做民族品牌，琉璃工房的伙伴就要对五千多年的历史有骄傲感，了解自己品牌的故事，还要学习怎么与人沟通。”

“如果品牌是靠花钱买广告进行宣传，是不可能继续往下走的。让客人自己觉得好，这个品牌才算做到位。”

做品牌、市场出身的王秀绢，看到太多的品牌起起落落，亦深有感悟：品牌的成功，很大程度取决于顾客购买商品过程中，店员的接待方式，如果对顾客能够像对朋友那样给予关怀，就会比较容易成功。“做生意就像老祖宗讲的，做事先做人，要先对客人好，客人才会回报你。”

她认为，琉璃工房亦属文化创意产业，如果在品牌营运过程当中只想着盈利，或者跟员工计较，就很难成功。“做市场，真的是要跟客人交朋友，去关怀客人，而不是只想着怎么让人家从口袋里掏钱，文化创意产业更需要口碑式行销。”

当然，她亦坦露说，“不可能完全不管业绩，文化品牌最容易被人拿放大镜检视。要经营好品牌，主管不能每天只在公司开会或者吃饭应酬，而是要到第一线去看店面陈设，检视员工态度，也要教会伙伴如何经营好一家艺廊，针对常进来的客人需求，展示合适的作品，这样才能够创造业绩，减少库存。”

在金融风暴中，琉璃工房的业绩反而有了长足成长。在北京的一家艺廊，2009年的业绩甚至成长了50%。“老客人的回购率最高，因为他们觉得品牌所诉求的人生态度以及员工的沟通方式令他们觉得感动，认为我们是懂他的，所以来支持。”

推出多品项　做大市场

2001年，琉璃工房第二品牌创意家居品牌“Liuli Living”成立；2002年，第三品牌“观念配饰”（LIULI PLUX）锁定配饰市场，加上原有的“琉璃工房”，旗

王秀绢介绍，所谓“琉璃”即中国古代的玻璃，诞生于西周，距今有已有3000多年的历史，是中华文化遗产瑰宝之一。琉璃艺术品所使用的创作技术为“脱蜡精铸法”，即源自中国古代传统工艺，每件琉璃艺术品都饱含着浓浓的中国传统文化韵味。

下三大品牌项陆续宣告成立，开启其多品牌之市场战略路程。

“三个品牌项是为了考虑到不同族群的市场需求。”

王秀绢解释说，琉璃工房品牌内涵一直追求一种人生态度与生活美学，“其实是希望更多的人接触到琉璃，如果只是单一的摆饰，需要到家里看；但生活美学需要在生活中随时得到展现，你戴的或者用的，都能够让别人看到你的生活美学。”

除了“琉璃工房”锁定赠品、摆饰市场外，“Liuli Living”主要是表现时尚、年轻、生活的设计理念，采用琉璃、黑陶等多元化的材质，将中国传统的图腾、纹饰、造型融入酒杯、茶杯等实用生活器具创作中。透明思考 TMSK 餐厅中使用的器具就是“Liuli Living”系列。

“观念配饰”则是一个以 925 纯银和琉璃材质相结合的纯配饰系列，将市场点放在现代女性消费者之项坠、耳环等配饰需求上，传达这个群体之“钢铁的意志，温柔的心”精神。

她强调说，只要是琉璃这种材质可以展现或沟通的，琉璃工房都会去不断拓展新的表现方式。

异业合作　互助开拓市场

对于琉璃工房的未来，王秀绢透露说，严格来讲，琉璃工房已经实现了成立时“成为华人世界知名品牌”的目标，目前在美国等地亦开有艺廊，“现在的目标是要进入‘白人市场’，变成中国人文的工艺品品牌。”

基于这个理念，作为文化创意业者的琉璃工房，不仅推出多品项产品贴近不同市场需求，更与全球知名的台湾投影机大厂奥图码科技合作，在拓展新领域的尝试中大胆创新。

早在 2006 年，LIULI CHINA 上海琉璃工房琉璃艺术博物馆中影像科技的运用，就是两家首次异业合作的成果。经过一年多的接洽后，2008 年 9 月 1 日，奥图码以新台币 10 亿元的巨额，合并琉璃工房为“琉璃奥图码科技股份有限公司”，张毅则出任新公司董事长及执行长。

合并后，奥图码投影机品牌 Optoma 与琉璃工房两个主要事业群亦延续之前独立运作的模式，“一方面，奥图码希望其科技产品的全球网络与品牌经营架构，可以协助琉璃工房品牌拓展欧美市场；另一方面，奥图码则可运用琉璃工房在艺术美学方面的优势，为投影产业注入更多创意设计，以强化奥图码引领品味生活的品牌形象。”

张毅表示，尽管科技与人文结合的过程十分艰辛，他依然看好双方“科技 + 创意”的结合，能创造出一种“引导生活价值、鼓舞人心的作品”，以异业合作的方式，开拓出一片新的市场。

曼都：先深耕　再扩张　稳健布局

曼都国际总经理　赖志郎

“曼都”，一个两岸华人熟悉的美丽代名词，由创始人赖孝义先生于1966年10月在台北创立。历经40多年的经营，在台湾美发界已成为举足轻重的人物，也因此当选为台湾第五届的“青年创业楷模”。“曼都”一词最早取自当时上海话“客满”的谐音，经过时代变迁，曼都重新定义其品牌为“曼妙之都”，即充满时髦、流行之意；英文名称则以“MENTOR”代表心灵导师、良师益友，传递出一种消费者与美发师之间无所不谈的亲密关系，生动诠释美发业与人互动的情境。

出生于台湾苗栗乡下的赖孝义，1966年靠七张椅子、八名员工、一把剪刀创立“上海曼都女子美容院”；1978年，成立第二家分店，正式踏入连锁化经营。其后，曼都建立美发界的第一个企业识别系统（CIS），将企业组织化、品牌化、制度化及多角化经营。曼都也缔造了华人美容美发界许多的第一：第一家连锁，第一家大规模美发集团，第一家拥有国际化CIS企业识别系统的台湾美容美发业者，第一家拥有最多直营美发连锁分店，第一家业界金字招牌，第一家荣获公益企业形象的美容美发业者。至今，曼都已走过40多个年头，从原本草创时期的“单店”，一直到众所周知的名牌“连锁店”，发展至今，曼都集团旗下已拥有8个知名品牌、全球超过550家直营门店，每年服务客数超过700万人次。

曼都创办人赖孝义

个人理念：经营事业需重视家庭全方位发展

经营理念：精诚、勤奋、领先、永续

精彩语录：要做红牌，不要做大牌

顾客的声音，就是上帝的声音

服务是无法重做的供给

服务不仅是我们的事业，更是我们的信仰

同行是亲家，不是冤家

曼都人十能：能做、能看、能言、能听、能玩、能教、能秀、能变、能拼、能管理

曼都的传承：内举不避亲

赖孝义的儿子与女儿都服务于曼都。在“内举不避亲”下，赖孝义让他们从基层员工，一步步爬上来，如今儿子赖志郎主要负责国际事业的营运，女儿赖淑芬在台湾总公司服务。赖孝义认为“把财产留给子女是下策，把事业留给子女是中策，把人才留给社会才是上策”。曼都走的是“企业家族”，而不是“家族企业”，子女要具备“专业经理人”的能力，才能在企业内有立足之地。

品牌经营　人字摆中间

曼都集团董事长赖孝义从零起家，赢的策略就是靠人。

赖孝义总是谦称自己只有“国小”毕业，但对照于他所架构的连锁美发美容业第一品牌的版图，却凸显他的不容易与不简单。学历上的不足，让他更懂得谦虚与学习，总是时时刻刻自我挑战求进步，出道后很快就跃居红牌设计师，最高纪录曾经单日个人亲自操刀及教导助理服务的客人达上百位。创业有成之际，还继续念台大企经班求上进。他常对同仁说，企业成功的原因，不是因为要把同业打倒，而是要自己更进步，以今日之我超越昨日之我为目标。赖孝义说，小成功可以靠自己，但大成功就要靠团队。曼都是以品牌在经营事业，因为连锁事业背后的核心价值在品牌，要提高品牌忠诚度。

“先有忠诚的员工，才有忠诚的客户。”赖孝义不断强调，“信任”是品牌的核心，企业必须取得员工信任，甚至上游厂商的信任，才有能力往外建立顾客的信任关系。

从台湾到大陆，赖孝义念兹在兹的总是人才的培育。曼都在大陆开了很多店，也关了很多店。在大陆不管是客户或是经营者，双方都在选择“对味”的人。2004 年进入上海的曼都佳人 SPA 会馆，从发型设计走入 SPA 产业，更是战战兢兢。“两小时，你要和客户聊什么？”赖孝义表示，SPA 的服务深度，远非美发设计可及，客人把全身都交给你了，如何能博得信任，包括谈话的题材、说话的时间点等，都是一门艺术，唯有在培训上投入更多，才能展现更专业的服务。“人是我们的资产，是工作的伙伴，也是产品。”赖孝义不断强调，唯有“人”才能为服务业创造差异化竞争力。

赖志郎认为，曼都要先深耕，再扩张。市场没有饱和，只有重整。

曼都于 2004 年进入大陆后，以“曼都”为主打品牌进入美发市场。当同业都在以大规模与最快速度扩张之时，曼都却本着“顾客需求为第一优先考虑”的服务宗旨；当同业都以提前储值来绑住顾客时，曼都却反其道而行之，推出“免储值式”的会员折扣卡，以技术和服务的品质来留住顾客，这样贴近市场方式，赢得了消费者的认同，当客人排队最多时，店里简直像个“大排档”。

靠口碑取胜的曼都，做了许多在同业眼里可能相当“异类”的举动，但却得到了顾客的青睐，单店的来客数于稳定中攀升。在台湾已屹立 40 余年的曼都，在总经理赖志郎的带领下，在大陆市场再度开创出美发盛世，其信心来源是：先深耕，再扩张，只要取得顾客的认可，一切就有机会。

谨慎展店　以顾客需求为中心

基于大陆与台湾不同的市场因素，在大陆已经 7 岁多的曼都是以谨慎展店、技术与服务赢得最受市场与顾客信任的美发连锁品牌。然而，有不少朋友向赖志郎表示自己的不解：曼都的店开得太慢了，才三十几家，与同业相差太大。赖志郎自信的微笑回应：“我们不认为这不好，在顾客的眼中，店无论开多少家都只是一家，以他们的立场来看，发型做得最好、服务品质好，并感受我们店里的性价比是最高的，那就是我们的价值。”

因为曼都的行销策略是以顾客需求为最大的考虑。“重心都放在顾客上，以他们的需求为第一的优先考虑，并不是以企业的发展为唯一考虑。先把顾客界定为第一顺位，然后再依照客数规模的增长去扩充店数。”

在上海浦东知名的联洋国际社区商圈周边，曼都经过评估认为在这里可以开出 6 家店，“再多的店都需要先开出第一家来做市场的试水”，曼都在这里的第一家店开出来后，每月客数从 1000 人逐渐增加到 2000、3000……。一次假日里赖志郎于巡店中发现“人多得大排长龙，这不是曼都的定位，曼都的定位是让顾客在舒适的环境里去享受最好的美发服务，而不是像大排档一样。”

他回忆说，“当时有一位顾客找到我，直接批评说我们不该这么节省，建议多

靠口碑取胜的曼都，做了许多在同业眼里可能相当“异类”的举动，但却得到了顾客的青睐，单店的来客数于稳定中攀升。在台湾已屹立40余年的曼都，在总经理赖志郎（左图）的带领下，在大陆市场再度开创出美发盛世，其信心来源是：先深耕，再扩张，只要取得顾客的认可，一切就有机会。

开一家店。”因为顾客有了诉求，于是曼都以分流的概念，在距离一百米左右的地方立刻开出第二家店，等客数达到一定程度后，再开出第三家……

为了保障服务的品质，曼都一家店的客数一般每月维持在2000人以下，超过了，才另外再开。“不是说哪个区块好就多开店，而是以顾客的需要为考虑，他们有需求，我们再去扩张。满足顾客才是品牌能够永久经营的道理。若开了许许多多的店，但在服务品质与内部管理上无法做有效的配合，就很容易出现问题。”

落地生根　小商圈策略谋布局

不仅开店的速度跟同业有明显差异，曼都在区域布局上亦有自己的一套方式。早期曾仿效台湾曼都以街面店为主的拓展策略，经过摸索，“现在也会考虑到当地的消费能力、顾客群聚效应，大部分时候会与群聚高的大商场做有效的结合。”

在上海本地顾客心目中，能够进商场的店基本素质不会太差，而且有一定的保障。除了这点之外，曼都亦考虑要跟同业有所区隔，因此选择以商场店为主。虽然店租与街面店相比较贵，但由于处在顾客群聚更高、更方便消费的位置，所以在单店的来客量上反而会提升。比如曼都一家在街面的店，固定客数是1000人左右，但后来移址到有轨道交通站点的商场后，客数成长到1500多人，而且还在不断增加中。

赖志郎分析，“街面店如果是在社区附近，人流量出入有限，顾客群数会比较固定；但商场里顾客流动率高，新客人多，积累的速度就会比较快。”他更有信心的是曼都的服务与技术有保证，“曼都的核心价值是发型技术能力，还有服务品质，所以顾客容易接受。”

此外，曼都修正了区域策略，以小商圈为主，采取深耕的方式，落地生根，“先把这个区块用创业的概念生根成功，稳定后，再规划下一个阶段如何走。”

以总部上海为例，先做品牌形象，之后以管理便捷及实际效益的角度做考虑，选址上首先以内环以内为考虑，其次是中环，然后是外环。

他透露说，曼都现阶段锁定长三角地区、海西经济区为重点发展区域，长三角地区下一步是要进入绍兴，之后宁波…… 从中心向周边一步一步发展；而海西经济区在福州已开办一所培训学校培养人才，再以已开的六家店为基础做扩张。

“绑住”顾客　靠的是技术与服务

在不少美容美发店，顾客刚进门提出需要的服务，发型师就会推荐以提前储值的方式办理一张美发会员卡。这样的方式往往会成为美发连锁店的一种融资方式，拿顾客提前储值的钱可以快速的开出新店，扩大规模。但一旦门店倒闭，顾客的权益难以得到保障，而且会引起不少纠纷，在上海地区曾一度出台保证金制度来规范这种行为。

然而，曼都从一开始就走了条不寻常的道路。“我们告诉顾客，不应该在曼都的店里储值，而是建议他们用信用卡消费，或者办理曼都的折扣会员卡。”

与台湾曼都只要在店里消费几次就直接赠送会员卡不同，曼都的折扣会员卡以年度为时间单位，一次性支付 128 元人民币即可以申请一张 7 折会员卡，并提供一次价值 300 元人民币的护发服务，卡里没有钱，也不需要储值，合计下来，相当于

曼都缤谷店

曼都金桥店

免费获得会员资格。

“与我们相比，同业会鼓励在店里储值的这种模式。而真正要‘绑’住顾客的不是钱，应该是技术和服务。”在曼都，甚至发生过顾客把在其他店里刚储值的美容卡给家人使用，而自己转身进入曼都消费的事例。

因此赖志郎认为，如果跟同业一样，那将没有特色，无法跳脱出来。曼都的方式或许可为同业提供一点借鉴：“必须要用服务与技术使顾客愿意留下来，而不是把顾客的钱提前放在自己的口袋里。‘我已经储了那么多钱,所以非去不可’跟‘这边的服务太好了，我非去不可’的心态和效果是完全不一样的。”

市场整合　引进品牌求突围

一开始在大陆开店，没有找到正确的方式之前，曼都也有觉得效益太差而关掉的先例。但现在开店看重的是客数增长情况，而不是获利的快慢。

在绍兴的一家店，曼都能在短短一个月内就获利。但在上海的田林店，就曾深耕了整整 1 年 8 个月才开始获利。“一家店如果客群满意度很高，又一直在增加，消费金额也有提高，这就是良性的循环。即使初期半年、一年内都处于亏损，但只要有成长，待时间一到，绝对没有问题，所以这也是深耕的重要性。”赖志郎表示。

他分析说，早期刚进入大陆对美容美发市场的规划与国际相比落差甚大，人才流动亦很频繁。但经过这几年的变化，“发展变得非常快速，对专业的概念也越来越重视，尤其是技术领域的水平已与国际接近。”因此他开始下一步布局，“曼都要在同业间水平日趋相近的情况下继续发展，挑战会越来越大，市场会像台湾一样开始深化与细分。”

“市场没有饱和，只有重整。”这是台湾的经验，曼都也在为未来寻找突围的途径。”“会做加速的动作，所以要找出另外一种发展模式，甚至引进台湾曼都的其他品牌来做市场的扩张。现在已经有了‘曼都佳人’，未来还会引进如贝丝等品牌，并将现有的品牌做区隔。”

但曼都不会做盲目的扩张，自始至终，从台湾到大陆，曼都成长的根源都是稳健且踏实的经营。

美利达："骑行文化"走天下

美利达（中国）董事长　曾崧柱

1972年，年轻的金属机械工程师曾鼎煌（Ike Tseng）（现任集团董事长）创办了美利达，专注于高级自行车的研发与生产。1990年进入大陆设厂，共有2700名员工，年产自行车约180万辆。目前在大陆市场年销售约30万辆，占其总量的六分之一。美利达行销全球70多个国家。

1990年进入大陆市场，在深圳设立生产基地，以“美利达”为主打品牌，誓做“中国变速自行车的第一名”。美利达自行车（中国）有限公司，由集团总经理曾崧柱（曾鼎煌之子）担任董事长统筹一切。2008年在山东设厂，目前已于大陆设立15家分公司及700多家自营专卖店，产品行销2000多个县市，涵盖85%的县级城市。2011年集团规划在江苏投资建厂。

美利达（中国）总经理曾进成表示，在大陆经营品牌必须有 3 个条件：首先是必须要有国际、大区域性的品牌知名度；其次要不断创新，如果没有创新能力，很快就会被其他品牌淘汰；最后一个条件是需要很多的资金。

美利达的第一

世界冠军选手骑美利达自行车

自行车业唯一连续 10 年入围台湾精品“产品形象金质奖”最后决选的公司，累计 5 金 15 银的惊人成绩（2011 年止）

全世界第一家拥有量产镁合金自行车技术的公司，也是台湾唯一的一家

台湾地区第一家推出电动自行车的公司，第一家取得电动自行车 CNS 标准品质认证的合法电动自行车，销售第一品牌

全世界第一家将机器人焊接技术导入铝合金车架的生产

台湾自行车业第一家股票上市的公司

品牌的竞争，很大程度上是品牌的文化竞争和通路竞争。美利达正是透过品牌文化和通路建设，不断演绎具有自身特点的自行车品牌。

在大陆，一提到自行车，很多人的脑海里就会浮现出数个知名品牌，也间或有孰优孰劣的评论和热议。“同业值得我们学习，但是，我们不可能盲目模仿，每个企业都有自己不同的风格。美利达坚持把自己核心竞争力的产品做好”。美利达自行车（中国）有限公司（以下简称“美利达”）总经理曾进成坚定地说道。

1972 年，美利达在台湾建立自行车产业，开始为美国市场做 OEM。台湾制的自行车因为品质不良在国际市场上颇受屈辱，有感于此，在 1986 年，以美利达自我品牌“MERIDA”首次销售欧洲挪威市场；1990 年，美利达相继又在深圳设厂；2000 年设立内销总部；2007 年获得“深圳知名品牌”；2008 年获得“广东省名牌”；2009 年获得“出口免验”；2010 年获得海关“AA”企业；同年在天津博览会，美利达“时光”车被标示为全球最快自行车。

2011 年美利达新一代超级跑车 REACTO、世界锦标赛冠军 0.9 两个车系分别获得 CHINA CYCLE2011 创新产品金奖和银奖。

作为自行车业界的一个知名品牌，美利达在打造品牌过程自有其一套运筹帷幄的策略，特别是在通路建设和品牌文化上的深耕，为美利达品牌的后续经营奠定了坚实基础。

因地制宜　迈好投资第一步

提起台商品牌，很多消费者都耳熟能详，但是台商品牌的战略实施，却很少为外人所知——地缘关系与通路策略相结合，是品牌成功的关键。迈好第一步，选好起点显得尤为重要。

美利达在大陆投资的第一站选择深圳，并不是偶然。曾进成说，“我们要做到因地制宜的投资。”

一是这里有产业优势。自行车产业在大陆分成三个区块。华南以深圳、珠三角为代表；华东以上海、昆山、江浙为代表；北方以天津为代表。自行车产量最多的是天津，每一年大概生产 8000 万辆，但都是低价位的；主要的中高价位产品在华南。华南是台湾自行车产业最早进来、供应链最完整的地区。

二是这里有通路优势。当年，中华牌自行车在深圳发展，虽然最终没落了，但却培养了一批好的经销商。“所以，我们选在这里设厂，最重要的是考虑到供应链的状况。因为我们是中心厂制，中心厂最重要的设厂考量点是，供应链一定要聚积。只有供应链跟整个产业群聚效果很好的时候，才能发挥最好的效果。”曾进成说，“所以，最重要的是供应链。”2008 年，美利达在山东投厂，最主要的考量也是因为山东靠近天津，天津有比较强的中低价位供应链。

说到山东厂，曾进成表示，北方是自行车销售的主要市场，建山东厂可以满足所有销售体系的要求。“作为一个知名品牌，企业在做品牌推广时，产品系列一定要完整。”美利达的山东厂前期做中低端产品，随着市场的发展也能生产中高级自行车;而山东厂的另一个面向主要是东北亚，像日本、韩国，还有俄罗斯的市场，“这些都是我们在山东厂的定位考量。”曾进成说。

对一个品牌来说，成功绝不是偶然的，从投资落地的第一步开始，就孕育着这个品牌未来。

管理是品牌运营的核心

如果说品牌是一个企业的灵魂，那么管理就是一个企业内部的功夫，配之自己的营销手段，才会实现一个企业的发展。管理保证了营销的坚定有效，营销让自己的管理更加具体,这一切反过来是为了建造一个更加有价值的品牌。这一点上，美利达以自己的模式，诠释着其中的奥妙。

对于美利达来说,一个相宜的管理模式是至关重要的。每一个市场都是不同的，催生出不同的需求和操作方式，所以有必要去思考在不同市场实行与之相宜的管理和营销手段。

曾进成给我们举了个例子："比如说德国，我就会跟德国的当地人以合资的方式开销售公司，销售我们美利达品牌的产品。我们坚持用当地人来管理，一直采用合资的方式。"美利达的管理方式都是采用“放手”管理。刚开始的时候，可能是美利达自己占大股，但是，慢慢发展起来后，就让经销商占大股。如果经销商自己要独立起来，美利达也是允许的，曾进成说，“因为我们是以销售为主要目标，而不是以去那边开设公司为主要目标。”曾进成说这样的管理方式，主要是引导当地的经销商去发展美利达自己的品牌。所以，到目前为止，美利达在欧洲的几个国家，也都是以分公司的方式成立，做这个销售的通路。经过十几年，现在美利达在欧洲也有将近50万台的销售量，而且，这50万台都是高端产品。区域不同，所需要采用的策略也不同。用大陆的市场来比较欧美，也完全不同。曾进成表示，要因地制宜，品牌的发展要按照不同的地区去设计不同的策略。

自行车在欧洲和美国的管理方式各不一样，到了大陆，肯定又自成一套。对于品牌来说，只有这种基于市场严谨的态度，才会是可行的；美利达在面对不同市场的时候，没有统一自己的管理，而是采用不同的方式，这其实在一定的程度上减少了管理成本，减少了问题，提高了企业对各个市场的掌握力度。

精准定位　锁定“核心”产品

地缘纵然对品牌成长有很大辅助作用，但是，如果没有精准的产品定位，仍然无法取胜。美利达给自己的定位则是强调“品质是品牌成功的关键，做高品牌、高附加价值的产品”。

“我们开始创业的时候，就是觉得中国人应该有这个能力做世界上最好的自行车。”曾进成说。早期的台湾，组车厂有300多家，可是，二三十年后，能叫出名字的只有几家。基于这一点,美利达更加坚定了一定要走中高阶产品路线的定位。“低阶的产品，进入的门槛太低，将来必然遭到淘汰。所以，我们一定要做高品牌、高附加价值的产品定位。”

刚进入内销市场时，价位的竞争异常激烈。即使这样，美利达仍始终锁定在高价位的领域来发展。曾进成表示，美利达还是希望在自己的核心竞争力的部分来巩固发展，所以，一直没有往量大、低价位的方向走。

从台湾的成功经验来看，虽然大陆的自行车产业数以千计，但是经过一年一年的成长，民众收入的增加，消费能力日益提高，“从这一点来看，往低阶价位去发展是一条不归路。”曾进成说。

近些年,美利达一直把核心竞争力锁定在“变速自行车”上,为市场提供高品质、高附加值的自行车，现在消费者已认同美利达中高级自行车的品质与地位。

运动文化　建设品牌

“自行车的定位不仅仅是代步工具，我们希望建立一种自行车的‘骑行文化’，让它变成当代运动文化中的一个选项，所以，我们都是以运动行销来带动品牌的知名度。”曾进成说。

美利达在国际上一直赞助的车队，连续好几年都取得了世界冠军；2008 年北京奥运会，美利达赞助中国国家男子山地车队，“我们希望借这些行销方式，使全民重新认识自行车，而不是仅仅停留在代步工具的角色。”曾进成说。美利达提出的“骑行文化”概念，就是让“骑行文化”引领消费，掀起健身、休闲、运动、环保的生活潮流。

透过参加各种运动，一方面可直观行销，另一方面对宣扬美利达的品牌文化也有帮助。

美利达还会选择赞助学生来进行品牌的推广。在河南，美利达选择入学考试成绩在学校班级的前三名的学生，赠送入门级的自行车，这是挖掘潜在消费者的另外一种行销方式。曾进成说：“现在就开始塑造，在他们的成长过程中就要去奠定基础。”

现在全球暖化的效果一直在持续，提倡“节能减排”成为全球的趋势，很多国家把自行车跟节油系统作为未来交通的主流，以降低全球汽车的废气排放。“所以，我们对自行车未来在大陆的发展是相当有信心的，特别的中高端这一块。”曾进成的脸上洋溢着自信。

多元化行销开拓市场

众所周知，这是一个通路决胜负的时代，大陆知名企业家诸如联想的杨元庆、娃哈哈的宗庆后、TCL 的李东生，以及国美电器黄光裕，皆为“通路称王”概念下的市场英雄人物，也说明了在大陆内需市场不断扩大之际，只有借通路打品牌，品牌取通路策略下，才是致胜王道。换句话说，对一个成功的品牌来说，如果没有一个成功的通路支持，也是难以成就为真正品牌的。

“美利达的通路建设采取多元化策略。”曾进成说。一开始，也是授权经销商系统，但那个时候，三角债严重，美利达为了能避开资金回收难的问题，选择了自己投资设分公司的直营模式。“我们采取直营方式,可以加大对专卖店的支持力度。”

专卖店则直接从厂家拿货,在刚开始创店时,美利达会给予扶助。曾进成说,“如果经销商做得好，我们会把整个地区都让他代理。现在我们在东莞有地级次代，在通路的建设上一开始是我们自己在操作，经销商做大做强后，我们就会放手给他们去做，给他们更大的空间去发挥。”

2006 年开始，美利达开始在广东设专卖店。现在，广州专卖店有 100 家左右。美利达要求每一个店必须建立自行车俱乐部，利用自行车俱乐部的活动来带动群体消费意识。“像龙华专卖店，每个礼拜会办骑行活动，很有人气。在俱乐部组织下，大家一起骑自行车出行。在亲近大自然的同时，也强健了体魄，加深了骑行健身理念。”曾进成说，“通过俱乐部的活动把骑行健身群体慢慢带大，接受和实践这个理念的人就会越来越多。这种操作模式就是用专卖店来带动小群体，以点带面，逐步扩大和渗透品牌文化和影响力。”

曾进成表示，目前各分公司的通路逐步转成类似广东这样的专卖系统，改变最基层的销售单位。“目前河南有 70 多家专卖店，广东专卖店有 100 家左右，其他省份也已设立 500 多家专卖店。我们在强化最基础的销售单元，加强终端的行销力度，这是我们未来几年的主要任务。”

明基："市场派"迎接 5C 挑战与契机

明基董事长　李焜耀

1993 年，明基电通进入大陆，以"明基"为主打品牌，以数字时尚网络产品为核心竞争力产品；并以苏州为核心，陆续建立起大规模的制造基地与研发中心，18 个分公司将其营销网络遍布大陆各地。在经历收购西门子失败及金融海啸后，明基开始进入"市场派"时代，以业绩为导向，快速复苏；之后，从 1C 到 3C，又跨入到了 5C 时代……

明基电通成立于1984年，拥有显示及移动通讯的核心技术，以发展全球快速成长中的数字时尚网络产品为主要业务，涵盖数字媒体、电脑系统及周边、移动通讯及3C汇流产品。

2001年明基发布自有品牌BenQ，进一步落实企业愿景“传达资讯生活的真善美”，并以“享受快乐科技”为产品定位，正式进军数字产品之消费产品领域。

小故事：伟大的冒险家

2001 年 9 月，明基旗下达基一举吃掉台湾另一只差不多与自己等身的液晶老虎——台联电麾下的联友，更名为友达光电，直接与三星、LG 等巨头抢食第五代液晶显示器市场，国际 IT 界为之震惊。

李焜耀上液晶显示器项目的疯狂游戏在整整 6 年后大功告成。此时，李焜耀的液晶显示器销售收入已经疯长到世界第三，市场占有率超过 13%，仅次于韩国三星的 16% 和 LG 的 15%。

从此，李焜耀在全球华人企业圈内声威大振。他不光被誉为“伟大的冒险家”，更已成为人们仰视的“目标大师”，以至今天台湾企业界流行着这样一句话：当你不知下一步怎么走时，就去看看李焜耀。

明基中国营销总部总经理　杨承泰

身为IT产业领导者，明基电通在产品研发、制造、销售、客服等各方面均达全球化规模。目前已建立中国、欧洲、北美洲、中美洲及拉丁美洲与亚非中东等五大业务区；在市占率方面，多项产品位居世界前列，其中投影机2009年占全球销量7.66%，为世界第三名，于中国、亚太及拉丁美洲市场列第二，液晶显示器全球市占率达3.1%。

BenQ是Bringing Enjoyment and Quality to Life英文缩写，译成中文就是“享受快乐科技”，这也是明基对消费者的品牌承诺。

“快”吃“慢”以速度抢占份额

“以前是讲大吃小，现在是快吃慢。”明基的经营理念是“要快”。明基中国营销总部总经理杨承泰认为，“明基是规模比较大的公司，但不能有大公司的官僚，而是要有小公司的弹性与效率，那样机会就多，又大又快，就所向披靡。”

根据他的观察，电子消费业就是比速度的动态市场，销售每时每刻都在进行，比明基大的企业有很多家，“如果人家在规模与速度上都比我们大、快，到时候拿什么跟人家打？只有保持弹性与速度，才能把优势建立起来。”这亦是他想建立的中国明基特色。

而要想抓住市场节奏，明基也惟有以最快速度去了解终端客户，从产品研发、工厂运作到物流都要一路领先对手，遵循工厂导向的明基正逐渐朝着市场导向转变。要么提速，要么退出市场。如果不能领先，也至少不要落后，这是明基的底线。终端客户就是火车头，明基一直追着火车在往前跑，稳占住了市场。

为了保持公司在“弹性与效率”理念上的一致性，明基重塑了公司文化，将新精神改为“简单、朴素、迅速、确实”。此外，亦优化组织结构，改组成产品本部、大型管道兼电子商务事业处、营销事业本部、运营本部四个部门。

而干部和员工在部门和地区间轮调，是明基的弹性管理机制。在外地分公司的主管亦要通过内部轮调，到总部接受一至两个月的工作。有时会把他们轮调去当总经理特助，参加公司的各种会议，熟悉公司的管理机制，或是应急处理临时事务，让他们知道总部做出的决策是怎么回事，回去后就会落实到区域；在人事上面，大家也会彼此比较熟络，工作中的交流就会更容易彼此理解。

拓管道　平衡布局大陆市场

明基亦在管道上进行大刀阔斧的变革。在全球市场上，明基已建立包括中国大陆、欧洲、北美洲、中美洲及拉丁美洲与亚非中东在内的五大业务区，共在 28 个国家地区设立 43 个营运据点。其中在大陆的管道上，IT 卖场占了高达 99% 的比例。

2008 年，明基决定将大陆管道进行平衡布局，引入各自负责不同产品线的佳杰和紫光两家大陆总代理外，更是大力拓展出卖场直供、电视购物、网上购物等新型管道，拉高在商超或新型管道的营收比重，相对的，营业额总量随着上涨。

杨承泰解释说，“大陆的市场很大，不能让营收总量太过集中在某个范围内。如果不先布局的话就丧失先机，把未来该走的管道提前布局好，取得一个平衡的发展，这样多元化的模式对明基来说会比较健康稳定。”

比如在商超部分，明基继续与同是来自台湾的零售业品牌大润发进行合作，在其门店设立专区，依附于大润发强劲的拓展能力，跟随其把产品卖到所到之处。在与大润发的合作中，曾经最高一个月做到 2000 多万（人民币，下同）的营业额，2009 年营收达到了近 3 亿。“我们合作得很好，所以恨不得大润发的店开得更快一点。”

明基也是湖南电视购物节目快乐购的重要供应商，在其频道 2008 年的销量排名上排位第二名，明基数码相机亦创造了一个月卖出超过 1 万部的记录。在大陆布局管道时需要观察得更细，以免错失市场，明基敏锐地抓住了这样绝佳的营销机会。

除了在管道方式上进行变革，明基开始加强对大陆北方地区市场的重视。“明基品牌效应在华东比较高，越往北方越弱。”其中在北京地区，显示器在之前一个月卖不到6000台，但在加强人力、整顿管道后，数量拉高到每月1.5万台左右。

业绩导向　销售显著上升

明基要求大陆各区的分公司汇报当天的销售资料，并在每天6点之前发回到营销总部。杨承泰说，“大概在晚上8、9点左右我就可以看到明基当天在大陆的销售情况，随时掌握市场动态。哪个区卖得好，哪个区卖得不好，要有奖罚。”如果某个区域有两三天的销售情况都不理想，就应该马上警觉，分析原因。在金融海啸时期，明基对市场更是保持着高度的警惕。

在市场策略上，明基以业绩为导向，拿销售资料说话，并用产品在当地市场占有率取代每年成长率的标杆。如果今天明基的产品多卖出一台，就意味着竞争对手少卖一台，“消费电子业竞争太激烈了，同业都在抢，谁先快，就先抢到市场。”除了比市占率外，同时亦要比较与对手排名之间的差距，不能超过3%。

在经过各方面的调整之后，明基从2008年下半年开始发力，业绩不断提高，各产品线市占率亦大幅上升。

2008年，明基电通全球营收15.4亿美元，其中，大陆营收占了近三成的比例。在大陆市场上，2009年第一季度，明基投影机销量突破1.6万台，市场占有率高达14.7%，排名第一；Netbook上网本市场占有率亦升至第四名，液晶显示器也在前三名，有超前亦有落后，基本完成了第一阶段的目标。

四面竞争　品牌影响力取胜

2008年至2009年金融危机过后，尽管在营收与市场占有率方面，明基交出了一张漂亮的成绩单，但在不同产品线均存在着劲敌，明基不敢掉以轻心。电脑相关产品方面，明基在国际大厂中的竞争对手有HP、DELL、东芝、三星，台湾品牌则是“双A”ACER宏碁与ASUS华硕，大陆本土则有联想等。

此外，依靠友达的资源优势，明基的液晶电视在大陆市场将东山再起，目前已经在上海、江苏、浙江、福建等省市推出，销量即将破万。竞争对手就比较偏向于本土厂家如TCL、海信、创维、长虹等,这些本土巨头的总市占率近7成以上。"各个产品线都有'敌人',如果明基的速度不快,严重的话基本没有立足之地。"

但明基亦有自己强势的竞争力。明基的投影机几乎是在全日系及联想、宏碁、优派等强劲对手的包围中,以14.7%拿到第一名的市占率,"明基的目标是冲到20%的市占率"。液晶显示器与上网本在大陆的排名都靠近前位。

明基已成长为在大陆消费电子市场深具影响力的品牌——"让消费者要买电子产品的时候,自然就会想到选择明基。"

从"中国制造"到"中国创造"

尽管连年保持高速增长的经济态势,然而与当下中国经济实力和大国地位不太相称的是,在世界品牌排行榜上却鲜少有中国品牌的身影。曾几何时,"中国制造"一度让国人感到骄傲和自豪。然而在新经济时代,"中国创造"的意义和价值,却远比"中国制造"来得更为巨大。对中国企业而言,制造是最基本的,品牌才是"中国创造"的内涵。

或许对大多数制造型企业而言,不断扩大经济规模、降低生产成本,是它们最主要的思维模式和竞争手段。相类似的,明基在此前20余年企业发展过程中,也曾经历这样的阶段。在1984年至1991年间,明基以OEM代工业务为主,形成强大的生产能力;在1991年至2001年十年间,明基又透过多元化技术投资,逐渐跨足3C领域,形成"水平整合+专业分工"的集团架构;伴随研究设计与市场营销团队建立,明基业务形态转而向具有更高附加价值的"ODM代工设计生产"发展。深耕技术将近20年的经验积累,为明基自创BenQ品牌奠定基础。作为具有社会责任感的企业,明基深知品牌是企业最有价值的创造。自创品牌不但是企业生存与发展的需要,更是顺应汉潮来临这一历史洪流的必然选择。

2001年底,明基成功发布BenQ自有品牌,确立以"Enjoyment Matters(享受快乐科技)"为品牌使命,同时提出以Vivid(生动)、Original(原创)、Enjoyable(快乐)、Genuine(真诚)作为BenQ品牌的四大个性,借以区别于其他品牌,吸引消费者使用与钟爱。其后明基又围绕BenQ品牌制定了详尽的企业发展战略。以液晶面板技术与关键零组件事业(Crystal & Components)为核心,向外延展出计算机系统及外设(Computing)、消费电子(Consumer Electronics)与移动通信(Communications)

等三大事业支柱，加上酷炫的 BenQ 品牌，共同构成明基独一无二的 5C 发展策略。2005 年，为了更加清楚地诠释出 BenQ 品牌新定位，明基电通又将原先的四个品牌个性在字义上微幅调整为 Original（坚持原创）、Authentic（真实诚信）、Vibrant（活力动感）、Joyful（乐趣无限），并在此基础上新增了“Challenging（勇于挑战）”的新精神。

新世纪的 5C 挑战与契机

早在上世纪 70 年代，李焜耀就追随施振荣一起创办宏碁，并逐步成长为施振荣手下的一员得力干将。施振荣给了在瑞士读 MBA 的李焜耀两个选择，或是到宏碁笔记本电脑事业部当主管，或是去管理明基。

当时，明基全年的营业额才 6 亿人民币，而宏碁的营业额已超过 100 亿元。李焜耀选择了明基，经过两年的分割，明基终于独立。

在明基事业上，寄托着李焜耀的雄心和梦想。挣脱宏碁羁绊的明基，获得了飞跃性的发展。1993 年明基开始盈利，至 90 年代末，明基开始超越母公司宏碁。

随后，李焜耀把目光投向了大陆。1992 年，李焜耀决定在大陆苏州设立明基的生产基地，也就是这个基地出色的业绩，在明基因液晶显示器投资巨大，资金链即将断裂，危急存亡的关键时刻力挽股价，使明基屹立不倒。

向市场导向转变的明基，经过管理架构、经营理念、管道模式等方面的改革，开始以业绩为主，快速抢占消费电子业市场份额。

目前，明基集团已进入很多新领域，也成立了很多新事业，未来会经过更细腻的重组，围绕核心策略不断优化资源，做重新的整理、整合与合并，甚至释放。过程当中的主轴就是要更接近市场、客户，能够定义人类生活的重要消费者；往更高深的技术领域切入，不断推出更优秀的产品，经营品牌行销与提供优质服务的能力，诠释消费者生活的态度。

我们相信，未来十年明基一定会成为亚洲新兴国家地区的强势品牌，充分运用领先的科技能力和定义生活的能力，来实现消费者在生活中所追求的快乐与幸福感。不只是产品，还包含把技术运用到生活产业、医疗产业，甚至很多跟日常生活有关的生物科技，这一切都有可能发生。

南宝：用信赖铸就品牌生命力

南宝集团涂料事业部执行总经理　孙德聪

南宝树脂是台湾树脂涂料的知名品牌，集团成立于1961年。目前在台湾、泰国、印尼、香港、越南、大陆、美国共有10余家生产工厂及分公司，主要生产建筑装饰涂料、环氧树脂地坪涂料、防火涂料、防水涂料、工业用涂料、粉末涂料、木器漆，鞋用接着剂，各种合成树脂、胶粘剂、无毒食品包装材料BOPS、健康食品及上述产品之原材料、单体等。产品畅销世界各地。

南宝树脂（中国）有限公司，1997年12月成立，以“南宝树脂”为主打品牌，以涂料为核心竞争力产品。以最好的品质，最合理的价格，最具信赖凝聚力量的团队，赢得市场。南宝在大陆十多年的不辍坚持，品牌已经打进万里挑一的“中国名牌”行列；未来5年，南宝将在大陆增设或并购华北和西部厂，建立更为完整的大陆行销通路，实现销售额每年10%~15%的成长……

背景

台南县南宝树脂化学公司创立于 1961 年，主要生产各类接着剂、涂料、营养食品及光触媒等产品，在台湾以生产“815”水泥漆打响知名度，每年盈收良好。

南宝树脂公司是由旅日工学博士黄庆云所创办。黄庆云从少年时代就负笈日本，研究高分子化学有成，不断将先进技术引进南宝公司，并成立研发部，不断开发新产品。而公司实际业务由其胞弟黄庆芳打理，目前黄庆芳为南宝关系企业集团总裁，儿子黄胜家接任董事长。

南宝树脂目前在大陆、泰国、越南、印尼等投资设厂，产品行销范围遍及大陆、美国、日本、东南亚、中东、非洲等国家和地区，且采用多元化集团经营，除合成树脂本业外，更扩展到营养食品、学校教育、休闲业等行业。

盈收良好的南宝树脂公司，属于典型家族经营企业，平时处事相当低调，非常热心公益，但都不愿出名，只默默行善。

在南宝树脂工作近30年的孙德聪1997年来到昆山，他是个表达能力强、个性认真、讲求务实的人。

在他的带领下南宝过去五年，以每年40%递增幅度，成为大陆涂料业发展速度最快的品牌之一。新的目标是南宝将在2012年实现局部区域的市场占有率达到前三名，整体进入大陆民用涂料市场单一品牌销量前30位。

同时孙德聪于2009年底出任昆山台商协会会长，2010年担任全国台企联常务副会长。

信赖源于品质

作为一家志在百年的企业，南宝的核心价值是“值得客户信赖”，愿景是成为“以信赖为后盾的世界级企业”。“信赖”是南宝与客户、与代理商、与员工之间的关系纽带，也是南宝的品牌生命力所在。

嫩绿、鹅黄、亮金、湛蓝……走进位于昆山经济技术开发区的南宝树脂（中国）有限公司的厂区，首先映入眼帘的是一片色彩斑斓。

“还有白色，那是我们的‘特殊员工’白鹭！”提起几个月前上万只白鹭在南宝厂区樟树林筑巢安家的事，南宝集团涂料事业部执行总经理孙德聪的语气充满了自豪，“白鹭是环保鸟，是大气和水质的监测鸟。他们能在南宝落脚，更坚定了我们环保生产、营造企业与自然和谐的信心。”

事实上，成立已 50 年的南宝树脂，能安然走过半个世纪的风雨，靠的是“信赖”。

技术起家　品质打天下

南宝树脂是由旅日化学博士黄庆云于1961年创办。创建人的学术权威特质，决定了南宝的技术挂帅之路。“南宝是靠技术起家的，在台湾也是靠品质和口碑打赢市场。”孙德聪说。较高的技术起点和对产品品质的诉求，让南宝不断推出适应市场需求的新产品。例如，上个世纪五六十年代，台湾居民为了抵御海风对建筑的侵蚀，在房子的迎风面涂上沥青，虽然能有效抵御侵蚀，但非常影响美观。对此南宝不失时机地推出了“815”彩色水泥漆，不仅能防止建筑被侵蚀，而且使建筑外立面更为美观，十几年后还鲜艳如新，优越的性能让南宝品牌一炮而红。数十年的不辍耕耘，如今南宝已成为台湾树脂涂料的第一品牌，在台湾市占率达到80%~90%，白乳胶占到80%，鞋用接着剂列全世界前三名。

南宝一直秉持“正派经营、稳健踏实”的经营风格，坚持“品质第一、技术领先、服务至上”的品质政策，以优质的品质及良好的信誉赢得客户的信赖与支持。

品质和技术的日趋完美，让南宝所向披靡的同时，也产生了成长的烦恼。由于品质太好，再次翻修涂刷的周期都在数年甚至十几年，“没活干”的尴尬让油漆师傅们不得不掺混一些“不太好”的其他产品，这无形中也蚕食了南宝的份额，业绩成长的脚步慢了下来。

面对台湾有限的市场和白热化的竞争，进入企业平台期的南宝，把突围发展的眼光投向了岛外更为广阔的空间。上世纪 80 年代末至 90 年代，南宝先后到泰国、印尼等地设厂；自 1992 年以来，南宝“跟着鞋厂”落脚大陆，先后在东莞、福清、昆山和佛山建厂，总投资额超过 1 亿美金。

“塑造一个品牌很难，并不是用钱就能堆砌起来，只有过硬的品质才是创品牌的坚实基础。”孙德聪说。登陆伊始，南宝就在一年时间里通过了 ISO9000、1994 品质认证体系，并按照品质体系的规定严格把好“三关”——“原料关”、“品管关”、“成品关”，确保各项指标达到或超出标准。良好的品质赢得了市场的青睐，“拥有世界上最完整涂料系列”的南宝，在大陆这个更加广袤的舞台，上演了再度扩张的新戏码。

目前，南宝集团已建立含大陆 4 家工厂在内的 10 余家生产工厂和分公司，接着剂、涂料、鞋材三大事业部共同成长，年销售额达数百亿新台币。

科学定价 兼顾多方利益

“与台湾比起来，在大陆做生意比较累。”大陆营商环境的不规范，让南宝数十年坚守的“以品质赢市场”的经营理念遭遇了巨大挑战。比如刚进大陆时，由于木制家具上其他品牌的聚酯漆毒性物质挥发，殃及南宝的白色内墙漆泛红或泛黄，不明就里的南宝傻傻的赔了很多钱。

市场的不规范还表现在大陆油漆行业对国家标准的轻忽，尽管几年前大陆就出台政策规定接着剂中不能含甲苯和二甲苯，南宝不惜高成本严格遵守，可是执法不严、惩戒不到位，让大陆涂料市场比苯毒性更大的溶剂仍然比比皆是，他们的低价倾销让南宝的市场份额受到了极大威胁。此外，政策的多变、产品包装上的缺斤短两、税务法律要件方面的潜规则，都让南宝交了不小一笔的学费。“前三年赔了一个资本额，虽然后来赚回来，但因此我们更加谨慎，开始思考如何入乡随俗，先从产品定价、定位入手。”

孙德聪指出，南宝技术优势突出，产品超前，在八、九年前就做出了有毒物质只有国家标准十分之一的产品，“我们逐步调整产品组合，要做更适合大陆的产品。过于超前其实是一种浪费，最终还是要以能否满足市场需求来衡量产品的价值。”

与透明化、以消费者DIY体验为主的欧美涂料市场不同，在大陆，南宝的产品要透过代理商、零售商、施工师傅等好几手才能进入消费者家庭，“谁能够掌控这些中间环节的需求，谁就能卖得好。”为此，南宝瞄准了中高端市场，制定了一套基于市场需求、平衡多方利益的科学定价体系。

首先找准市场需求，再衡量自身能力是否能满足这样的需求，进而开始对产品进行定位。“定价关乎上市销量，要科学谨慎，面面俱到，兼顾各个环节。”孙德聪说，在内部进行生产管理成本核算、留足空间后，还要兼顾代理、零售、施工、客户等多个环节，“产品超前固然可喜，但价格高，销量不好，不得已降价会造成利润缩水。所以一定要根据市场需求来做产品定位，不能片面追逐超前。”

多赢共进　信赖凝聚力量

合理定价之后，如何把产品推向市场，依然是一大挑战。在台湾家喻户晓的南宝，怎样在大陆再次扬名？

“南宝最初的品牌行销并没有到位。”孙德聪说。他曾经一举包下7年的上海火车站的月台广告和几座跨江大桥的户外广告，但“这种广告都是针对公司的立体形象，没有针对性地突出某一种产品的性能和卖点。”孙德聪强调，广告打出知名度后铺货一定要跟上，有对应的销售网，才能把广告的眼球效应落实。

2005年和2006年，南宝树脂加快了“加入大陆涂料先进行列”的步伐，先后获得“中国名牌”及“国家免检”产品资格，拿下了大陆市场的“通行证”。同时，针对同质化竞争日益严酷的市场，南宝也逐渐开始了对通路的细化和深耕。

“之前的通路是大代理商制的省级代理，没办法向下做得更密集，公司的策略和产品的优点也很难传播到位，所以我们要加强通路掌控。”孙德聪说，目前南宝在经济发达地区直接设立县级代理商，省去了省、市代理商环节，还派人协助县代理商做乡镇一级的分销商。“在台湾，很多代理商都跟着南宝三四十年，像一家人。在大陆我们同样也用信赖形成凝聚力，让代理商认同并全心全意投入。”

核心价值　打造品牌生命力

当下，大陆涂料行业鱼龙混杂，上万家大小企业同场竞技、各显神通。由于大陆各地需求千差万别、消费能力高低不一，因此再小的厂都有自己的生存空间，

南宝一直秉持“正派经营、稳健踏实”的经营风格，坚持“品质第一、技术领先、服务至上”的品质政策，以优质的品质及良好的信誉赢得客户的信赖与支持。

造假、仿冒、仿真随处可见，从产品名称抄袭到产品特点抄袭再到包装形象抄袭，很多大小企业都乐此不疲。

“市场上南宝产品也被仿冒了一大堆。一方面我们透过法律去取缔，另一方面我们也要发挥老店优势，加快创新速度，甩开仿冒者！”2008年，南宝研发部门荣获苏州市研发中心机构称号。研发力度的加大，带来了一系列的具体绩效——隔热保温涂料、粉末涂料PVDF和工业漆转锈成膜分别获得高新技术产品称号，并在2007年被认定为高新技术企业，这给南宝带来了可享受15%的所得税率优惠，也赢得了领跑市场的筹码。

“作为一家志在百年的老店，无论遇到多大挑战，在品质和诚信上绝不会妥协。”南宝在大陆十多年的不辍坚持，2005年南宝就已荣获首批大陆内外墙涂“中国名牌”称号（涂料八大名牌之一）；未来5年，南宝将在大陆增设或并购华北和西部厂，建立更为完整的大陆行销通路，实现销售额每年10%~15%的成长。

2010年7月，南宝树脂集团大手笔邀请104位大陆经销商入住台湾五星级圆山饭店，并举办“南宝漆年度经销商会议暨记者会”。南宝集团董事长黄胜家向记者表示，“特选在此举办记者会，别具意义”，圆山饭店外红漆令人印象深刻，原来是由南宝树脂招牌815水泥漆所漆成。

南宝集团刷新了2010年纪录，誓言共创2011年突破2000经销点之佳绩！南宝由2007年初100家经销商，至2009年500家，同年南宝民用涂料创造了销售业绩连续五年以每年40%递增的幅度，成为大陆涂料行业中发展速度最快的品牌之一。

欧迪芬：文化创新，让品牌生根

欧迪芬董事长　王文宗

欧迪芬国际集团1980年成立于台湾，1993年进入大陆。1996年欧迪芬在上海注册公司并投资建厂。1999年起欧迪芬引进国际特许经营商业模式，推出连锁加盟计划，成功辅助各地加盟商使其成为创业赢家；2010年底已在大陆开设1000余家专柜及加盟店，并在大陆各大省市相继成立了20多家分公司及办事处。欧迪芬以丰富的国际市场行销经验，逐步进入法国、美国、日本等国际内衣市场。

1993年进大陆，以“欧迪芬”为主打品牌，以女性内衣为核心竞争产品，从推出“内衣外穿”新概念，到迎合女性消费者日渐强烈的塑形需求研发功能型水袋文胸，以及为关怀女性健康，推出专利无钢圈无压力文胸，再到迎接千禧年概念的“中国红”系列，屡创销售纪录，引领内衣时尚潮流……

王文宗说："人缩小自己很重要，台湾中小企业的经营者常常都是基层起来，自己什么都要做，久而久之，就认为自己是全知全能。实际上，当领导不可能每一科都是 100 分，而是要每一科都 60 分，每个部门的主管都应该比自己棒，董事长就是要什么都懂，方向确定后，方法让干部去想。"

背景

王文宗祖辈都是与土地打交道的农民。不安分的王文宗在初中毕业后选择一间离家近的工科学校念书，希望可以通过学到的技术，使自己从务农的框框中跳出来。1979 年，王文宗纺织专科毕业，并找到了一份化纤厂月薪 1.7 万新台币的"优差"。

3 个月后，王文宗萌生了离开的念头，毅然选择了月薪只有 6000 元新台币的一家专门生产女性内衣材料的织带厂。王文宗很清楚自己的发展方向，在他心里，创业才是最终目的。不久，王文宗创建了自己的织带厂，并为此投入了十多年的精力和财力。

王文宗说，"这十多年，我一直都是在给别人做配套，受制于人的情况屡有发生，随着业务的不断扩大，我自己做终端的想法也越来越强烈。"

1993 年，台湾外贸协会在北京购物中心开辟了台北广场的楼面，都是台湾的品牌，于是王文宗看准了这个机会，在台湾注册了"欧迪芬"商标后，第一次直接面对消费者，在台北广场卖起了"欧迪芬"牌女性内衣。这样，王文宗就完成了从织带厂到做品牌的跨越。

王文宗认为，大陆市场的改变整体来说是非常快的，再好的策略、再好的商品，也要适当调整、及时提升。而快速变化市场中最稀缺的是人才，欧迪芬也摸索出一套自己的方式，强调人才不分地域性，不管是上海、香港、台湾、新加坡等，只要是人才，没有地理空间或是来自哪里的局限。

欧迪芬 18 年来，年年成长超过 20%，设计能力所创造的品牌延展性是关键。

要永续生存，品牌就必须有根，这个根就是文化。

文化是内衣设计与品牌推广的终极途径——通过向消费者传递内衣文化理念，把品牌与文化结合，并运用在商品的具体表现上，这是把蛋糕做大的最好方式。

“等下还要去东华大学讲课，现在的纺织科系没有品牌课程，很可惜！”欧迪芬国际集团（以下简称“欧迪芬”）董事长王文宗，西装、领带、衬衫、眼镜，俨然一位大学教授，而他的企业经营思路，同样也有着教科书般的理性和缜密。

自 1993 年进大陆，王文宗并没有像当时大多数台商那样，把大陆当成“低成本掘金”的订单工厂；而是看准商机自创“欧迪芬”，与大陆内衣市场一起经历了从“空白”到“细分”的起伏演变，并向研发和营销的微笑曲线两端发力，用创新利器，历经 18 年雕琢，“欧迪芬”时时有新品、年年出新招的“一颦一笑”让人惊喜。

做品牌　开局扬长避短

“欧迪芬”一路走来，稳步成长，鲜见回档和波折，关键在于其发展战略的前瞻性和预见性。

来大陆前已经在台湾做了12年内衣辅料的王文宗，看透了无品牌代工受制于人的宿命，决意走自创品牌之路。然而，初创品牌，如何让稚嫩的“欧迪芬”顺利通过市场考验？王文宗扬长避短，一方面引入“内衣外穿”新理念，用“大内衣”打开销路；另一方面抓紧文胸产品的研发，为推出新品做好准备。“做内衣还是要回到主项文胸上来。‘内衣外穿’是一个创新，但随着市场的不断开放，女装成衣的不断成熟，年龄、个性的划分越来越细，‘内衣外穿’一定会逐渐退化掉。”果然，“欧迪芬”借“内衣外穿”快速打开市场知名度，也为自己成长和成熟赢得了时间。“强身健体”之后的“欧迪芬”，迅速增加文胸产品份额，快速跻身大陆知名内衣品牌行列。

产品策略初见成效，区域扩张也颇费思量。“我们进来大陆主要先发展两个点——花了4年时间先把北京的据点做到前3名，再花4年时间把上海做到前3名，然后再发展其他市场。”王文宗说，正是因为“欧迪芬”的步骤比较谨慎，同时采用了聚焦中心城市的策略——以北京为主，辐射华北和东北；以上海为主，辐射长三角，才使得欧迪芬在激烈的竞争中站稳了脚步。

艰苦地熬过了1995~2000年的内衣市场培育期，经历了提升速度最快的2000~2004年，又与同行们一同推动了2004年至今的市场转型期，名不见经传的“欧迪芬”稳扎稳打，以每年超20%的成长攀上金字塔顶，如今已成为大陆内衣前5大品牌。在大陆内衣行业的格局逐渐形成之时，“欧迪芬”已拥有完备的通路事业处，在大陆各地有1040家专柜及加盟店，并获得“上海著名商标”称号。

欧迪芬时尚创意空间，2009 年落成于上海虹桥大枢纽，做为集团的总部和研发设计中心，欧迪芬国际力图把欧迪芬对女性的关爱，对社会的反哺和对环境责任感浸透在这座大厦，集团把对环保、文化和创新理念的热忱，运用在欧迪芬时尚创意空间的设计和建设之中，内在设计注重着人与自然的和谐相处，清水混凝土外墙代替流行的玻璃幕墙，透气式设计拥有优良采光，让绿色舒适的办公环境更加节省能耗，每层楼的中厅绿色景观更添了自然朴实的艺术气息。如今的大楼，以简洁、时尚、艺术的外观，结合先进的生态、环保设计理念，一流的剪裁设备，成为闵行区七宝镇的地标建筑。

差异化　创新反向模式

商人逐利，然而，通常企业老总最关心的开店数量、销售利润等指标，并不是王文宗关注的第一重点。“企业从几万件的制造能力到几十万件，或是开店几百家到几千家，这对我而言都没有意义。我重视的是我的商品够不够好？消费者对欧迪芬品牌的感受怎样？每年推出的商品、活动、文化、内涵，能不能给消费者带去绵延不断的影响？只要商品好，消费者喜欢，我根本就不用担心利润。”

王文宗强调，要永续经营，做百年品牌，必须有自己的品牌内涵和特色。“商品创新和活动推广是欧迪芬的特色。”王文宗说，“欧迪芬”每年都会与世界顶级的设计师进行交流和合作，了解最新流行的款式、颜色、材质和线条，并与大陆的实际情况相结合，不断实现产品创新——从抓住流行推出“内衣外穿”新概念，到迎合女性消费者日渐强烈的塑形需求研发功能型水袋文胸，再到迎接千禧年概念的“中国红”系列，无一不是利用全新理念准确切入市场，造成上市轰动，创造销售纪录。

时时推新品的“欧迪芬”，为什么每次都会抓准热点？了解市场，先知道市场商机，再回头组织生产，“欧迪芬”的反向经营模式，是其快速成长的关键。“通常我们都要对市场够了解，并对消费者的喜好进行风险评估，抓住市场趋势进行判断和预见。”王文宗经常去欧洲、日本的市场考察，实地感觉哪个款式可以在中国大陆市场有所作为，“不见得国外好的东西都适用在中国大陆市场，要先了解中国人的穿着习性和喜好，再结合国际趋势，选取他们比较有创意的东西。”

“欧迪芬”并没有止步于满足市场需求，而是进一步探索用差异化引领市场需求。“内衣市场同质化愈演愈烈，‘欧迪芬’必须不断强化商品的差异化，把创新做足。”在新品基础上再推新品，“欧迪芬”着实下了一番工夫：“水袋文胸”、“中国红”都从第1代发展到第8代，材质、设计、流行元素的添加和强化，都是在创造差异化，也让消费者一次又一次地走进“欧迪芬”，尝试和体验“新感觉”。

新行销　寻根文化渊源

“新感觉不仅仅在商品，商品是一个重要的核心，消费者穿了之后才能感受；如果消费者还没有穿，该如何感受？那就要强化品牌的创新推广。”王文宗说。

1998年至今，“欧迪芬”很多具有文化内涵和人文关怀亮点的创新推广活动轮番上演，从欧迪芬在北京王府井广场首创内衣动态秀表演，到投入“九九五（救救乳）乳腺癌防治工程”；从举办唐、宋、元、明、清至现代时期内衣演变的回顾，到冠名并发起组织“中华内衣元素创新设计大赛”；再到最近与中国光华科技基金会打造“RUBII璐比青年创业教育计划”，都是王文宗倡导和发起的“内衣文化革命的具体体现。如此种种行销手法，也彻底颠覆了内衣业界的传统做法，长期积累，透过媒体的宣传，无形中塑造了品牌口碑和形象。

“‘欧迪芬’每年都有新发布，品牌就是要常常带给消费者一种喜悦，一种新概念，或是一些不同的创新。”王文宗说，为了让每一次的发布都能带来轰动效应，“欧迪芬”也动足了脑筋——黄浦江豪华游轮上，模特的亮丽身影与两岸璀璨的灯光交相辉映；金茂大厦的长廊中，“丝路飞天”的远古曼妙主题与现代时尚建筑的硬朗线条产生强烈的视觉冲击，这些都让王文宗津津乐道。他强调，激烈竞争下，必须与众不同才能制造话题和吸引眼球，而这些，对于品牌的传播至关重要。

谋转型　丰富品牌层次

18年来，欧迪芬一直稳扎稳打，专注在品牌成长，拒绝了诸多所谓“快钱行业”的诱惑。王文宗觉得，在时代背景下，企业的生与死，往往是一转身的距离，“不一定要做大做强，而是要做久做长。我不会羡慕人家发展有多快，我相信品牌会使企业的生命力更强，具有更多的不可替代性。”

尽管竞争白热化，但大陆女性内衣市场仍被业内公认为是增长潜力最大的市场之一。目前大陆7亿女性中至少有3亿是内衣的强劲消费者，预计未来3至5年将是女性内衣市场的全面爆发期，消费增长率将高达20%，销售总值8000亿元（人民币，下同）。

而一直瞄准8000亿商机的“欧迪芬”，也在经历自身的转型和升级。

2004年，为因应内衣市场的日益细分和个性化，“欧迪芬”在原有成熟优雅女性内衣的风格上，推出面向年轻一代的时尚品牌Rubii（璐比），双品牌战略初见成效；2008年，“欧迪芬”的法式珠宝精品内衣Ilsée（伊夏）问世，用珠宝概念诠释品牌的高贵；2009年，倾心打造男士精品内衣品牌“Ordifen Man”，基于差异化的互补原则，“欧迪芬”代理美国尖端隐形内衣品牌NuBra，至此，多品牌、多层次、广覆盖的品牌格局构建完毕。

“转型是一个趋势。初期粗放的市场成熟到了一定阶段后必然开始细分，客制化程度会越来越高，为了因应消费者选择的多元化，大家都想做更精准的市场对焦，所以Rubii、Ilsée、NuBra、Ordifen Man才应运而生。”

不断壮大的欧迪芬，依然面临着一系列挑战：产品怎样更突破？行销的亮点如何更有创意？何时透过上市获得快速扩展的资金？亚洲业务开展是否会顺利？如何把中华元素推广到欧洲去？

“这些都在规划当中，”望着竣工不久的“欧迪芬时尚创意空间”，王文宗信心满满：“欧迪芬要做大陆最关怀女性的第一品牌，这个目标落实到每一天每一点，retail is detail（销售就是细节），既要坚守落实，又要用创新文化让品牌生根！”

派丽蒙：领跑眼镜业竞争

诚益光学总经理　吴当益

诚益光学集团1978年创建于台湾，1990于厦门成立工厂，专注于各类太阳眼镜、运动眼镜、光学眼镜、老花眼镜、儿童眼镜、镜片及相关产品的研发、设计、制造、行销与服务。诚益集团的企业经营包含生产制造与品牌经营两大区块，拥有派丽蒙（Parim）、高特（Outdo）、宝丽来（Polaroid Eyewear）等知名品牌，由集团子公司负责经营。

1992年创立诚益光学自有品牌“派丽蒙”营销大陆，近20年的品牌经营，派丽蒙一直沿袭浪漫的欧洲风格，融合时尚、精致、舒适、耐用等诸多元素，选用优质的镜片及镜架材质，针对东方人的面部特点，不断改进眼镜佩戴的舒适度、耐用性和时尚感，引领大陆太阳镜时尚风潮，树立时尚典雅的品牌形象，始终占据市场较高份额，成为太阳镜知名品牌。

派丽蒙光学（厦门）有限公司销售总监江传能表示，派丽蒙始终坚持以“诚信”为核心价值，把客户当做事业伙伴，共同成长，共创双赢！

吴当进的“长尾理论”

吴当进回忆起自己走过的路，最困难的时期，当别人抢做大订单、大生意时，“我就把别人看不上眼的，一样一样捡回来做。”吴当进后来才发现，原来创造价值被低估、但实质获利空间大的订单价值，就是书上所说的“长尾理论”。正因为不放弃每笔订单，在诚益光学的生产线上，常态的款式有四千多种、零件种类高达上万种，少量多样的结果，出货到全球各地的太阳眼镜量，已近 4 亿副。

吴当进创造长尾价值的做法是：一、几十万美元到几百万美元的订单都接，让每个客户的贡献不超过营业额 1%，最大的客户占比例不超过 7%，借分散客户达到风险分散；二、根据个别接单报价，“算本卖货”可降低外在环境如原物料价格大幅变动影响。

多年来，他绝不卷入杀价竞争。吴当进发现，三十年生意下来，只要价格比他低 20%的厂商，没有一个活得下来。因为“杀价竞争都是没有未来的，只是杀掉自己。”

诚益光学集团分公司与品牌运营关系

1. 派丽蒙光学（厦门）有限公司：经营派丽蒙（Parim）、卡仕曼（Caxman）、菲诗莱三个自创品牌，其中以专注时尚路线的派丽蒙为主。

2. 加倍佶（厦门）运动用品有限公司：专门从事运动眼镜及附属配件开发和销售的公司，旗下拥有自主品牌高特运动眼镜及代理品牌璐迪运动眼镜。

3. 厦门美格金顿科技有限公司：集研发、生产和销售为一体，代理品牌英国皮尔金顿（Pilkington）、美国圣大保罗（Santa Barbara Polo & Racquet Club）、天鹅博士（Dr. Swan）、美国花雨伞（Arnold Palmer）。

4. 舒达迈眼镜（厦门）有限公司：为 StyleMark 与诚益光学集团在大陆之合资企业，主要代理美国 StyleMark 集团麾下诸多全球性著名眼镜品牌，其中以 Polaroid Eyewear 宝丽来产品为主导。

凭借强大的产品研发、市场拓展与渠道优势，在同业沉沉浮浮时，派丽蒙依然屹立不倒，做到大陆市场前三名。

从 1992 年进入大陆，当年与诚益光学集团自有品牌派丽蒙（Parim）一起出现在大陆眼镜市场的许多同业，时至今日所剩无几，几乎都已销声匿迹。

而经过近 20 年耕耘与积累后，目前派丽蒙在大陆不仅屹立不倒，拥有数十万消费者，每年的销售总额更能稳居行业前三。

以眼镜制造商起家的诚益光学集团，如何做出令同业称羡的成绩？

定位时尚路线　多系列锁定消费者

在大陆的眼镜市场刚刚起步时，诚益光学集团借助工厂制造之优势，推出自创品牌派丽蒙，一时间经销商闻风而动，提着钱排队等待工厂出货。

“根本不讲究什么特别的款式或品质，只要我们做出来的眼镜产品，在当时基本都畅销！”派丽蒙光学（厦门）有限公司销售总监江传能回忆说。

1993 年时，派丽蒙是行业内最早做钛金镜架产品的，而在同业还在做眼镜的普通功能时，派丽蒙已开始运用防紫外线功能之概念，引导市场潮流。2003 年推出护目镜产品，在当时“非典”盛行、市场萧条中突围而出。2005 年则推出彩色偏光镜，抢占市场。2009 年开始，派丽蒙开始在产品文化中倡导旅游生活方式，加入更多的时尚色彩……

“派丽蒙能发展到现在，是因为有很好的产品品质和文化底蕴。”这两点优势所带来的绩效，令身为销售总监的江传能谈起派丽蒙时，显得自信满满。

派丽蒙从创立之初，便确定了时尚太阳眼镜之路线，每年有超过一百款的产品面市，并根据不同消费人群着力推出彩式偏光、时尚、增强三大系列产品，保持走在潮流前列。

“集团一直都看好大陆的眼镜市场，而且人对美的追求是没有止境的，派丽蒙将会做得更有功能性、装饰性，希望能让消费者感受到‘派丽蒙是一个时尚感很强，服务很细致的一个品牌’。”

此外，依托集团常年 OEM 代工之经验，派丽蒙拥有其他品牌不具备的设计、研发优势，在引进国际上流行之趋势时，针对内销市场消费者之特征开发新产品，以功能性、装饰性为切入点，牢牢锁定消费者喜好。

“到现在，每年有几十万的消费者在使用我们的产品，经过这么多年的累积，已经形成一个庞大的消费群。”

代理与直营并行　渠道拓展因地制宜

在大陆各地商场的眼镜店里，以红色为主打色的派丽蒙专柜显得格外显眼。除了海外市场交由代理商外，在大陆市场，亦通过代理与直销结合方式，派丽蒙将产品分销到各个地区。

据江传能介绍，根据区域性与代理商实力的情况，派丽蒙在“代理商管理能力、配套服务、组织架构比较完善的地区”，采用省代理制；在相对较差的区域，则直接与眼镜店业者合作，将产品铺到终端，但业务指导、物流等由总部负责，亦设有办事处，拥有仓库物流及售后服务，管理当地区域。

他表示，“代理有代理的好处，可以加快拓展当地市场的步伐，节省通路费用；直营的话，信息流通会更快捷，可以及时反馈市场讯息，针对当地市场推出不同的方案。关键是看这个区域适合哪一种操作模式。”

派丽蒙在拓展终端渠道时则追求与代理商一起发展，“不少代理商专门做派丽蒙产品的代理，一起合作很多年了。派丽蒙亦会督促代理商怎么去完善组织架构，加强管理，因此代理商是比较稳定的，我们也不会随意更换代理商。”

能与代理商保持相对完美的合作，“因为大家有一个共同的目标，能够形成一个共同体，如果品牌在他们的区域发展起来，对他们也是一个很大的帮助。”

此外，派丽蒙会在年初要求各个代理商提交该年度的市场规划，并派人员查核，双方签订合作协定。在协定开始后，每个月则定期派人员巡察和考核；亦会给予业绩出色的经销商或代理商设立激励机制，在多管齐下中双方求得共赢。

在品牌众多的眼镜店里，要保证消费者第一时间选择自己的产品，派丽蒙做了不少因应之策。

除了平时的推广活动外，派丽蒙亦积极对店员展开培训，“通过多年的培训与合作，店员会对派丽蒙的品牌有深刻的印象，因为那么多品牌，他可能只熟悉派丽蒙，潜意识里就会主动介绍给消费者。”

同时，在业绩做得好的眼镜店里，派丽蒙才考虑开设专卖柜台，并对陈列面、摆设、专职销售人员等要求做出规定，汇报库存与销售动态，及时掌握第一手销售讯息。

目前，大陆有销售派丽蒙产品的眼镜店将近6000家，其中设有形象专柜的则约有1000多家，遍及大陆各地的大、中商场。庞大的销售体系与终端渠道，亦为派丽蒙发展提供强力保障。

强化品牌经营与运作　获得更大成长

在推出派丽蒙初期，大陆眼镜市场竞争不算激烈，消费者亦无品牌观念，但随着经济水平的提升，消费者消费意识也逐渐提高，同业竞争加剧，派丽蒙面临着来自大陆本土品牌暴龙、国际高端品牌迪奥、古奇等竞争。

“像迪奥、古奇虽然不是专业做眼镜，但是强势品牌，代表着流行趋势，市场接受度高，其他品牌一下子无法达到他们的高度。”

江传能分析，派丽蒙与国际品牌的差距，主要表现在品牌积累度、运作强度及研发能力方面稍逊，为此，派丽蒙亦专门成立企划部，在研发、材料、品牌规划方面下工夫改善不足。

本土的一些小品牌，往往运作一两年后改头换面重新攻占市场，这种短时间内扰乱市场的竞争，亦会造成不少困扰与冲击，防不胜防。

专注时尚女款市场的派丽蒙最大挑战还在于亟须内部品牌管理、知名度等方面的提升，在每年保持将近30%成长率的市场，只有加强品牌的宣传与运营，才可能在大陆获得更好更快的发展。

而除了派丽蒙外，此时诚益光学集团已陆续推出分别定位休闲运动男款的卡仕曼、流行时尚的菲诗莱等自有品牌。因此，2005年，集团专门成立派丽蒙光学（厦门）有限公司，以子公司代理集团品牌之模式，专门经营三个自有品牌，强化在大陆市场的品牌运作，其中又以派丽蒙为主推品牌，运作其在全球市场之推广。

在派丽蒙的前五年品牌规划中，一是强化品牌的CIS形象，二是在终端渠道方面加强形象陈列，三是开设网站、免费电话加强与消费者的互动。

他透露，未来五年品牌规划则开始注重品牌知名度和美誉度。“前面五年算是在练内功，主要先树立品牌形象，严格管理终端，未来可能会加大推广力度，借助媒体、网络进行宣传。”

子公司代理集团品牌　布局不同市场

其实，这种以子公司代理集团品牌、加强品牌运营之模式，在诚益光学集团的多品牌策略中被运用得淋漓尽致。

据介绍，目前诚益光学集团的企业经营包含生产制造与品牌经营两大块，自2004年以后，开始迈入集团化经营，以诚益光学为中心，设立子公司，创下眼镜企业发展的新模式。

在生产制造方面，集团的生产及研发中心设置于厦门；海沧与台南工厂，主要为国际知名品牌提供OEM及ODM服务。

在品牌经营方面，国际市场行销由诚益光学业务团队负责，大陆市场则由集团子公司及国内部负责经营，采取自营品牌与代理品牌并行的模式，分别成立专门的子公司负责操作不同品牌市场。

除了派丽蒙公司经营的三个自主品牌外，另有三家公司负责代理7个不同品牌，如宝丽来（Polaroid Eyewear）、皮尔金顿（Pilkington）、圣大保罗（Santa Barbara Polo & Racquet Club）、花雨伞（Arnold Palmer）等，涉足各类太阳眼镜、运动眼镜、光学眼镜等相关产品之研发、设计、制造、行销与服务。

而同一旗下的四家兄弟公司之间，各做各的市场，自营或代理不同专业之品牌，瞄准不同消费族群，一起攻下中、高端眼镜市场。“四家子公司既有合作又有竞争，主要还是以合作为主，共享信息资源。”

凭借着生产制造与品牌经营之间明确的分工与合作策略，诚益光学集团与其品牌在不同市场中巧妙布局，在眼镜同业中快速崛起、笑傲市场。

石头记：让石头文化震撼世界

石头记董事长　苏木卿

这家传奇性的企业，起源于 1984 年，董事长苏木卿凭借策略联盟的方式，与基隆地区的六家珠宝小作坊合作，以 150 万元新台币的资本额，成立“圆艺企业股份有限公司”。

一直到上世纪 90 年代初期，苏木卿毅然决定前进大陆市场，并在 1997 年创设“石头记”品牌，成为两岸饰品业首创自己品牌的龙头企业。苏木卿并没有在创立品牌、加盟连锁取得显著成绩时却步，而是运用其对两岸关系发展大势及大陆市场发展趋势的判断，又毅然决然地进行转型升级——打造世界仅有的“石头记矿物园”，让充满灵性的“石头”从个人收藏、把玩带向大家欣赏，让企业从生产制造走向服务业。

广州石头记饰品有限公司，1990 年进入大陆，以“石头记”为主打品牌，主要经营真石饰品。20 个年头的风风雨雨，如今，石头记的企业规模已经是当初的几倍，产品也从单一发展为跨类，在同类产品中的市场占有率也达到 30%。现阶段，石头记在同类饰品市场上几乎没有竞争对手……

当然，这只是石头记发展历史的一部分。如今的石头记不仅是两岸饰品业第一品牌，而且石头记经过几年默默无闻的努力，已经实现跨越式转型升级——把石头饰品转变成更具社会价值的矿物园。

起源

玉佩最早出现于公元前 4000~3000 年，曾一度成为中国古代的流行配饰。明朝万历年间，中国玉雕史上的传奇人物——琢玉大师陆子冈，能用坚利无比的“昆吾刀”直接刻玉，成为旷世的吴中绝技。陆子冈制作的玉佩，形若方形或长方形，宽厚敦实，被称为“子冈牌”。“子冈牌”洁白无暇，滋润温柔，花纹图案出类拔萃，以高超的琢玉技艺，多作剔地阳纹，以浅浮雕形式，将书画图纹表现得曲尽其美，淋漓尽致。其中一款玉佩无一纹饰，取其谐音，而被称为“无事牌”，“平安玉佩”的创意即来源于此。

寓意

古人对玉佩的热爱不是因为玉的贵重，而是源于玉的品格，所以古语云：“君子故，玉不去身。”《周礼・玉藻》云：“古之君子必佩玉。”因此自古以来人们便有佩戴玉佩的喜好，是对美好人生和幸福生活的向往。“平安玉佩”沿袭了玉雕大师陆子冈“无事牌”的造型，寓意平安无事、持盈保泰，传递对爱人、亲人以及朋友的真挚祝福。

1970年，苏木发、苏木秋和黄溪明三个农家少年在台湾基隆开设了一家客厅式的玉石加工小作坊。

1990年，以小作坊式加工玉石戒面起步的石头记在苏木卿的带领下，从台湾转战大陆。

2001年，中国宝玉石协会授予石头记“中国珠宝首饰驰名品牌”称号。

2007年2月9日，广州石头记饰品有限公司持有的“石头记”商标成为“中国驰名商标”，这是玉石饰品界当时为止第一个获此殊荣的品牌。

从石头记一路走来的道路不难发现，不管是先知先觉做内销，还是洞烛先机做品牌、获取驰名商标，乃至加盟连锁建通路，到如今的转型升级发展旅游产业，可谓是“一步先、步步先”。

品牌＋连锁拓市场

20世纪90年代初，改革开放形成了大陆南北之间、沿海与内地之间巨大的落差，出现了在当时盛极一时的“倒爷”经济。虽然当时叫“广州圆艺”的石头记已经在成都、南阳、沈阳等地先后建立了自己的批发点，主动权却掌握在各色各样的“倒爷”手中。无法真正控制市场价格和销售通路，这就好比在海外要看美国商家的脸色，在大陆还要看倒爷的脸色，一个内外受制的企业如何成长？几经思考，石头记董事长苏木卿做出一个创新的决定：品牌＋连锁，直接面向消费终端，向市场新领域挑战。

无论是做品牌，还是做通路，对很多当时走在外销及 OEM 代工快车上的台商来说，是不屑一顾的，也很少有台商在那个时候就意识到品牌与通路对企业发展的影响。

1995 至 1996 年间，苏木卿跑遍了大陆的大江南北，参加了大大小小不下 200 场展销活动。终于，在 1996 年秋天，经过两年多的努力，“石头记”这个响亮的品牌破土而出了。1998 年 1 月 1 日，第一家“石头记”专卖店在南京——“红楼梦”的故乡安家落户。从此，石头记在加盟的路上，一发不可收拾。1999 年底，石头记加盟店数目首度突破 100 家，至 2010 年底，石头记加盟店已超过 1200 家，大有“突如一夜春风来,千树万树梨花开”之势。“其实在整个品牌的建设和发展过程中，我们一直都是“摸着石头过河”边走边修正。”苏木卿说，“我们能为经销商做的就是保证品牌，不断地提升质量，在广告投入上下足功夫，成为各地经销商坚强的后盾，为经销商排除后顾之忧。”

提到做广告，对今天的很多台商企业来说，都未必有真正认识。可是在当时，苏木卿就不惜重金做广告，并且是 CCTV 广告招标中，第一家敢于投标并中标的台资企业。

一“石”激起千层浪

做品牌，首先要颠覆传统。对中国人来说，玉石饰品古往今来都是个人饰品，玉石在过去大都用于信仰上，人们戴玉石是为了避邪、护身，很少人为了张扬扮靓而戴玉石。而石头记则把玉石变成一种张扬的东西，变成一种扮靓的时尚饰品。当时这一概念的提出，一石激起千层浪，引来消费者趋之若鹜。在南京开设的第一家加盟店开业当天，由于顾客太多而采取了分流的措施。

石头记第二代接班是台商圈中子承父业的佳话。2009年，苏木卿之子苏一舫（上图）接过了总经理的位子，家族企业顺利完成了二代接班布局。对于接班一事，苏一舫在念大学时就开始做准备，每逢假期他都跟着父亲走访大陆的店面。全球金融海啸之后，苏一舫更悉心熟悉市场，请来广告公司打造品牌，也请企管团队为公司制定更完善的制度。苏一舫也建立了自己的核心团队，成员年龄都在35岁以下。这让交出大权的苏木卿笑言“我报名参加第一批环游世界的旅行团了，准备要好好享受生活了！”

此后，虽然加盟商很多，但是，苏木卿并不满足于此。凭借着自己对石头的执着和热情，很快，苏木卿发现，在石头家族里，有很多漂亮美丽的石头，价格也不贵，却可以起到与那些昂贵的珠宝一样的装饰扮靓的效果。于是，他又提出了“昔日皇室贵族珍藏宝，今时平常百姓戴上身”的概念。从此，石头记的产品开始走多元化的道路，石头记成了家喻户晓的品牌。

这些成绩，让苏木卿更加坚定了自己走品牌路线的想法。1999年，“石头记”第一部广告影片首次出现在电视屏幕上。从那时的现实条件看，石头记尚不具备进入主流媒体的条件，谁都知道，电视广告投放动辄一掷千金，那几乎是企业财大气粗的象征。那时小荷才露尖尖角的石头记，只是一家拥有不到100家专卖店的小企业，却一下子拿出了一笔相当不菲的资金做了电视广告。第一部广告影片典型地以品牌认知为诉求目的，以品牌渊源为诉求主题的作品，它让人一下子联想到家喻户晓的《红楼梦》，那正是石头记品牌的核心精神所在。

“每个人都应该拥有属于自己的通灵宝玉……”本着这样的理念，一个崭新的名词：“真石饰品”也从此衍生出来。“真石饰品”概念机乎囊括了所有那些美轮美奂、多姿多彩的宝玉石产品，“石头记真石饰品”成为熔传统与时尚为一炉的精美玉石的代名词。

因为电视广告的成功，苏木卿意识到品牌必须具备属于自己的文化特征，必须创造与消费者心灵上的共鸣，这样才能让品牌具有生命力，拥有灵魂。2001年，“石头记文化传播有限公司”成立。从此，石头记拥有了属于自己的品牌文化传播媒体——《石头记·iSTONE》双月刊和网站。从这一天起，石头记如虎添翼，多姿多彩的广告产品令品牌文化有声有色，沁入人心。

管理艺术　快乐的员工

优秀的品牌，无不与优秀的管理相依为命，从未发生过一间管理混乱的企业能打造出知名品牌的奇迹。在苏木卿看来，如果员工一边工作，一边诅咒公司，带着抱怨情绪工作的员工是无法做好事情的，而在不快乐情绪下工作同时会影响到消费者的消费情绪。因此，员工工作时的情绪很重要。

快乐的工作环境，不是写几句话出来就万事大吉，它的难点在于如何去实践。苏木卿表示，石头记坚持把“快乐工作”的心理传达给每一名员工。

对企业来说，提出一句管理口号并不难，当苏木卿在企业提出“快乐工作”、“快乐员工”要求后，首先面临的是：能够做到吗？能够为员工提供“快乐环境”吗？

许多管理者每天要解决很多问题，脾气容易暴躁。管理者要始终保持心平气和，不说气话是很难的。苏木卿说，“所以，我们首先要改变管理者的心态，先给他们灌输“快乐工作”的理念，通过他们，再把这种工作理念传递给他们下边的员工。”

“一个企业，如果要做到知名品牌，那么在管理方面就一定要以人为本，进行人性化管理。”苏木卿表示，他希望在石头记工作的员工都能感受到快乐，“首先我们会给每个员工合理的待遇；其次，员工碰到问题只要提出来，我们就会尽力去解决。”

一些企业提倡军事化管理，苏木卿并不赞同。他认为，尽管这种管理可能会带来一时的工作激情和效率，但也往往容易扭曲人性，助长人性中贪婪、冷酷的一面，很难有快乐的心情。“我们提倡人性化管理，管理者对员工要亲切、友善、关怀。员工犯了错误，可以纠正，但不能威胁。带有人身攻击的话就更不能说。企业要给员工塑造一个快乐的工作环境，创建和谐的劳资关系，威胁和辱骂对企业效率的提升没有任何帮助。”

苏木卿说，“一些企业在社会上把口号之类喊得很响，但却很难落实。如果光有口号而不落实，有什么用？石头记不仅是把口号提出来，而且还要真的落实。”他表示，既然要员工快乐，首先企业老板也要快乐。只要企业上下齐心，没有解决不了的问题。只要企业上下一心，那么，快乐的环境也就自然而然形成了。

创新需要一个“格”

质量是产品的基础，品牌则是产品的灵魂。没有质量的产品成不了品牌产品，没有品牌的产品就没有灵魂。但是，对品牌来说，若想倍受消费者喜欢的品牌，也就是说，要让消费者一直对品牌保有忠诚度，并不是一件容易的事。品牌如人，自有其“格”。品牌的“格”就是其性格、格调。品牌拥有自己独特的性格，能够让消费者过目不忘，如人一般。一个人如果没有自己的性格，很难让别人记住。品牌犹如人，拥有特殊的文化内涵和精神气质。那些领导世界潮流的世界品牌，之所以能够引领一个行业的潮流，都因有自己独特的格调。格调犹如企业产品的性格，或含蓄、或豪放……但他们始终都有自己的风格。品牌特有的格调，为其建立钟情于这些风格的忠实消费群体。

苏木卿不仅创建了石头记品牌，而且一直精心打造这个品牌，既赋予这个品牌灵魂，也让这个品牌在消费者中深深扎根。

任何知名品牌都是有生命力的，品牌的生命力就是其不断的发展与创新。

“创新是每个产品、每个企业要延续下去必须要走的路。但是，创新的前提是延续企业品牌自有的格调。”苏木卿表示，追求创新，产品质量可以提高，格调可以升级，但是总体的风格不应大变章法，而是在原有格调保留的基础上提升，这种创新对企业有益，对消费者也有用。而产品的创新在顾客中更巩固了品牌的整体风格。企业发展到一定阶段，拥有了自己的品牌，但创新的追求仍旧不能停止。苏木卿说，“品牌创新无处不在，但需要沿着品牌的“格”展开。”品牌有其“格”，只有专业才能提炼出品牌的性格。正因为品牌拥有独特的气质，所以要在“统一”的意识上创新。苏木卿认为，创新要有一致性的方向去创新，不要忽东忽西，忽左忽右。石头记曾经也做过男士领带跟皮带，但都不成功。苏木卿说，“品牌的格调和性格要做到“统一”与“专一”。具体来说，品牌的性格就是需要有一致性的东西去创新，这也就是坚持品牌的格调。譬如做女性饰品出色的企业，就一直盯着女性市场这一块，要创新就在女性饰品上进行创新，而不是“忽男忽女”，一会做女性饰品，一会做男性饰品。这种面面俱到拓展市场的方式，最后的结局就是一个市场都没有占领。”

苏木卿表示，这种专一，其实就是细分市场。细分市场可以专门针对一个群体的需求，然后只做这个行业的产品。这种专一的发展，易于形成品牌，所以才能成为引导该行业的潮流。他说，“细分市场能够提高市场占有率。在大陆的 13 亿人口中，如果有 1/1000 的人能买石头记 100 元的东西，就有 1 亿元，这个市场可就不得了了。所以，石头记现在做全大陆的生意，只要这 13 亿人口中，石头记能做到 1/100 的人的生意就不错了。但即便是石头记，现在都还没有做到 1/100 的市场份额。”

转型之路 势如破竹

随着石头记越做越大，市场的需求量也越来越大，之前不足 1000 平方米厂房的产能已经严重跟不上石头记的发展脚步。在这样的环境下，石头记工业园应运而生。石头记工业园占地 130 亩，拥有最现代化厂房与周边配套设备，有着大观园般诗画园林景观的宏伟厂区。至此,石头记已经将进军全球正式提上了议事日程。2004 年是石头记的分水岭，是面向未来全球化战略的开端之年。苏木卿说，“2004 年以后，我们开始走向转型之路，从品牌通路到文化创意。我们的工厂核心价值在设计、包装、组装上，我们要建立产业同盟，结合很多工厂，构建一条世界级的供应链。”

很多企业在做大之后，会发展第二、第三品牌。苏木卿强调，“石头记不用发展第二品牌，石头记品牌的深度和广度本身就有很深可挖之处。”现在已经转型升级发展到博物馆和商贸旅游，在石头记工业园内，已打造了一个世界级的矿物园。“我们要把全世界各种矿物，进行各种文化的、美学的、艺术的包装，然后展示出来。”苏木卿说，“我们不同于别的奇石馆。我们要根据每种矿物的特性，赋予每个矿物以生命的载体，分门别类，让他们美轮美奂地展现在游客的面前。我们的矿物乐园强调休闲，强调美学，赏心悦目。”矿物园是属于未来的一个新兴产业，但是，万变不离其宗，依旧是石头，依旧是文化，石头记用实际行动证实了他们将石头“文化”进行到底的决心。

苏木卿对转型升级的简单描述，背后却蕴含着极大的投入和庞大的规划。这从如今已经开放给大众参观的矿物园规模和用心上，可以得到印证。

国家 4A 级旅游景区——石头记矿物园

石头记矿物园，地上芝麻开门，地下神秘宝藏，以奇石、化石、宝石为主题，集科普教育、休闲购物、观光旅游为一体，是世界首座以宝石矿物为主题的游乐园，和动物园、植物园对比，焦点突出，自成风格。

一个石头，一个故事，石头记矿物园是中国玉石文化的一个立体形象展示，那些来自世界各地的矿藏奇石，那些远古生命创造的奇迹，那些我们所熟悉的各种美丽宝石，那些与人类文明息息相关的“石头故事”，都在这里荟萃聚集。

苏木卿认为：“我们是做品牌的企业，那么文化创意是品牌的命脉，它是品牌的灵魂。把整个产业的灵魂跟元素吸收进来，这必须也要站在一定的高度来努力。”

从“真石饰品”到“品牌 + 通路”到“石头记矿物园”，石头记成功实现了从“制造业”向“买卖服务业”向“旅游文化创意产业”的华丽转身，也为台资企业如何转型升级提供了思路。

品牌建设无终点的追求

品牌靠产品和服务的美誉度与信誉度赢得消费者的支持，但两者不是一朝一夕就能达到，它们需要时间和精力逐渐积累。换句话说，品牌建设的过程就是品牌实力累积的过程。知名企业靠品牌卓越的质量和优质的服务获利，但这离不开其对品牌美誉度和信誉度的长期建设与维护。

苏木卿表示，建立品牌形象的美誉度和信誉度，需要从产品质量、服务和品牌三个方面多管齐下。

在追求品牌的过程中，“质量”、“服务”、“文化”对品牌形象始终“不离不弃”。不言而喻，“好质量”、“好服务”、“好文化”是一个“好品牌”的实力。对质量，要有永无止境的追求。苏木卿说，“在石头记，我们对产品永远抱着不满意的态度，所以才能把它做得那么好，那么大。”追求优质，以消费者的满意度为己任，始终为消费者着想，这样才能达到消费者的要求。而对产品持“挑剔”的态度，是提高质量最有效的办法。

良好的服务传递品牌的美誉度。苏木卿表示，消费者喜欢买品牌，因为品牌拥有外在的美誉度，这是其它小品牌无法代替的。如果说质量是吸引消费者的基本因素，那么优秀的服务则是把产品的美誉度传递给消费者，让消费者体验品牌美誉度的途径。

拥有好质量，好服务还不够，企业还需要学会包装自己的产品，把产品形象推广给消费者。苏木卿说，“通过感情包装，品牌形象能在消费者心目中落地生根。”

在品牌的建设过程中，最难的也就是文化的积累。企业精神与感性的品牌文化是相通的。所谓的企业文化并不是提出一两句标语就可以，关键是需要能够真的去实践，在生产和服务方面能够体现企业文化。企业主、管理者、员工，每个人都从行动上去实践企业文化、品牌文化，并通过服务，把这种品牌文化推向消费者，并让他们接受。

苏木卿说，“包装品牌形象的时候要有内涵，要有感动人的因素，文化自是最能体现内涵的了。”当然，光靠品牌文化是不够的，还需要通过广告等方式推广品牌文化和形象，与消费者接触，建立品牌形象。消费者通过购买品牌产品，接受品牌形象后，还能提高品牌的口碑。推广了品牌形象后，企业需要做的就是永无止境地对产品、服务、文化形象进行维护和追求，继续进步来维护品牌的美誉度与信誉度。苏木卿表示，石头记在品牌的建设上，是永无终点的追求。

从 1990 年到 2010 年，石头记经历了 20 个年头的风风雨雨，如今，石头记的企业规模已经是当初的几倍，产品也从单一发展为跨类，在同类产品中的市场占有率也达到 30%，然而，石头记一定不会就此止步。石头记有信心让世界了解石头“文化”。从代工到品牌，从品牌到名牌，石头记将掀起世界石头“文化”新一轮的潮流！

把工厂变成景点 引领台企转型升级

在“石头记”名闻遐迩后，苏木卿再次出击，进而把工厂打造成国家 4A 级旅游景点。在台商纷纷转型升级时，他又一次扮演商业模式领跑者角色。

凡是到过石头记工厂的人，都会发出赞叹，不仅会对宛如公园般的厂区绿化赞不绝口，更会对他们花费很多心血打造的4A级国家旅游景点矿物园敬佩。在“转型升级”成为所有台资企业当下最时髦口号和目标，在“转型升级”成为发展趋势时，石头记从“工厂”到“旅游景点”的转变，有很多值得借鉴的经验。

“只有好产品，没有好品牌”，这是很多台商企业的写照。苏木卿决心打破这个魔咒。1997年，他把“石头记”注册为商标，不仅宣告了中国宝玉石界第一个商业化品牌诞生，而且标志着石头记产品开始向内销市场深度发展。

2008年，石头记打响了名牌之战，从做内销到做品牌，是苏木卿在大陆迈出的又一大步，也是石头记日后能够在同业中“鹤立鸡群”的战略性转变。台商企业经营品牌，是“说易做难”，难就难在“品牌不是一时之事”，品牌打造需要时间和耐力。

无论是做内销，还是打造品牌，都离不开通路建设，谁拥有通路，谁就拥有市场主导权；谁拥有通路，谁就有机会完成市场占有。品牌和通路一体两面，没有好的通路，再好的产品都难以成为品牌。好产品必须有好的通路承载，才有机会成为品牌。“得通路者得天下，通路是企业的命脉。”石头记顺利地实现了，不仅走在了同业前面，也超越了很多台商企业。

提前一步搞文创

苏木卿说：“品牌发展需要两张王牌，一张“跑马圈地”，石头记自创品牌以来，短短十数年内拥有1200家专卖店，行销网络分布全大陆，“打天下”的战略目标初步达成；另一张是“精耕细作”，从做大做强到做精做强，更上一层楼。”

苏木卿把企业发展分成两个境界：一个是“做大做强”的境界。企业从做品牌到做通路，让普天下皆认识和接受这个品牌；一个是“做精做强”境界。因为模式会老，当年石头记的成功条件现在已不复存，台商再想跑马圈地的时代也已经过去。

何为“做精做强”？苏木卿把它定位成“一个长期的系统工程”，需要不懈的努力与投入。简言之，就是企业再出发，打造“文化创意产业”。真正能够体现石头记“做精做强”发展战略的，就是石头记矿物园的投资与建设。这个看似普通的转型，其实充满风险，不仅投资甚巨，而且管理、定位、标准设置、作业流程……与经营产品完全不同。苏木卿说：“石头记由传统玉石加工业转型为玉石文化观光产业是一个大胆假设、小心求证的过程。”

矿物园是石头记品牌战略升级的重要环节，是中国玉石文化的一个立体形象展示，也是石头记由传统玉石加工制造业向文创旅游观光产业的优雅转身，正如4A旅游景点检评组组长魏立东所说，石头记正在为打造国际知名、国家一流、华南最大的珠宝文化旅游景区继续努力，不懈奋斗！

“全世界都有唐人街、香港城，为什么不能在大陆打造一条‘台湾街’？”面对眼下台商面临转型升级压力，苏木卿的这句话并不深奥，但要想做到却不容易。石头记“从工厂到观光景点”的转变，正是打造“台湾街”的重要尝试。

台达电子：电源是电子世界的基础

台达电子董事长　郑崇华

台达电子自 1971 年创立以来，复合成长率为 37.6%，其电源系管理系统为全球第一，平均市占率为 40%，而其高端电源产品的市占率高达 70%。飞机维修工程师出身的郑崇华，凭借其对工作一丝不苟的精神，带领台达电一路走来稳扎稳打，成为业界的标杆。

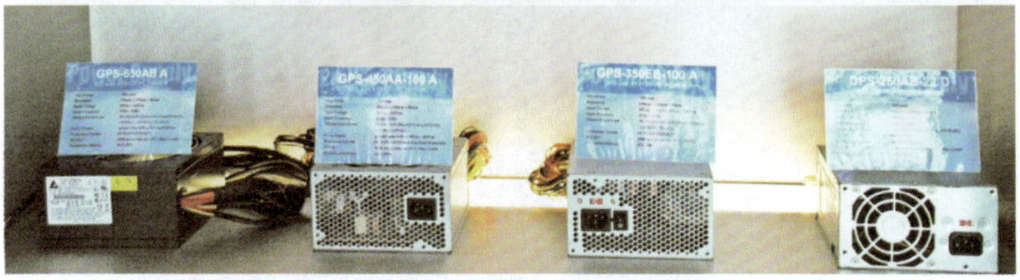

1992年台达电子进军大陆，近20年的时间，在大陆遍地开花，东莞、吴江、天津、芜湖、郴州都有台达工厂和驻地。员工从刚开始的300人左右，到现在超过6万人。仅东莞一个驻地就拥有10个厂房，超过2.5万名员工。未来，台达将继续前进的脚步，将市场扩展至大陆西部地区……

东莞台商协会常务副会长是曾纪坚的另外一个头衔，他是1992年就到大陆创业的台干，已是东莞的元老级台商。他说，“台达成为全球第一大电源制造商的过程，是伴随着公司向内地转移的过程。”

郑崇华独特魅力 吸引人才

台达电子董事长郑崇华，是台湾少数能够让人真心竖起大拇指的企业家。

郑崇华的实在，有一种魅力，吸引各种不同人士喜欢他，进而让不少人才主动愿意加入台达电子，与他一起“圆梦”。

郑崇华曾在台达35周年庆上有感而发，台达电子是一个从15个人的小公司开始做起，胼手胝足、夙夜匪懈，当时只专心致力于如何做出高品质的产品，却完全没有想到能有今天的规模。郑崇华认为，台达的成长，最关键就是拥有十分优秀的员工，公司即使拥有许多高明的政策、设定了很高的营运目标，没有一群脚踏实地、埋头苦干的同仁，一家公司也只是无本之木、无源之水。

台达以“环保、节能、爱地球”为经营理念，积极开发对人类生活有贡献的产品，LED 就是其中之一。台达电最新推出的 LED 灯泡，可省电 50%。

要在一个行业领域里占据领先地位，首先就要有非常强的研发团队，永远要走在市场需求的前面；其次，产品的品质一定要过硬，消费者的信任是无形的资产，取得了消费者的信任，才会有更广阔的市场；再次，管理是软性的，软性的东西也是最难拿走的，人性化的管理，是企业的灵魂所在。

台达电子，自 1971 年创立以来，复合成长率为 37.6%，其电源系管理系统为全球第一，平均市占率为 40%，而其高端电源产品的市占率高达 70%。

台达电子自 1992 年进军大陆，近 20 年时间，在大陆遍地开花，东莞、吴江、天津、芜湖、郴州都有台达工厂和驻地。员工从刚开始的 300 人左右，到现在超过 6 万人。仅东莞一个驻地就拥有 10 个厂房，超过 2.5 万名员工，2009 年纳税金额超过 2 亿元人民币。外界认为这是一个奇迹，而台达电子中国区副总裁曾纪坚却说，其实这一切都是有根源的，“我们公司没什么别的强项，就是研发、制造与管理，这三点，让我们一直走在行业的领先位置。”

研发超前　打有准备的仗

“一个企业要想永续经营，一定要有非常强的研发团队，永远要走在市场需求的前面。”曾纪坚表示，一直以来，台达对研发的投入就很多，而且，这么多年，台达的设计一直都是在引导客户走。他举例说：“就拿电源来说，以前的手机，功能只有接跟打；现在，还要求要照相、听歌等，很多功能，这样对电源的要求就会比之前高。如果等到客户提出要求，再来做就晚了。我们会在之前就做好研究和市场调查，分析市场走向，一旦新的需求一出来，台达已经有需要的电源在排队等了。”这样的超前研发，让台达在市场上占了不少好处。因为总是拥有最新的产品，所以，价钱也总是卖得最高。当别的厂商发现有利可图，再来做这款产品时，台达因为占进市场先机，已经把资本回笼，技术也成熟了，规模也做大了，这样，成本也降下去，在价格上，可能还要比那些厂商推出来的低，品质又好，利润又比他们高。曾纪坚说，“只有这样一直跑在别人前面，公司才有办法永续经营。很多企业老是在后面跟着抄，这样不仅很微利，而且如履薄冰，一有风吹草动，他可能就会倒掉。”

当然，台达不可能真的有如先知，可以未卜先知。有这样的超前认知，是基于台达对市场做了大量的调查研究，对他们的上游厂商有透彻的了解。台达每年都会对上游厂家的销售状况做了解分析，对新产品的推出做预先的了解，再根据上游厂家的走势，决定自己的原材料准备情况与设计制作。曾纪坚说，“只有知己知彼，才能百战不殆。”

台达的研发中心拥有各种先进的研发设备，包括电脑辅助设计系统，可运用

在台湾，“台达基金会”拥有非常大的影响力，其推出的绿色“环保车”曾经巡回台湾各大中小学，为学生提供最生动的环保园地。

于线路模拟、机构设计和电路板配置。与此同时，台达也建设了多间测试房、可进行各种精密控制的实验室，例如有屏蔽室和用于电磁干扰 / 射频干扰测试的静音室。此外台达还有各种可控制温度与湿度的实验室。

台达有经验丰富的工程师。他们有的擅长于产品开发，有的擅长自动化及品质管制。台达电子在台湾、香港、大陆及美国、泰国、日本、欧洲，皆有专业的研发工程团队及实验室。除了以台湾及大陆作为研发重镇外，在美国北卡罗莱纳州 (North Carolina) 的 Research Triangle Park 亦设有“台达电力电子实验室”，致力于开发高效能及高密度的电源转换产品；同时在该处并设有“台达网络研发实验室”发展最新的网络产品。

台达有了超前的研发和创新，加上一支专业的研发团队和一大批先进的研发设备，让台达的产品一直引领市场，抢占先机。

品质过硬　制造的基础与保障

台达电子董事长郑崇华早年是在美国修飞机仪表设施的，所以，对于品质，从创立起，就要求员工认识到“品质是最重要的”，对产品要精益求精。曾纪坚说，“董事长早期的亲力亲为与以身作则，也让我们彻底领悟到品质的重要性。”他表示，董事长对品质的要求，向来是“一就是一，二就是二”的。他说，“如果客户要求在9~11之间都可以用，我们会觉得8.5、11.5甚至11.1等这样规格的产品，丢掉太可惜，也许会拿去给客户。但是，董事长一旦知道，是肯定不行的。在他的概念里，差一点点都是不合格的，绝对不能以次充好。而且，他知道后，也一定会要求我们在他眼皮底下把这些产品毁掉，怕我们又拿去给客户。”

品质是台达打开市场的敲门砖，从小小的变压器开始，因为郑崇华的严苛要求，他们耳濡目染之下，也会对品质有着接近神经质的执著追求，台达电子就这样严苛地树立起了品质形象与信誉。在电子这个行业里，信息并不封闭，大家都会有沟通联系，对彼此的情况也很了解，台达电子在整个行业里，就成了“品质”的代名词。“特别是一些高端产品，很多客户只用我们的，这样，我们也可以顺带销一些平时因为价格比别人高而不太会被选择的产品。”曾纪坚像是回忆起那时的情景，不禁笑起来。

品质过硬成了台达的一张王牌，曾纪坚说，“有了这张王牌，我们也不担心市场问题。品质的保证是无形的资产，取得了消费者的信任，才能有更广阔的市场。”

目标管理　凝聚力是团队灵魂

在台达，你所能感受到的还有——目标明确！目标明确、精准管理，就能形成工作向心力、凝聚力，就能步步为赢。

台达的各个厂区都是独立核算的，业绩也是独立核算的。所以，每个人都有目标，每个人都有指标，员工有，总裁有，董事长也有。每个厂都有自己任务，都有目标。曾纪坚为我们举例说，“比如，一个厂，做某个产品，这个产品可能不大，只占一层楼而已。而这层楼有多少面积，用多少水电，都要算到他那边。然后，会算出他的营业额，利润。另外，他还要分摊厂区的公用部分的开销，整个东莞地区的公用部分，中国区的公用部分，还要供应总公司的公用部分。”而核算这些的单位就是“厂”。

台达的厂长有两种，一种叫“厂区厂长”，一种叫“产品厂长”。厂区厂长管理一个厂区所有的事情，产品厂长就只对一个产品进行管理。大的产品，一个可能有一万多人，小的可能只有几十个人。这个也会分，一个大厂长，一个小厂长。不管是大厂长还是小厂长，都要自负盈亏。

“我们会在每年的 10 月份开始计划明年的指标，分配给每个厂多少任务。而这个不是你讲了算，也不是我讲了算，要根据客观条件去决定。上一年做了多少，你占了多少比例，最重要的是要看市场，看你的产品在市场的份额，另外，还要看同行业有没有新的产品出来。”曾纪坚说。当总公司的目标定下来后，大家就开始各自分工，做好市场调查，把细目拿出来。根据市场上上游厂家的情况，比如上游厂商销售，某个产品的市占率，是否有同类新产品，新产品的市场反映，都是在定下目标之前需要确定的客观因素，然后把信息全部整合，最后定下任务量。“这样下来，我们每年的预算跟实际不会超过5%。”曾纪坚自信地表示，“公司也会根据每个部门的情况，去分配一些资源，如人才、场地、设备、资金等。我们不仅仅要每年做下一年的预算，还要做往后五年，十年的预算。”

目标不是一直到年底才来结算，台达甚至把目标的实现情况精确到了每小时的目标。曾纪坚说，“没有每小时的达标，怎么会有每天？没有每天的达标，怎么会有月目标？每个月没达标，又怎么会达到年目标？”台达的电脑管理平台里，随时可以调出各个厂的情况，也方便随时提醒。“我们最少一个月会做一次总结与比较。上个月差多少，这个月怎么补。这样下来，每个人都知道往哪里努力，每个人也很清楚自己的事情。”当然，也不可能每个人在生产的过程中，都是一帆风顺的，都会碰到一些问题，台达的要求的是，碰到问题一定要说出来，要学着沟通。“也许有些问题，我们也帮不到他，但是，我们可以请人去帮助他。我们要的是一种团队合作的精神。虽然，厂区是责任分工制，但是，总公司是大家庭，我们最终的目标还是为了总公司的成长。”正是因为这样，台达的员工们就像是拧紧的一根绳子，大家都往一处使力，绳子越来越粗，越来越紧，台达也越来越强大。曾纪坚说，“我们的团队凝聚力是让我最骄傲的。其他什么东西都可能拿走，但是，只有团队凝聚力，是企业的灵魂。只要有它，什么都不怕。”

超前布局　分散管理

台达早期是台湾的股票上市公司，那个时候，台湾在对大陆的投资上也是有限制的。台湾在上世纪七八十年代人力缺乏，台达为了要生存发展，决定往东南亚去发展，当时的台达选择了泰国建厂投资。一方面要降低台湾的用工压力，一方面那个时候欧盟也在慢慢形成，所以，从泰国走，税也会比较低。同时北美市场也开始萌动。“我们那个时候销给美国的比率很高，所以，我们就选了墨西哥设厂。我在泰国和墨西哥都呆过后发现，这两个地方的人都不如台湾人，都很赖，并不勤劳，乐天知命。中国人的勤奋度是全世界人民中最高的。所以，我们来大陆设厂。”曾纪坚感慨地表示，“而且，当时这一批人，一直没有换，所以，公司的想法也一直在得以实现，这样，也不会有一些因人而变的想法，对公司的整体成长也是有利的。”

台达除了每年做下一年的计划，还会做一个较长远的规划，五年，十年。这样规划一下，让郑崇华感到不盖厂是行不通的，所以，当时在东莞就一下盖了三个厂。而选择在东莞、吴江、天津、芜湖、郴州等地设厂，“在大陆的布局，我们也是经过考量的。”曾纪坚表示，自己刚到东莞来的时候，反而考虑的比较少，只是因为这里离香港近，方便出口；而长三角，从1996年底，也开始如火如荼地发展起来，而上海那边的港口也发展起来，所以，台达也选择在吴江设了厂。天津设厂比较早，那个时候，摩托罗拉在天津，台达依托摩托罗拉，为他们做一些很小的零件。这几年，摩托罗拉的需求慢慢减少了，台达也曾经考虑把天津厂撤掉，但是，最后还是决定保留，为了华北市场保留一块基地。“如果华北地区有后起之秀的话，我那边也是有一些基础的。”而芜湖跟郴州，曾纪坚表示，“这两年，大陆的内销市场成长的很快，但我们还是做了两手准备，如果内销市场的成长速度没有那么快，芜湖到吴江两个小时，郴州到东莞也只要五个小时，如果有办法配套，我们就往外配套，有办法往内扩展，我们就会往内扩展。”这样的布局，是经过了台达高层的周密详细的考量的，也可以达到一种“进可攻退可守”的效果。对于西部的发展，曾纪坚也表示：“我们现在还在考虑，我们进一步的五年计划，可能要到2011年后才会去推广成都、西安等西部城市。在大陆来讲，运输成本和时间是一个很大的问题。一个月如果生产1000万的产品，有500万的是在路上跑来跑去的，这样不符合我们的经营理念，所以，还是没有办法现在就去布局。所以，目前还不适合往西部去设太多的厂。”

人性化管理让人心更稳

在台达有一种特殊的企业文化，即来的人都不会想走。“我从毕业服完兵役后就到台达，这是我的第一份工作。我到台达已经30年了。”正在我们十分惊诧的时候，曾纪坚又说，“台达像我这样工作年资30年以上的一大把。我们高层管理级别的，几乎都有这么久的工作年资。也都是像我这样，毕业后第一份工作做到底的。”是什么让他们如此坚守？曾纪坚告诉我们，这与公司独特的企业文化有关。他说，董事长郑崇华是一个只求事情尽快做好做完的人，不会要求员工一定要按时上下班。相对自由的空间，也给予了台达员工自由的舞台，每个人都可以在这里找到自己的位置，并尽力发挥自己所长，每个能留在台达的人，都会有属于自己的成就感。

曾纪坚说，“我们董事长早期是一个大家长型的人，对每件事情要求都比较严格，什么事情都盯得很紧，什么事情都是追求完美的；而且他是一个工作狂，遇到什么事，就会一直要想到办法解决为止，所以，我们也受他影响，管理别人的时候，也会跟他一样，什么都尽量去做到最好。”这样，就带动台达的文化变成——又快又好。曾纪坚表示，这些年，公司一直在成长，在赚钱。所有的员工在公司里也是一直在成长，一直在学习，职务也有调整，看到自己所经营的一切，也会有成就感。“其实，大家都适应了董事长做事的方法。我们的企业文化就决定了我们一定要快，所以，我们的品质，我们的团队精神都是很出色的。”

在台达，没有派系之分。派系之分在台湾是很普遍的。台大毕业可能他带领的团队都是台大的；交大的，可能用的人都是交大的。在台达，没有这样的现象。曾纪坚笑着说，“我们是杂牌军，各学校的都有。”其实，派系对于公司的管理是不利的。一个部门都是一个学校的，一个派系，公司请他们过来就会很危险。曾纪坚表示，就是因为郑崇华请他们的时候，可能有特别挑选过，没有一个学校的，所以，他们再去招请别人的时候，也不会有这样的想法。

1993 年，因为东莞的厂扩展迅速，业绩惊人，郑崇华曾过来视察，并表示大陆市场非常好，但是，用人一定要本地化。从 1993 年开始，曾纪坚每年都会陆续去各个城市的学校招聘，现在，工厂里几乎都是大陆人，只有 200 个台湾人。曾纪坚说，“董事长说过，就算收了台湾厂，也不会裁员。因为这是台达的文化。人家在这里工作了 20 多年，到了 40 几岁再去找工作，也很难。”曾纪坚表示，公司讲究比较人性化的管理，没有采取高压制，而且，很照顾员工。效率归效率，品质归品质，人性化也很到位。他说，希望这种文化会一直延续下去。

台昇家具：多管齐下拓市场

台昇国际集团董事长　郭山辉

台昇国际集团（以下简称台昇）最早起步于台湾，上世纪 90 年代初迁来东莞。2005 年，台昇在香港证交所上市，成为亚洲第一自有品牌的家具集团公司、全美前十大家具集团公司。

台昇主要生产和销售餐厅、卧房、客厅等三大系列木制家具，并大胆尝试，建立了多元化的销售管道和完善的销售网络，令公司的销售额迅速提高，业务不断扩大，台昇计划用 5 年时间使内销额达到 20 亿元人民币。

“台昇家具”目前有三个自营品牌“环美家居”、“艾特屋”及“I尚”，以家具为核心竞争力产品。台昇一直走的是多品牌战略，用企业品牌带动产品品牌。多渠道营销，让台昇在短短的三年时间里，拥有了66家加盟店，10家直营店……

投资大陆历程

1991 年底，到广东省东莞市大岭山设厂，成立台昇家具制造有限公司；

2001 年，并购美国环美 Universal 家具公司；

2002 年，在美国设立行销中心，缔造了制造品质、生产规模及国际化品牌、通路于一体的事业整合；

2003 年底，在嘉善设厂，为内销市场做准备；

2004 年，代表中国家具打反倾销案件，被冠以“家具大王”美誉，郭山辉被评为广东十大经济风云人物之一；

2005 年底，顺诚控股（Sam－sonHoldings）在香港主板挂牌上市；

2006 年至 2008 年，又分别收购了 Craftmaster Furniture、Pennsylvania House 和 WillisGambier，使得公司在通路上更加完善；

2010 年，于孟加拉和印尼建立新厂与备料厂，完善产品供应链；

目前台昇已发展成为在美国和欧洲家居家具市场具领导地位的垂直整合运营商，并为美国前十大家具制造及进口商。

美国《今日家具》杂志评选的“2009年度美国市场25大家具制造商”名单，台昇家具榜上有名，以3.54亿美元的销售总额排名第七，台昇家具排名比2008年更进一名。

布局内销 荣耀中国

环美家居

品牌源自美国，拥有50多年悠久的历史，被视为最具代表美式经典风格的实木工艺家具龙头之一，不仅产品系列完整、可以满足全方位的居家需求之外，其匠心独具的风格设计更是让人爱不释手的隽永典藏。它代表着高贵、正统、经典、奢华、尊荣、优雅，在精致的奢华高贵中营造浪漫唯美的生活态度。

艾特屋－欧克

系列源自德国，是由台昇国际集团集合众多国外优秀设计师所推出的德国现代风格的家具品牌。专为迎合中国大陆高品位生活的消费者，追求典雅与和谐的大陆家庭量身定做。以德国现代风格，以流畅动人的线条美感传递高贵、典雅、自然与和谐的家居生活。

I尚沙发

源自欧洲，是少数纯正简欧现代风格沙发代表品牌之一。为满足中国大陆高品位消费群体追求高品质居家生活的要求，由台昇集团将其引入中国大陆，使得欧洲最前沿的客厅文化第一时间传入大陆家庭，改变了大陆众多家庭的居家生活方式。

I尚，旨在倡导一种温情脉脉的、充满女人味的客厅文化。设计上，除沿用国际流行的简欧现代风格之形式美外，还大胆创新，将奢侈LV等的元素融入其中，彰显高贵、时尚、温馨、追求，是现代都市中产阶级群体低调奢华的高品位生活方式。

（资料来源：台昇网站）

品牌是台商在大陆生存必须要走的路，没有其他路走。你必须自己设计、制造、拓通路、做营销，每个环节都得自己来。所以，我们现在是一个一个品牌去推出，然后，再一个一个品牌去经营。

随着国际市场趋紧、出口风险提高，大陆的内销市场被海内外家具同行普遍看好。台昇国际集团的发展战略也做出了相应的调整：一方面完善全球销售管道，坚守海外市场阵地；另一方面，开发适销对路的新产品，积极开拓内销市场。经过数年的准备，台昇集团于2007年底吹响了进军内销市场的号角。

多品牌助经营

“品牌是台商在大陆生存必须要走的路，没有其他路走。目前大陆家具行业都是以单一品牌的概念在做家具营销，单一品牌在大陆没有办法迅速打开市场，这其实也是大陆家具市场一个很大的瓶颈。所以，我要想突破这个瓶颈，我们要实施多品牌多渠道的战略。”台昇董事长郭山辉坚定地说。在品牌推广上，台昇一直走的是多品牌战略，用企业品牌带动产品品牌。“消费者不会看到台昇家具，消费者看到的都是我们推出的产品品牌。”

2007年，台昇集团进入内销市场，目前，在大陆市场，台昇以“台昇家具”这个品牌为主导，往下延伸出“环美家居”、“艾特屋”及“I尚”三个子品牌。而在环美这个品牌之下，也还有“环美精典”跟“美好家园”两大系列，这两个品牌属于美式家具。这两者在定位上是有区别的，“环美精典”强调美式的高档精典，比较适用于别墅、豪宅，尺寸跟规格都比较宽大；“美好家园”则走现代加古典的混搭风格，强调新一代混搭艺术的美式生活。郭山辉说，“家具的混搭有多种表现形式。比如，一套沙发三种颜色，以布的搭配做风格的转换，桌子跟椅子的颜色不一样。对整套一系列家具来说，桌子可以是一个风格，柜子可以是另一种风格。”同时，“美好家园”的设计，线条没有太出众的雕割，显得没那么硬，比较休闲，可以跟现代的环境搭配。“这是现在流行的混搭休闲风格。”

“艾特屋”是根据现代人需求设定的自创品牌，走得则是现代风格。“艾特屋”下有欧克、北美森林、Willis & Gambier（威利斯甘比尔）三大系列，是德国风格，

台昇集团董事长郭山辉表示，由于大陆促内销等利好政策，台昇将持续对内销发力，逐步拉高目前内销仅占该公司 2% 的比例。“切不可坐失内需蓬勃增长的内陆。”郭山辉认为，尽管近来大陆工资成本上升，但整体而言，产业链配套完整、效率高、政策逐渐透明、政府处理纷争速度快。他看好台商不会出走，只是加速转型和资源整合，以适应变化剧烈的生产环境。台昇计划在 5 年内，把内外销市场份额的比例调整至各占一半。

由德国设计师设计。德国，在欧洲家具界来讲，是 NO.1，做的量最大，整个风格以全实木的形态出现，这个风格正好在大陆比较少见，台昇抓住这个市场空缺引进过来。郭山辉说，“因为大陆市场太大，东西太多，太重复，跟着走，永远做不大。”台昇在“艾特屋”下第一个系列就引进德国风格。产品全部用白橡木、全实木做成。整个设计雕割的比较出众，实木感比较强，强调德国生活的舒适及功能与品质。整个系列都是讲究高品质的风格，是实木加高品质五金的整合。“目前市场反映很好。”郭山辉难掩骄傲地说。

“我们又推出了新的品牌，是具有法国浪漫血统的‘I 尚’沙发。”事实上，台昇在国外早已开发了沙发市场，但在大陆市场还是新的领域。这个系列引进了最新的时尚元素——把很多女式的手提包材质及元素整合进入沙发的制作中。现在，很多皮质沙发，都讲究皮质的颜色跟形式的搭配，现代感比较强，“I 尚”，就把这一些流行元素带进来。像 LV 之类的包包，皮质上就有一些压皮花、LV 的 LOGO 等，把这些元素用在家具上，台昇的创新思维开创了家具业的先河。“所以，我们现在把 LV、阿曼尼、贝利包等其他的名牌包的花纹引进，用到沙发的制作上，这就代表着一种新的 fashion 风格。郭山辉表示，台昇现在是一个一个品牌去推出；然后，再一个一个品牌去经营。

多渠道、高定位拓市场

通路是品牌最重要的元素之一，产品的销售要靠通路的完善来进行。郭山辉表示，现在大陆的家具行业的通路有两种，一个是直营店；第二个就是进入卖场。

而台昇依然是走多渠道路线，双管齐下。郭山辉表示，进入内销市场后，发现有大陆很多地方与国外不同。大陆家具业并没有太大型的连锁家具卖场，所有环节都必须自己动手，必须自己设计、制造、拓通路、做营销，每个环节都得自己来。因此，郭山辉第一个想到的是建立自己的直营店。

直营店方便管理，对于准备拓展市场的台昇是一个很好的通路形式。尽管直营店拓展的速度太慢，成效比较难见到，必须要五年才会有效益，但直营店却可以帮助品牌树立自己的风格。而想要快速成长，又必须走加盟路线。同时，进入大卖场亦是展店速度最快的方式。所以，郭山辉下定决心，两种通路都必须同时做，双管齐下。“主要城市做直营，二级城市做加盟；先把一二级城市经营好。这与我们的产品定位有关，我们走中高端路线。”

郭山辉表示，现在大陆家具市场，很大部分都在走中低端以下的路线，家具市场的竞争比较激烈。由此，台昇就更加要强调自己的品牌个性，要走中高档定位。他强调，一定要选择高档的大卖场进入。“我们进的都是吉盛伟邦、居然之家这类的大型的高档卖场，并争取拿到好的位子，这对彰显品牌效益十分重要。”

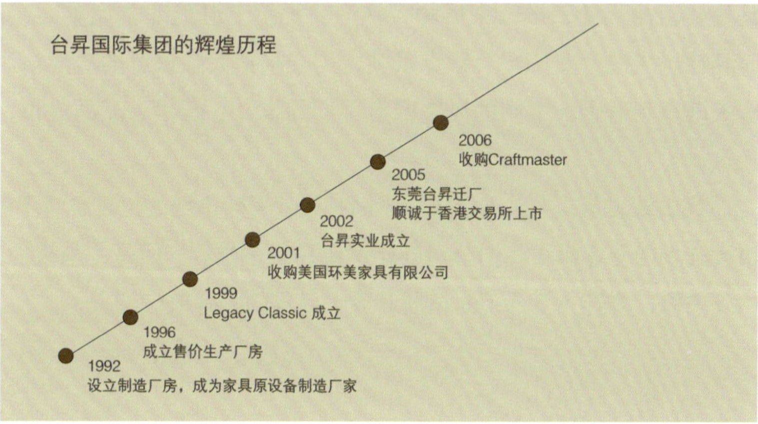

根据台昇记载的数据，早在 1998 年，台昇家具单月出口量，从原来 100 个货柜量涨到 300 个。2001 年，台昇并购了美国前五大家具销售公司之一的环美家具，第二年台昇营业额突破 3.6 亿美元，单月出口货柜 1400 个，成为全球木器家具霸主。

而台昇一路扩大厂房至 11 万平方米，资金流转方面都没向银行借过一分钱。“不信你可以去银行查有没有我的信用记录。”郭山辉说。

差异化求发展

差异化是企业的核心竞争力。换句话来说，就是企业经营要素的优势资源，是竞争对手难以跟进的和仿效的资源，它可能是研发创新、制造能力、营销管道，也可能是管理体系、企业文化等。

行业的发展离不开企业的竞争，大陆家具行业正处在品牌竞争阶段，真正的品牌经营还有很大的提升空间，产业链的竞争还没有真正开始。郭山辉表示，现在大陆很多不同厂家生产出来的家具产品居然款式、造型一模一样，有的只是颜色或细节有些出入。如今的家具行业不但产品出现了同质化,而且工厂的技术设备、营销管理、服务策略等方面都开始进入了同质化竞争时代。郭山辉说，“在同质化家具时代的今天，要在大陆家具市场占有一席之地，我们必须走差异化品牌发展路线。”

郭山辉认为，首先在产品上，就要跟目前家具业大家都在做的产品有区分。因为台昇自己就是正统的美式家具厂商，所以，台昇的美式家具是最领先的，都是按美国的尺寸、设计来做的，在产品类别上已经非常完整，产品线也够丰富。而具德国风的“艾特屋”欧克系列，则会根据大陆家庭的房间格局来做更正，适应大陆市场需求。不同的风格配合不同的设计、营销、产品定位，是台昇最大的特点。

郭山辉表示，未来外销还要不断扩张，大陆市场的比重也会不断增加。“现在，市大陆场的营业额在我们公司的比例还只是个位数，但是，未来一定会到 50：50。内外兼修，多管齐下，不断拓展和放大台昇的品牌效应。”

天福集团：牵手两岸发扬中国茶文化

天福集团暨天福茗茶创办人　李瑞河

祖先在两百多年前从福建省漳浦县漂洋过海，带着茶树种来到台湾，开始了李家在台湾种茶的历史。在茶树丛下长大的李瑞河是李家的第七代传人。七八岁时便和奶奶免费为路人送茶水，17 岁开始和父亲经营茶叶生意，26 岁在台湾开设了自己的茶行。在台湾近 40 年的经营，领域涉及制茶、连锁茶艺馆、证券投资、旅游等行业，并在海外设立了连锁公司。

1993年在福建漳州创立天福集团，以“天福”为主打品牌，以茶为核心竞争力产品。用“以服务换取广告”的方式打响知名度，短短18年，天福集团迄今已经在大陆开设1150家直营连锁店，并发展成集茶业生产、加工、销售、科研、文化、教育、旅游为一体的当前世界最大茶业综合企业……

李瑞河大事记

第一阶段：创业时期

1953 年 和父亲李树木在高雄开设“铭峰茶行”，由茶农转做茶商

1961 年 在台南开设第一家天仁茗茶门市

第二阶段：事业攀上高峰

1978 年 创立头份制茶厂

1979 年 于美国洛杉矶创立天仁茗茶第 1 家海外分公司

1980 年 成立陆羽茶艺中心

1986 年 成立天心中医院，引进哈帝汉堡

第三阶段：跨足金融业，却深陷风暴

1988 年 成立天仁证券

1989 年 天仁证券扩大经营综合证券商业务

1990 年 爆发天仁证券事件，亏损 30 亿元新台币

1991 年 李瑞河被判有期徒刑四个月，缓刑两年，卖掉台北市南京东路上的天仁大楼，“天仁茗茶”移至忠孝东路

第四阶段：东山再起，成为两岸茶王

1993 年 前进大陆，买下福建优山茶厂

1994 年 建立天福茶庄

2005 年 天福集团当年的营业额约人民币 5.2 亿元，首度超越台湾天仁茶叶

2009 年 天福茗茶直营门市达 1000 家

2011 年 8 月 天福茗茶直营门市达 1150 家

天福茗茶

成立：1993 年

资本额：人民币 8 亿元

近几年营业额：2006 年 人民币 9.6 亿元

2007 年 人民币 14 亿元

2008 年 人民币 14.7 亿元

产品结构：茶叶 80％、茶食 15％、茶具 5％

李瑞河 出生：1935 年

学历：南投县竹山初中

经历：天福茗茶董事长，成立 17 家关系企业

从古代路边茶档得到宣传灵感，李瑞河总裁 1993 年在福建漳州创立天福集团之初，在国道旁向过路的司机免费奉茶，“以服务换取广告”，让天福品牌与贴心的服务深入民心。短短 18 年，天福集团迄今已经在大陆开设 1150 家直营连锁店，并发展成集茶业生产、加工、销售、科研、文化、教育、旅游为一体的当前世界最大茶业综合企业。李瑞河的心愿是，牵手台湾天仁集团，走向世界，发扬中国茶文化。

“虽然没有万贯财富，我却拥有上千家天福茗茶；虽没有学富五车，我却拥有茶学院、茶博物院；虽没有子孙满堂，我却有 2000 多位学院子弟，升格当茶爷爷了，76 岁的我，快乐当个卖茶郎。”天福集团暨天福茗茶创办人李瑞河一席“心满意足”话语，简单却清楚勾勒出他所建造的两岸茶叶版图。

以老行业新经营起家

出身台湾南投县名间乡茶农世家的李瑞河，1953 年协助父亲在高雄冈山开设铭峰茶行，并奠定以茶业为终生志业。1961 年李瑞河在台南开设第一家天仁茗茶专卖店，以“老行业、新经营”的理念，把现代企业管理模式融入传统行业中，自创一套茶业连锁店扩展管理方法，并于 1968 年创立天仁茶业有限公司。

1990 年李瑞河因为投资证券业失利，出售台湾天仁持股，退出经营并远赴美国发展，率先把天仁茗茶专卖店的经营概念带到北美。1993 年，李瑞河看准大陆改革开放的大好商机，在福建漳州创办天福集团。

李瑞河说，大陆茶业市场竞争激烈，可说是五花八门、“千奇百味”，谈到集团创立之初，如何在大陆这个幅员广阔的市场推广天福品牌，李瑞河从古代路边茶档得到宣传灵感，提出了一个“古法今用”，既复古又创新的好点子。

“当初我们没有钱做广告，于是在路边奉茶做广告。集团总部对面就是 324 国道，是福州到厦门、广东，然后一直往西到云南的主要干道。我们选在国道旁开茶庄，一边卖茶叶，一边让路过的司机进来休息，并免费奉茶，‘以服务换取广告’，我们天福的品牌知名度就是这样打出来的。”

从大陆“反攻”台湾

茶叶帝国版图

海外事业——海外天仁加盟店 60 家

安可李公司（Uncle Lee Tea）

大陆——天福集团 总管理一处 直营门市 1150 家

总管理二处 生产加工厂 12 家

其他转投资事业：天福茶学院、天福高速公路服务区、天福茶博物院、天福厦门物流配送中心、陆羽茶艺教学中心

台湾——天仁集团

直营门市 50 家

吃茶趣 11 家

茶学院

茶学院是天福集团的“养兵之地”，2007 年斥资人民币 2 亿元成立，目前有学生 2000 多人，2010 年还有 12 位来自台湾的学生。而第一届学生 2011 年毕业，他们将拥有开设天福加盟店的优先资格。李瑞河说，天福茶学院是茶叶的“黄埔军校”，是他毕生推广茶文化最直接的方式。

高速公路天福服务区

李瑞河承袭在台湾设头份服务区的经验，在成都、漳州两地的高速公路交流道旁开辟“天福服务区”，打破以往中国的高速公路休息区只提供加油和上厕所的功能。他还兴建宾馆、餐厅、茶庄、商场以及石雕园，使服务区成为休息、观光、购物兼具的旅游热点。

茶博物院

博物院和茶学院是李瑞河在台湾就想做而未能实现的梦想。占地 80 亩、号称世界最大的茶博物馆“天福茶博物院”，是李瑞河在 2000 年投资人民币 3000 万元兴建，2002 年完工，现为大陆 AAAA 级旅游景区。李瑞河说博物院一年要人民币 300 万元才能维持营运，“即使赔钱还是要继续做下去！”

路边奉茶让天福集团打响品牌知名度，“天福茗茶”直营连锁店在大陆各大城市迅速发展。截至 2011 年 8 月底，总店数达 1150 家，从北京王府井、上海南京路，到新疆的乌鲁木齐、克拉玛依，黑龙江的哈尔滨，再到云南的昆明、海南的海口，随处可见到“天福茗茶”绿底白字的招牌。

天福集团在大陆经营成功，也让李瑞河有机会从大陆“反攻”台湾。1999 年李瑞河返回台湾买下天仁的持股，同时担任两岸天福、天仁集团总裁，并买下台北市衡阳路的大楼，建立天仁集团在台湾的旗舰店与博物馆，是早期大陆台商资金回流台湾的重要案例之一。

天仁集团是台湾唯一的茶叶专业上市公司，在台湾、美国、加拿大、日本、澳洲等地成功开设 130 多家“天仁茗茶”连锁店。为了带领茶文化的新趋势，天仁集团 2000 年成立“天仁吃茶趣”复合式餐饮连锁店，研发出具有独特风味的茶膳、茶点及茶饮，店内所有餐点皆用天仁茗茶的优质茶叶，引领茶类饮食文化至另一新领域，吸引追求新潮流的年轻顾客群。目前“天仁吃茶趣”在台湾设有 11 家连锁店，并积极扩张海外版图，在美国洛杉矶和澳洲悉尼都有分店。

天福、天仁集团成为两岸茶叶销售连锁店的龙头，李瑞河指出，两个 Logo（商标）的设计很有心思。外围可以看成是一片红色的茶叶或者一个嘴巴，天福的 Logo 是茶叶包裹着茶壶，而天仁则是裹着茶杯。“茶杯小而茶壶大，隐喻天福在大陆的规模比天仁在台湾大，而茶壶里面的‘福’字可以代表福建省或者福气，虽然笔画多一点，但是有福气就好，所以采用这个设计。”

开创全球茶业三大创举

整洁舒适的天福路边茶庄奉茶与卖茶概念，成为“天福茗茶”大陆 1150 家直营连锁店的起点，后来更发扬光大，成为引领大陆高速公路服务区迈向国际化的基础。李瑞河指出，由天福集团开发、占地超过 2000 亩的“厦汕（漳诏）高速公路天福服务区”，是目前全球最大的高速公路服务区，集服务区、观光石雕园与观光茶园于一体。另外，天福集团也在大陆西部开发“四川成乐高速公路夹江天福服务区”，占地 380 亩，包括高速公路文化区、茶文化旅游景点和川茶产销枢纽三大部分，是到四川著名景区乐山和峨眉山旅游必经的第一站。

除了开发全球最大高速公路服务区，李瑞河还有两大创举。为了弘扬茶文化，李瑞河在漳州设立占地130亩的“天福茶博物院”，建筑总面积6000余平方米，是目前世界最大的茶博物院。

由于天福集团计划在大陆不断扩充直营连锁店，李瑞河注意到必须有完善的人才资源培训作为后盾，2006年出资2.5亿元（人民币，下同）在漳州创办“天福茶职业技术学院”，占地1200亩，校舍16万平方米，是经国家教育部备案，省教育厅颁发办学许可证，纳入国家高校统一招生，具有独立颁发由教育部制订认可大专学历毕业证书的全日制高等院校，也是全球第一所茶专业高等院校。

李瑞河说，天福茶学院在2007年开始招生，第一届招收了502名学生；2008年则招收800名学生；2009年招收了1000名学生；2010年又招收的1000多名学生中，有12位来自台湾。

天福集团还在茶学院对面建立大型生产基地作为校办厂区，包括茶厂、茶食品厂、茶具厂等，共7万平方米的厂房，先进的茶叶、食品生产线和完整的实验、检验设备，既可作为天福集团的主要生产工厂，也可以供茶学院作为学生实习和产教结合的基地，希望为中国茶业培养更多具有理论基础和较高实践能力的专业人才。

牵手两岸　走向世界

从1993年筚路蓝缕在漳州创立天福集团，短短18年间已经发展到10多亿元的规模，成为集茶业生产、加工、销售、科研、文化、教育、旅游为一体的当前世界最大茶业综合企业。李瑞河说，漳州是他的“圆梦之地”，有一份特别情感。

谈到天福集团未来的发展计划，李瑞河有十二字真言：拥抱漳州、牵手两岸、走向世界。“漳州是天福集团的发源地，‘牵手两岸’代表天仁与天福，可以运用天仁在台湾以及世界各地50多年的行销经验与通路，而天福的产品应有尽有、资源丰富，两个集团结合起来开拓世界市场是最有竞争力，可以在世界各地发扬两岸的中国茶文化。”

李瑞河表示，天福成立18年以来，至今开了1150家，未来10年可望开到2000家，20年后开到3000家，海外市场也将全面拓点。2009年天福营收达人民币16亿元，获利人民币1.8亿元，2010年营收增长逾2成，达20亿人民币。

“1000家直营店的目标已达到，现要盯向2000家加盟店，地点主要是大城市的近郊地区，或者目前天福集团还没有开发的大陆二、三级城市，避免与直营店商圈重叠成为竞争对手。”

虽然天福在中国茶叶市场已经举足轻重，但重回创业的天仁茗茶，这是李瑞河在台湾的“根”。2004 年，李瑞河以天福投资名义买进天仁股份，尔后儿子李家麟也以天瑞投资购入天仁股份，成为天仁的前两大股东。

天福茗茶已经预定于 2011 第 3 季，拟以天福控股（开曼）公司的名义，赴香港挂牌上市。李瑞河表示，天福将办理私募案，私募金额约在 2500 万至 5000 万美元之间，其中 25%将让给天仁入股，此交叉持股动作，也让天仁分享到天福的经营果实。

品牌细节　让客户“眼见为净”

产品研发创新也是天福集团一直坚持的发展方针，李瑞河指出，将来集团正式上市之后，将会规定每年在营业额当中拨 2% 作为研发经费。

天福集团创立之初以乌龙茶起家，目前茶类产品已经发展到五花八门、应有尽有，以迎合大陆以及世界各地消费者的需求，并且开发了配合喝茶的糕点与蜜饯等 1000 多种茶食品。

另外，也研发了很多周边产品，包括茶籽油、经高科技以茶叶中有益成分提炼的“天美仕”化妆保养品和健康食品，还有喝茶必备的各种茶具。

不过，李瑞河认为，台湾只有乌龙茶最有名，而大陆有名的茶种类繁多，因此没有知名度的台商茶叶品牌要开拓大陆内销市场并不容易。李瑞河说，食品业台商抢攻大陆内需市场较为有利，因为大陆消费者对台商食品的安全控管比较有信心。

以天福集团为例，如果参观者在食品厂内看到一只苍蝇在飞的话，厂长要罚款 50 元；如果看到一只蚊子的话，厂长要罚 20 元。李瑞河说，十多年来累计只有罚款一次，当时是一位客人看到食品厂内有一只苍蝇，拿到 50 元“奖金”。“有人说‘眼不见为净’，我们则是要‘眼见为净’，换句话说，是开放客人监督食品卫生，让客人看到我们的严谨认真，就会对天福的产品有信心。”

李瑞河对品质的执著源自他对茶叶的热爱与使命感。“天福不只是制茶、卖茶，还讲究茶的艺术文化。”这位世界茶王对古今中外的茶文化都有深入研究，常引世界名人的喝茶心得，与人们分享喝茶的益处。“一位英国大文豪说，‘当你寒冷时，茶会温暖你；当你酷热时，茶会清凉你；当你沮丧时，茶会鼓舞你；当你得意时，茶会平静你。’因此，喝茶可以怡情养性，让人不会得意忘形。”

李瑞河认为，用现代的话来说，茶是“和谐的饮料”，天福集团在高速公路服务区的标语，就是这句话引申而来，“茶——和谐之源”。天福的经营目标就是要让世界上更多人爱喝茶，令全世界变得更和谐。

威盛电子：十年铸剑，打造一流 IT 品牌

威盛集团董事长　王雪红

威盛集团总部位于台湾台北县新店市，并于大中华地区、美国、欧洲、南美洲等 IT 中心城市拥有分支机构，客户群涵盖全球各大 OEM 厂商。威盛电子(VIA Technologies, Inc. 简称 VIA 或威盛),已在台湾证券交易所上市。在王雪红的掌舵下，VIA 成为全球第三大的 CPU 厂商。

威盛集团旗下威盛电子于1999年进军大陆，以“中国芯”为主打品牌，以芯片为核心竞争力产品，抱着“做世界第一流的中国人的芯片”的理想，凭借着具有前瞻性的研发和经营，将全球近70%的芯片组市场份额收入囊中。在以往被西方发达国家企业牢牢掌握的领域里，威盛“中国芯”的民族科技品牌领导地位由此确立……

IT 界大红人王雪红

《福布斯》2010 年全球富豪榜中，陈文琦、王雪红夫妇共拥有 20 亿美元（约 156 亿港元）财富，位列全球 488 位，王雪红亦同为台湾女首富。

“爸爸（王永庆）很严肃，像老板一样，我常说神是我第一个老板，父亲就是我第二个老板，每次见他都正襟危坐，怕讲错话。”

《纽约时报》形容王雪红是“最有权势的 IT 界女强人”，在台湾人眼中，她是“最像王永庆的女儿”，台湾商界甚至有“生男当若张忠谋、生女当如王雪红”的说法，而她为人注目不仅是其锐利的营商眼光，更在于她不靠父亲的支持，收购硅谷芯片商创 VIA ，不怕困难自力创业的故事。

作为王永庆与二房妻子杨娇的三女儿，王雪红无疑是含着金汤匙出世，但这并不代表她安于留在父亲的“台塑王国”，事实上自她在美国毕业回台湾后，王雪红仅在台塑工作过不到一个月，而她首份的正式工作反而是加入她家姐所创办的大众电脑，1988 年王雪红正式创业，以母亲所送的房子作抵押，向银行借贷收购美国硅谷的一家小规模的芯片设计公司，并发展为今日的 VIA（威盛）。

徐涛掌握的中国区，已是威盛全球三大业务中心之一。威盛的“中国芯”理念在徐涛布道般不遗余力地推动下，已然成为大陆 IC 产业以及 IT 产业最具象征意义的符号。而徐涛本人，成为在大陆台商中的知名人物，在他的头衔中不仅仅是 VIA 的中国区行政长，还是全国台企联的常务副会长兼新能源新技术委员会的领头人。

作为 IC 业界资深的领导者，VIA 威盛一向以准确洞悉和把握市场趋势而著称。成长迅速的威盛十分清楚未来市场的机会在哪里，也更清楚高技术产业的源动力来自哪里。威盛在大陆编织美好未来的同时，努力建立了一条掌握在华人手中的 IT 产业链。

做世界第一流的中国人的芯片

上世纪八九十年代，是电脑科技突飞猛进的发展时期。特别是经过最初的代工、模仿阶段的产业经验累积，台湾逐渐发展成为全球 70% 的 PC 主板生产基地，IC 产业也已经进阶到产品设计，乃至自主创新的准备。威盛电子就是在这样一个技术浪潮席卷全球的历史背景下应运而生。

那时候，源自欧美和日本的电子风潮正以裂变的速度发展着，并在顷刻间席卷整个中国。不管是大陆还是台湾岛内，几乎所有的创业者都选择做门槛低、资金链短、回钱快的代工厂。但威盛电子的创始人王雪红女士却不这样认为。“电脑主机上眼花缭乱的各种配件，几乎找不到一个是我们中国人自己做的，钱都被别人挣走了。在美国硅谷，到处都是华人科学家在工作，我们为什么不能自己做呢？”王雪红说。“做世界第一流的中国人的芯片”从此成为威盛的“中国芯”品牌理想，立志在电子产业树立起一面国人的科技大旗。

随后PC市场的快速膨胀，给了威盛电子巨大的发展空间。凭着具有前瞻性的研发和经营，威盛电子在芯片组领域取得了巨大成功，将全球近70%的芯片组市场份额收入囊中，成为芯片领域举足轻重的厂商。在以往被西方发达国家企业牢牢掌握的领域里，威盛“中国芯”的民族科技品牌领导地位由此确立。

进驻大陆　前瞻性战略布局

北京首都机场巨幅的“中国芯”广告牌，开始了威盛电子的大陆之旅。威盛集团副总裁、中国区行政长徐涛说，当初威盛进驻大陆市场，是一个战略性的决定，作为全球唯一同时掌握完全自主知识产权X86架构CPU和移动通讯芯片核心技术的华人企业，威盛看到未来中国经济、科技、IT的发展潜力，看到了大陆一个庞大IT市场即将形成。自此，威盛电子高举起“中国芯”的发展旗帜，开始了在信息科技最前沿与国际著名厂商分庭抗礼，积极推动中国IC产业赶超世界先进水平的奋斗之路。

当时芯片产业领域上演了愈演愈烈的运算速度“军备竞赛”，面对日趋凸现的能耗问题，威盛电子清醒地意识到:IT产业在提升生活便利和促进社会进步的同时，

威盛的成就是每一天每个细节小事件不断努力堆加起来的总和。

随之而来的高能耗和污染已经给社会带来了不可忽视的负面效应。于是威盛电子大胆地预言：以绿色、节能为出发点，与环境相和谐的产品才有长久的发展空间，才是未来市场真正的主导，威盛电子要以一种全然不同的理念来赢得这个市场。

走进绿色节能这片蓝海的威盛电子，经过十余年的坚持和发展已经证实当初的选择是正确而明智的。对于当初的战略决策，徐涛深有感触："事实证明，威盛抓住了产业发展的趋势，现在英特尔与 AMD 都开始向这个方向进军。"

如今，"低功耗"不再作为威盛品牌的一个附加值标签，而是作为市场甄选的首要指标。从喊出"中国芯"到高举"绿色计算"的大旗，威盛在中国市场走出了一条属于自己的路，找到了创造绿色财富的金钥匙并获得了市场的认同。

威盛品牌推广的切入点是两岸一脉相承的民族文化，将"中国芯"作为切入点，徐涛有着自己的理解。徐涛说，民族品牌对中国企业在本土市场是有一些帮助，但还不是绝对优势。什么才是企业的立足之本？徐涛认为，是产业的方向、技术的优势，力求做最好的产品。试想一下，你做的产品大家都会做，或你发明的产品极易仿制，那还有什么生命力？只有竭尽全力挑战不可能，不间断开拓创新最新产品，并力求做得最完美，企业的永续经营才有最坚实的基础。

多年来，威盛在高集成、绿色计算、低能耗等方面都取得了不俗的成绩。徐涛认为，民族品牌的效应还没有发挥明显的效力，只是处于第一波的发酵阶段。未来，民族品牌将是经济发展第二波的重要动力。拿威盛来说，十年磨一剑，3G 移动互联网的发展、云计算领域的战略部署，威盛都将蓄势待发。"We are ready!"徐涛对于未来信心满满。

与产业大鳄英特尔抗争

很多人知道威盛电子，源于 10 年前的一场官司。

1994 年，英特尔全面涉入芯片组产品设计，原有的市场竞争格局经过这番洗牌，幸存者所剩无几。而威盛电子则凭借专攻尖端设计的创新形式，以及自身技术的独到之处，反而进一步巩固了自身的产业地位。

1999 年 6 月，英特尔在美国、英国、新加坡等地对威盛提出控告，称威盛侵犯了英特尔的专利技术，要求美国商务部下达不准威盛电子将与英特尔兼容的芯片组输往美国的命令。当时威盛是仅次于英特尔的全球第二大芯片组供应商。

在威盛看来，既然选择了芯片组这条路，遭遇英特尔是迟早的事情，如果退缩，就意味着失去未来的竞争机会。“假如因为英特尔做芯片组，我们看到它太强了就转到别的地方去，而我进入的任何市场，英特尔都可能进去，它再进去，我又要换一个地方，这还得了？”

这样的坚持与选择也更进一步加剧了威盛电子与英特尔之间的竞争。但是官司并未减缓威盛前进的步伐，当年便先后收购了美国国家半导体公司微处理器部门和美国芯片公司IDT，进入CPU产业，此后又收购了与英特尔签订交叉专利授权协定的S3公司。

2003年4月，威盛与英特尔达成和解，双方撤回所有诉讼，并就现有的产品线签署为期10年的交互授权协定。

守住这样一场实力悬殊的较量，对于威盛电子来说，更是守住了威盛电子的芯片研发之路，守住了“中国芯”品牌的未来。经过与产业大鳄的直接交锋，威盛电子坚持走自己的“中国芯”品牌之路的决心更加坚定。

3G时代的新机会

十多年来，威盛一步步地在全球IT产业界布下了自己的一个“局”。徐涛认为，随着3G时代到来，在芯片、移动终端、消费品牌上都占有优势的威盛集团，在3G时代一下子跃居到了产业的制高点上，其在3G领域布局多年所积累的产业势能也因此而找到了全面释放的空间。

事实上，从多年前开始，威盛在其“中国芯”的布局中，已经将3G发展的因素充分考虑其中。在徐涛看来，3G将会促使移动互联网时代的全面到来，而这一趋势将使得传统的IT产业、通信产业以及互联网产业的界限日趋模糊。在这种情况下，“连接”这一核心的元素将会被充分重视和发掘，而威盛在这方面长期积累的高水位优势也即将破闸。

针对3G发展，威盛集团将发展的重心放在终端的促进上。除了威睿电通在手机芯片以及上网卡等领域的突破外，威盛集团旗下的宏达电子和多普达在智能手机领域也已经占得先机。此外，作为手机之外的终端形式，威盛电子在上网本领域有着绝对举足轻重的市场地位。凭借着威盛电子在超移动计算平台解决方案领域的多年积累，上网本成为威盛处理器平台产品的新战场。

当更多的 IT 科技企业借助电脑下乡政策之势，扎堆奔向中国大陆农村市场，投身那里的信息化建设之时，威盛采取了新的战略布局，将目光投向了大陆 3.7 亿的青少年。威盛电子积极推动“pc-1”主题行动，旨在缩小信息化发展程度不同地区在数位化方面的差异；还持续支援全国少儿计算机大赛，令此项具有优秀传统的信息化普及教育活动影响更为深远；同时重点建设“威盛中国芯成长数位营”，把信息化教育普及延伸到西部欠发达地区。

“威盛用自己的中国芯技术优势，为孩子们打造一个真正可以放飞理想的天空！”徐涛指出，未来威盛电子还将更多关注青少年公益事业，而且更重要的是，通过这些，也使得威盛品牌以更值得信赖的形象领先于市场。

收购 TVB　涉足多媒体

2011 年 1 月 26 日晚上 TVB（香港电视广播有限公司）通告宣布，由邵逸夫掌控的 TVB 两大股东“邵氏兄弟香港”和“邵氏基金香港”，分别持有 TVB 的 26% 及 6.23% 股权，“邵氏兄弟香港”的 26% 全数售予陈国强、王雪红及基金 Providence Equity Partners（以下简称 PEP）所组成的“投资财团”。

作为台湾女首富，近年王雪红的兴趣开始踏足多媒体，2010 年 12 月 21 日王雪红斥资 9 亿元新台币（约 3000 万港元）成立 Catchplay 电影创投 1 号基金，计划未来七年内拍摄电影进军好莱坞电影市场。一月后就成功收购 TVB。

王雪红在商界被誉为最像“经营之神”王永庆的女儿。笃信基督教的王雪红曾经说过，一个人要成功，就得选最困难的事情去做。她曾向媒体解释其勤奋拼搏的动力：“神一直告诉我，懒惰的人会很苦，你如果再睡的话，你的粮仓就要被别人抢光了。”王雪红在科技世界里闯出了自己的王国，她的成就被美国《商业周刊》评选为“2005 年亚洲之星”，亦被《纽约时报》推为“最有权势的 IT 女强人”。未来在传媒界，王雪红是否也会再创传奇坐上“传媒女王”宝座？敬请期待！

外交官："追逐式"营销打赢市场

"Diplomat" 外交官集团中国市场部总经理　黄彦达

1971 年生于台湾台中市，台湾大学农业经济系毕业，美国纽约州立大学财务管理硕士，美国纽约 Dolphin 资产管理公司经理人，外交官集团中国市场部总经理。

近年来，外交官将门店开进机场、五星级酒店，并积极拓展团购行销和电子商务渠道，打破了原有百货商场专柜的单一通路，变“一指禅”为“五指山”，加之“追逐式”营销的围追堵截，让消费者再也逃不出“如来佛的掌心”，业务拓展力道大大增强。

企业背景

作为世界三大箱包品牌之一，外交官集团创建于 1971 年，集团涉及地产、金融及高级旅行用品生产等行业。在台中市和上海市均有工厂，两地工厂年生产各式箱包年产销量超过 350 万只，拥有世界各国专利达 3500 个以上。产品涉及拉杆箱、化妆箱、公文包等，其中外交官自主品牌产品达 60%，还有 40% 的产品为代理加工的其他知名箱包品牌。其产品行销全球市场，覆盖亚洲、中东、欧洲、美洲、非洲、澳大利亚等区域。“Diplomat”（外交官）品牌，在台湾的工厂，100% 以外销为主，在大陆以外销和内销市场并重。目前在大陆以上海市场为行销总部，一直坚持自产自销的方式，在大陆 40 多个主要城市的中高档百货公司设立自营专柜，同时在大陆 30 多个机场设立专卖店，截至目前，已拥有 480 多家自营专柜及机场专卖店。

搭上大陆经济的迅猛发展势头及商务旅行人数的增长，外交官集团计划在未来 5 年内，加大投资力度，目标至 2015 年大陆自营专卖店达到 1000 家，机场人流覆盖率达 98%，达到 60 个机场中共 200 家店。

黄彦达分析，随着大陆航空业的起飞，未来机场将会是一个大蛋糕，预计 2020 年大陆机场数量将达到 300 个，而外交官瞄准的是前 60 家大中型机场，这些机场的客流量占到总客流量的 98%。“一些较大型的机场我们都开了多家店，我们必须先行卡位，快速扩张，把竞争对手挡在门外。”

与大多数台资企业的发展模式一样，成立于上个世纪 70 年代的外交官箱包以外销和代工起家，1995 年进入大陆市场后开始做内销通路，在大陆连锁加盟发展的如火如荼的鼎盛时期，经受住了市场的诱惑，坚持自产自营。近年来，外交官将门店开进机场、五星级酒店，并积极拓展团购营销和电子商务渠道，打破了原有百货商场专柜的单一通路，变“一指禅”为“五指山”，加之“追逐式”行销的围追堵截，让消费者再也逃不出“如来佛的掌心”，业务拓展力道大大增强。

纵横追逐　锁定目标客群

一个科学家被下放到农村，有一天被要求去打羊草，但他连所谓的羊草是什么样子，长在什么地方都一无所知。可是，到了傍晚，他竟然出人意料地满载而归。在大家惊异的目光中，他道出了其中的秘笈，就是把一只羊放出来，然后跟着它走，它去哪就去哪，它吃什么草就割什么草，就这样易如反掌地解决了问题。

既然外交官的定位是旅行用品，找到旅行的人在哪，不就找到目标顾客了吗？“目标消费人群在哪，我们就跟到哪。”外交官集团总经理黄彦达倡导的行销战略，与科学家打羊草故事有异曲同工之妙。

事实上，进入大陆以来，一直强调稳扎稳打的外交官，走百货商场专柜的单一通路延续了十几年，多元化的通路变革实践，时间并不长。

“两年半前外交官在浦东机场开出了第一家机场店，随后又相继开了4家，虹桥机场现在已经开了2家，后续还要继续开，哈尔滨机场有3家，石家庄2家，现已有机场门店近50家了。”财务出身的黄彦达喜欢用数字说话，他算了一笔账，据行业相关数据统计，每10个进出机场的人中就有1人需要买箱子，目前大陆有166个机场，年均人流超过千万的机场有16个。“机场通路潜力巨大，将来会有越来越多的同行进入到这一领域。”黄彦达虽然很庆幸自己及早涉足入这一市场，但对未来丝毫不敢掉以轻心。每到礼拜六，他会从上海出发，连飞4个机场考察，发现合适的目标机场后，后续团队马上跟进开拓。黄彦达分析，随着大陆航空业的起飞，未来机场将会是一个大蛋糕，预计2020年大陆机场数量将达到300个，而外交官瞄准的是前60家大中型机场，这些机场的客流量占到总客流量的98%。“一些较大型的机场我们都开了多家店，我们必须先行卡位，快速扩张，把竞争对手挡在门外。”

产品紧跟目标客群，是品牌战略中的黄金法则。“外交官的产品特性决定了目标客群70%是商旅人士，出差是他们的常态，那么他们出了机场会去什么地方？ 当然是四星、五星级酒店。”黄彦达称，2010世博会的召开给他很大的启发。作为2010年世博会箱包特许生产零售商，外交官不仅拥有生产权，还可以在全大陆各零售终端销售带有世博标记的产品。世博会期间会有成千上万的外地游客涌进上海，一房难求的火爆场景，让黄彦达意识到这将是一个新的机遇，于是集中“火力”开拓酒店市场，目前外加官已进驻8家高档酒店。

除了大型活动，透过一些平日里发生的小事，也会发现宝贵商机。一次，四川某集团团购5000只箱子，让黄彦达认识到团购也是一股不可小觑的力量。“团购可以等待人家找上门，也可以主动出击。”认准了团购市场，黄彦达开始行动，在大陆52个城市对城市前50名的企业展开问卷调查。“问题本身不重要，关键是让企业记住外交官这个品牌，一旦将来有需要，首先会想到外交官。”黄彦达分析，“52个城市就按每个城市排名前50的企业算，就是2500家，如果外交官能做到十分之一就是250家，百分之一就是25家，以每家订购1000个箱子为标准，市场容量就是上万级的。”

相较于酒店、机场、企业团购，电子商务的投入产出比是最划算的。电子商务接下来也将是一个重要的发力点，黄彦达介绍，他正在跟淘宝商城接洽，外交官淘宝商城旗舰店即将上线。目前外交官已经与京东商城、新蛋、耀点100等大型电子商务网站展开了合作。

如果说机场、酒店、团购、电子商务构成的通路网络，是从地理方位上对消费客群的一种追逐，那么向下扎根，从学生抓起的培养计划是对消费者人生成长的追逐，“南京大学的一次团购就是500只；我们在上海交大开展的优惠活动通过BBS传到浙大同学的耳中，浙大同学专门派代表来工厂与公司洽谈，订购了200只箱子。”黄彦达看到了未来学生群体中可能爆发的消费潜力。“这些学生就是未来的商务人士，当然也是我们的主力客户。”为了让外交官的品牌概念在学生群体中扎根，外交官通过在高中生中开展“送箱包上大学”，在大学生中间举办“‘外交官’杯箱包艺术设计大奖赛 ”等活动，不断在学生中间增加曝光度、培养潜在消费群体。

锁定目标人群、围绕其活动足迹铺设销售网络的横向追逐，与从学生抓起、陪伴人生成长的纵向追逐，纵横交错，外交官把目标客群牢牢锁在自己的视线之内。

投资组合　优势互补

黄彦达坦言，在机场开门店实属无心插柳。当时因为每年都要在机场投放广告，一个灯箱的广告费小的要三四十万（人民币，下同 ），大的要七八十万，投放了两三年后黄彦达感觉效果并不明显，而且一个灯箱上也只能放一款箱包，有限的空间无法全面展示外交官箱包的全部特点和优势。怎样让这笔广告费花的值得，黄彦达想到了实体店的模式，实体广告形象生动，看得见摸得着，箱包的款式也不再单一，给消费者留下的印象也会更直观深刻，还可以作为售后服务点。

不仅如此，多元化的通路布建，还可以在销售量上相互补充，提高销售曲线峰值的平滑度。比如，周一到周五是机场和酒店的大客流时期，机场店和酒店的销售额也达到最大化，而百货商店的客流高峰主要集中在周末，酒店和机场的高客流正好弥补了百货商场周一到周五的低客流。黄彦达说：“如果将两条收益线融合在一起就是一条平滑的曲线。这几年百货商场的‘生态’越来越糟，竞争激烈，租金被恶性的提高。节庆费、促销活动、留给商家的利润一层层的在做减法，而酒店机场不一样，费用是一次性的、店面稳定性也好于商场。”黄彦达这次无心之举不仅找到了最好的广告模式，机场和酒店实体店与百货商场专柜形成了互补格局，在销售业绩提升的同时还实现了分散投资、降低风险的意外收获，黄彦达笑称，这是在无意中完成的一组完美的 Portfolio（投资组合）。

自营模式　通路坚实后盾

外交官进入大陆 16 年间，已有门店 480 多家，黄彦达坦言这个速度在同业动辄上千家的数字中显然并不耀眼，但他并不看重数字的大小，抓好产品的质量，夯实每一条通路是他乐于去做的。 黄彦达有很多坚持，每天早上 5 点钟起床，是他在读书时就形成的习惯；每打算到一个城市开店，黄彦达总会先去这个城市做陌生拜访，去的地方都是当地的中高档商场，大致了解当地状况后再交给同仁们做后续的工作。对黄彦达而言，紧张的行程让他无暇去关注那些旅游景点，“逛商场”几乎是他旅行的全部;十多年来，外交官坚持自营不做加盟。“如果没有坚持自营我们很多通路就无法执行。单是机场、酒店的租金就让很多同行望而却步。比如在机场开一家 100 平米的店租金就要几百万，如果是以代理商的身份就很难做到，因为成本太高，而我们自营就可以以出厂价拿到产品，止损点就低了。”

黄彦达一直强调，这种模式的完美执行，得益于一直以来“外交官”始终坚持自产自营。这种模

在当今这个崇尚张扬、讲究包装的时代，台湾箱包品牌企业外交官集团可以说是个十分低调的企业。然而，桃李不言，下自成蹊。凭借其产品质量的可靠和售后服务的信誉，“外交官”在市场上已经赢得了广泛的良好口碑，并在群雄纷争的箱包零售市场占据了显要地位。

式不仅能够绝对的掌握产品和服务质量，高效的执行率也使外交官获得了很多额外的惊喜。2010 年世博会期间，外交官作为世博箱包特许生产零售商，很大程度上得益于其自产自营的销售模式。世博局当时跟箱包供货商提的要求是：自营性企业、销售网络覆盖广，这两点就外交官都符合。很多代理商往往无法直接作出响应，一般会先向总部申请，中间还有定金支付环节，这一来一往就会浪费掉很多时间，而当时距世博开幕只有不到三个月的时间了，时间紧任务重，他们往往与机会失之交臂。黄彦达称：“自营让我们吃到了很多甜头！”

除了能全盘掌控，自营模式也带来了管理效率的大幅提升。比如经销商队伍易变，做的好还好说，做不好第二年就改弦更张，品牌忠诚度不高，而且在管理上很难把握，很多经销商同时代理几个牌子、难以突出品牌概念。而自营就很好避免了这一点，统一的形象设计，可以打造主题鲜明的营销概念，而且政令畅达。“全大陆统一行动，一个电话全部搞定！”黄彦达一直很享受自营带给他的整齐划一的执行力和管理效率。

五管齐下的通路策略，让“外交官”的发展驶入了快车道。但黄彦达还有更深层次的考虑。“行销管理公司将来或成为‘外交官’未来的一个发展方向。比如，一些目标客群定位与‘外交官’相似的品牌可以交给我们打理，因为是自营，通路是自己的，我们可以借用现有的通路优势，为新进品牌提供营销服务，像机场、酒店等通路的运作，我们已经有一套比较成熟的运作模式，可以直接套用，省去重新开发的人力物力和时间。”黄彦达说，展望未来，外交官的发展思路也很清晰：在现有基础上再加盖一个新的工厂，同时扩大内销的规模，开店的步伐会逐渐加快，三至五年内完成上市规划。

仙踪林：创新时代

仙踪林餐饮管理有限公司董事长　吴伯超

1994 年，吴伯超以空军上尉退伍，带着退伍金台币 78 万元新台币，及向朋友三分高利借来的 80 万元新台币 ，和太太以台式手摇珍珠奶茶进入香港；1996 年进军大陆，夫妻合力打下今日江山，立志成为“中国的星巴克”；2007 年康师傅集团鼎华创投入股 20% 后，实力大增，不仅大力拓展第二品牌“快乐柠檬”外卖式饮料店，也重新打造仙踪林品牌，目前两个品牌合计拥有 300 多家分店。

1994 年，仙踪林率先将台式茶饮引进香港；1996 年进军大陆；2007 年康师傅集团鼎华创投入股 20% 后，实力大增，不仅大力拓展第二品牌快乐柠檬——外卖式饮料店，也重新打造仙踪林品牌，目前两个品牌合计拥有超过 300 家分店。

仙踪林的由来

相传台湾台北县树林镇有一茶农，家贫却乐善好施。某夜梦回，忽闻茶林内似有人声笑语。茶农循声查看，只见烟笼舞锁之间，掩映着八个身影，正在围观棋局，指点评论。

忽有一人道："棋局虽好，却无好茶解渴。这里茶虽成林，却非佳品。可惜！可惜！"另一人道："这有何难。"说罢从袖中取出一物，长耳红眼，浑身白毛，正是玉兔一只。那人把玉兔放于一株茶树底，等待半晌，然后从茶树上摘叶泡茶，奉予众人。众人喝了一口，都道："果然好茶！"先一人接口道："此间主人乐善好施。我等在此打扰一夜，亦别无补报。老张，你既有这等手段，何不将满眼茶林都弄个透彻，以报善人？"老张颔首微笑，忽张嘴一喷，把满嘴的茶水都喷向林中，然后笑道："谨遵台命！时候不早了，这就走吧！"说着大袖一挥，浓雾顿起，把人影都淹没了。茶农待雾散烟消，近前细看，却没有半个人影！

翌日好友过访，茶农采茶奉客，竟是清香扑鼻，入口甘甜。好友怪问道："你家茶树向非佳品，这是哪里来的好茶？"茶农以昨夜情状相告。好友惊道："你可是遇仙了呀！从此不妨开设茶坊，以'仙踪林'为名，售此极品佳茗，也算领了众仙一番盛情。"茶农依言而行。此后一传十，十传百，慕名而来者，络绎不绝。"仙踪林"之名遂不胫而走，遐迩驰名；而玉兔更成为"仙踪林"之标记。

1996年仙踪林登陆大陆，第一家店选址是在上海五角场，当时的五角场远没有现在发达，但它却拥有庞大的学生市场，这一点和台湾的休闲市场很相似。吴伯超回忆到，“那个时候，卖一杯茶15、16块人民币，而当时一个便当才2、3块，一杯饮料却要15块。当时开店对当地人来讲是很陌生的。我记得有人问我珍珠是不是红豆，所以刚开始半年的生意不是很好。”之后吴伯超亲自招呼每个客人，跟客人先做朋友，再做生意。经过半年后，客人开始了解产品，生意逐渐好起来。

“秋千是仙踪林的招牌，当时在大陆还没有类似的店铺。”吴伯超回忆到，所以仙踪林的秋千一经问世就得到顾客的追捧。“想到秋千，就想到仙踪林。这是不少消费者对仙踪林的最初印象。当时在消费者心中以‘秋千的那一家店’在上海走红。”吴伯超说，当时有许多人都叫不出店名，但都知道是有秋千的那一家，后来秋千的知名度大了，大家就都知道仙踪林了。很快就有很多店铺开始效仿仙踪林，也在店铺里装上了秋千。但是仙踪林却以自己的产品、装修、服务赢得了顾客，让顾客在众多‘秋千店’里区分出真正的‘有秋千的那家店’。而第一家正式启用秋千的就是淮海路分店。很多人佩服吴伯超，敢在寸土寸金的淮海路开店。事实也证明他走出了成功的一步，利用黄金地段的优势，大幅提升了仙踪林的品牌价值。至此，仙踪林品牌迅速在上海叫响，用秋千打开大陆市场。

除了秋千外，仙踪林也引用国外餐饮服务业的概念，如‘欢迎光临’、‘谢谢光临’等服务口语、员工体操、交接班时店员拍手唱歌等，使消费者大开眼界，一时风光无限，引领了一股新的休闲茶饮风潮。

仙踪林创新时代

随着大陆市场的不断发展，整个餐饮市场不断会有有一些国际新概念品牌问世，市场氛围每年也在发生着改变，要想继续扮演领头羊的角色，仙踪林就必须在装修、服务、产品上不断求新求变。吴伯超分析说，在大陆做生意，市场变化太大，消费习惯也在改变，同业亦会跟风模仿，创新十分必要。“当别人要 COPY 时，我们就不断创新，把差距拉大。必须在原来的文化、本质基础上创新，把之前的成功因素再做提升，仙踪林不能脱离自己的茶文化，也不能脱离中国文化，所以要结合这些来不断尝新。”

“其实到现在为止，仙踪林做的依然是休闲茶品，推广新的茶文化。”他的目标很明确：仙踪林要成为茶中的“星巴克”，做休闲茶饮的领头羊，而不是仿效星巴克的风格。仙踪林不变本质，而是在茶品里添加如牛奶、果汁、蒟蒻等流行、健康元素，店面装修慢慢走向时尚，以迎合消费者日益变化的需求。在装修上仙踪林除了保留原有的秋千风格外，在店铺的桌椅、外墙颜色等细节处一直在做改变。

目前，仙踪林在上海、北京、广州等大陆一线城市推出的第二代店，与第一代亦有不同，除了在店面装修上更时尚外，在产品上将更追求健康。未来仙踪林的所有门店亦会往新一代发展，把中国的茶跟一些西方元素结合，走休闲时尚健康的国际化路线。

仙踪林三代店也已经问世。座落于上海最美丽的地标之一——浦东滨江大道，隔江相望，万国建筑博览群依稀眼前，上个世纪的传奇被牢牢的锁定在那个独特的历史时刻，钟楼依旧，夜幕下霓虹闪烁。“我们特意设计了全透明的落地玻璃，以及超大的、宽敞的露天花园式阳台，在这里，客人可以尽情的欣赏到无限美景。仙踪林品牌卖的不仅仅是茶，而是一种休闲文化，一种生活方式。”至今，仙踪林在大陆已经拥有 180 多家店铺，也已经从过去安谧的田园小屋，在创意文化与休闲潮流碰撞出夺目的光彩。

快乐柠檬：外带式茶饮的第一品牌

吴伯超分析说，“既然茶是仙踪林的强项，那就可以围绕这个核心竞争力去研发多品牌策略。”2006 年全新品牌快乐柠檬横空出世。它以时尚的品牌形象，健康的产品定位，卫生的产品操作吸引年轻族群、时尚白领、学生朋友的喜爱。

快乐柠檬掀起台湾茶饮在上海外带品牌的热潮，打破了消费者對于外带茶饮的传统认识，经常可以看到店铺门口长长的排队等候的客人，可以看到大街上年轻人手里拿着的柠檬头杯子。

仙踪林是有茶有简餐的概念式休闲餐厅，快乐柠檬则选址商场、百货，提供外卖饮品，主攻高端路线。以产品新、口味多及时尚感强与同业差异化竞争，客群年龄比仙踪林更年轻化。为了与仙踪林品牌作区分，快乐柠檬选了与太阳一样鲜明的黄色系列以及可爱的柠檬头作为品牌 LOGO。柠檬头的视觉也不是一成不变，而是不断的修改，配合市场调查做出微调，进一步修改门店。快乐柠檬坚持用机器泡茶，以确保生产的每一杯茶口感、标准统一化。每款快乐柠檬产品均采用一级中式茶叶，配合不同比例鲜奶、优质食糖和各式各样的西方特色原料泡制而成，香浓幼滑、口味清新。用现代科技，按照统一标准，一分钟内泡出百分百卫生、新鲜、美味的饮品。

快乐柠檬与传统的外带式茶饮街铺不同，快乐柠檬大多开在热闹商场里。这也是吴伯超很自豪的一点。“我们现开店都是从商场开始。以前外卖是进不了商场的。但是快乐柠檬创造了这一奇迹，进了商场。开店不单单为了赚钱，要选择一个可以跟商场、跟品牌价值能结合的具有品牌效应的市场。”如今快乐柠檬已与国际知名商场如新世界百货、环球金融中心等都建立了良好的合作关系，在市场上赢得了良好的口碑，更提升了自身的档次。发展至今，快乐柠檬已经拥有 145 多家店铺，而且 80% 均为直营店。

对于仙踪林来说，文化架构的品牌是自己最大的资产。在把自己的文化品牌带到世界舞台这一个更加广大的市场的时候，自己的创新，自己品牌的优势，自己文化对人们的熏陶，是自己决胜的关键。靠着自己的努力，仙踪林向着自己的目标行进中……

向阳坊：曲线突围

向阳坊董事长　黄俊凯

1998 年时还是在台北做建筑业的黄俊凯，跟朋友合资在厦门开了一家面包店，一脚踏进了烘焙业。起初生意不佳，黄俊凯分析后认为，面包店不是不能做而是经营不善，索性接手经营并深耕社区，以小店策略加上台湾概念为诉求，很快就炒热市场，向阳坊也成为福建第一烘焙品牌。

1998 年，厦门向阳坊食品有限公司成立。透过并购进军北京、天津等华北市场，向阳坊展现出全国性布局策略。自 2010 年起开往中间一线省市安徽、江西，企图沿着海西经济区在大陆遍地开店，目前在大陆已有 400 多家店。同时，在北京更推出 5 个品牌测试市场，包括 3 个烘焙品牌：专做面包、西点及中秋糕饼的“向阳坊”；走现代时尚路线、提供女性白领精致西点的“凯丝恩贝”；走网购营销瞄准年轻族群的“爱魅”创意蛋糕，以及快餐连锁店“R & B”、“小火车旋转火锅”2 个餐饮品牌。

脚步

1998 年 3 月，厦门向阳坊食品有限公司成立。

2000 年 7 月，福州向阳坊食品有限公司成立。

2002 年，全面导入全新 CI 系统，向阳坊 Sunmile 新形 象，更国际化、更有活力。

2002 年，向阳坊在福建省烘焙业首家通过 ISO9001-2000 国际质量体系认证。

2003 年，向阳坊荣获“中国厦门首届博饼文化节”独家指定月饼称号，并于 2004、2006 年再获此殊荣。

2004 年 6 月，泉州鑫鑫向阳坊食品有限公司成立。

2004 年，获“厦门市著名商标”荣誉。

2004 年 9 月，获“全国食品安全示范单位”的殊荣。

2005 年，向阳坊荣膺中国烘焙食品糖制品工业协会和全国饼店专业委员会联合颁发的“全国优秀饼店”。

2005 年，向阳坊荣膺“厦门市十大最具创意商标”。

2005 年，向阳坊荣获福建省消费委员会“3·15”诚信标志使用资格。

2006 年，向阳坊获“福建省著名商标”荣誉，迈出更坚实的一步。

2007 年，北京向阳坊食品有限公司成立。

2008 年，收购北京凯丝恩贝。

2008 年 7 月，天津向阳坊食品有限公司成立。

2008 年 8 月，向阳坊搬迁至厦门轻工食品工业园向阳坊工业园，在发展战略上获得更大的空间。

2010 年 1 月，龙岩向阳坊食品有限公司成立。

2010 年 6 月，宁德市向阳坊食品有限公司成立。

2010 年，向阳坊集团成立。

2010 年 7 月，江西菁点食品有限公司成立。

2010 年 11 月，安徽向阳坊食品有限公司成立。

2010 年 11 月，莆田向阳坊食品有限公司成立。

2011 年 3 月，收购天津维利康食品有限公司。

黄俊凯长子黄昱皓加入向阳坊后，自愿长住工厂，深入了解在地消费者的价值观和文化，他认为“在地化正是经营大陆饮食市场的密码，若要永续经营，还要靠品质和行销。”他举例，光是一个中秋节业绩，就占向阳坊全年营收的 1/3、利润的 1/2。

在进军大陆市场的路上，向阳坊并没有直接选择进入竞争激烈的一级城市，而是以先做周边市场的曲线策略，一步步走向成功。

1998 年 3 月的厦门。

在靠近鼓浪屿轮渡码头的一条巷子里，开出了一家名为“向阳坊”的烘焙店，从产品研究、包装到服务，一概传承台湾成熟的烘焙理念。一时间消费者闻香而来，甚至有人开着车专程前来一饱口福。

“用台湾概念来做市场，与同业形成很大的差异性，第一家店在开业当天就做到了 16000 多元（人民币，下同）的营业额，后来每天早上 7 点钟开始就有人排队等着开门。”这样的盛况令向阳坊董事长黄俊凯印象十分深刻，“还有客人会问我们：为什么不到他们那里开一家？”

这样的口碑与需求，令黄俊凯看到烘焙市场的美好前景。原本来大陆考察房地产市场的他，只是抱着“试一试”的心态帮朋友开店，终于下定决心放下台湾的建筑事业，专心在大陆经营烘焙事业。

此后，向阳坊以厦门据点，连锁事业从一家、二家、四家……开始快速启动，描绘大陆连锁版图。

培养忠诚度　行销策略强调与消费者互动

在一开始以产品口感、服务抓住消费者之后，向阳坊开始思考下一步。

“一个品牌，带给消费者的不应该只是产品，还需要一些内在的东西。”黄俊凯分析，以烘焙业为例，消费者不是很单纯的来店里购买蛋糕或面包吃就可以，“除了商品外，应该还要提供客户便利性，用企业文化与他们之间建立一个互动的平台，增强客户对企业或品牌的忠诚度与好感度。”

在大陆烘焙业，一般将面包、蛋糕、月饼三大品项捆绑经营。除了蛋糕与面包外，向阳坊以与节令结合之“端午节有粽子，中秋节有月饼，元宵节有汤圆”的策略，意在满足消费者需求提供便利性，注重与消费者之互动。

此外，向阳坊推出婚庆折价券、现金券，取代流行的送糖果、蛋糕之传统，将市场做大。目前厦门婚庆市场有 80% 以上新人选择送券而非喜饼，向阳坊的创新举动，亦为自己带来超过 60% 的婚庆市场占有率。

行销上，向阳坊亦敏锐地捕捉到厦门中秋博饼文化的商机，从 2002 年开始，推出与博饼文化相结合的“状元红工程”，当年共有逾5万人（次）在向阳坊各连锁店系统参加博饼活动，以类似如此的互动维系消费者忠诚度，不仅大增品牌形象，亦令月饼市场的占有率逐渐跃居前列。

“企业也需要规划一些除了产品外的附加价值，比如提供更好的服务、更好的购物环境，在与消费者互动时加入企业文化内涵。”黄俊凯希望，向阳坊跟消费者之间有一个更密切的结合，“这样他们对品牌的忠诚度与好感度会更好。”

调整品牌形象　走出差异化经营迷茫期

“当烘焙业与人们的生活紧密联系在一起时，基本每个消费者都会拥有一、二个自己钟爱的品牌，这就为商家提供了很大的市场差异空间。”

随着品牌差异化的建设，向阳坊品牌在2005年进入一个摸索的阶段。“在对中秋月饼进行文化推广时，向阳坊充分挖掘传统文化的精髓，在中秋行销中呈现。然而在对蛋糕、西点类产品的推广中，又惯性思维地依照西式欧式风格进行推广。”

黄俊凯自己亦显得有点迷茫，“向阳坊的品牌形象已经很难用一个准确的概念说清楚。”

而同时，因品牌形象时间久长而老化，连锁店形象管理不规范，更导致了一大批年轻消费者的流失，市场影响力逐步下降。在市场上，新兴的几家烘焙品牌则以更年轻活力的形象威胁着向阳坊的发展，如何进行差异化竞争？

他介绍，向阳坊品牌形象已经过三次调整。

在1998年至2003年第一代形象阶段，向阳坊以房子图形为标志，考虑到太过传统的形象可能只适合年纪偏大的消费者，向阳坊在2004年推出第二代品牌形象，以英文单词“Sunmile”为标志，“更年轻化些，同时更具国际感，提升品牌形象。”到了2006年，第三代品牌形象出现，以龙辉与英文为标志，更添年轻时尚元素。

“从2005年开始，向阳坊决定要走东情西韵的中式时尚烘焙品牌之路。”黄俊凯发现，随着品牌形象的调整，消费群体亦在不断变化，“希望未来能够越来越年轻。”

第三次调整时向阳坊店数接近200家，调整后业绩成长将近150%，未来亦会随着市场的进步及消费水平的提升，继续分阶段调整品牌形象，加快差异化步伐。

文化打前锋　品牌与传统文化结合

品牌一定要结合文化才能更快的被大众接受。2001 年，向阳坊以“今年中秋月更圆”为推广主题，结当时申奥成功、中国足球打入世界杯等社会上的热点事件，启动全新的中秋推广模式，让传统文化与产品营销相结合，让中秋营销成为烘焙企业年度的重头戏，同时也让自己的烘焙企业在月饼市场上的份额逐渐占据主导地位；为向阳坊日后在月饼市场上的地位打下了坚实的基础。

2002 年，向阳坊开始推广博饼文化，启动以弘扬博饼文化为宗旨的“状元红工程”，主要通过与主流媒体厦门日报合作，让社会各界了解到向阳坊的文化创建活动。当年共有逾 5 万人在向阳坊各连锁店系统参加博饼活动，让向阳坊的名字真正的在社会上传开，让更多的人记住了这一个不仅仅做食品，更是在将中国传统闽南文化与美食文化相结合，表达现代时尚、传承和发展传统文化的的企业。

到了 2005 年的时候，向阳坊决定重新重拳出击，开拓新的市场，打造强势品牌。这次向阳坊决定要走的路，就是东情西韵的中式时尚烘焙。7 月，向阳坊率先推出了“功夫茶月饼”系列，吸引了不少消费者的眼光，在月饼市场的战争还未展开的时候，向阳坊就为自己占据了先机。这次新的产品的推出，结合潮流大片《功夫》的热映，在宣传广告方面进行有机的结合。在充满传统生活韵味的功夫茶，与中秋月饼相结合中，向阳坊迈出中式时尚第一步。在这一年中，向阳坊荣膺中国烘焙食品糖制品工业协会和全国饼店专业委员会联合颁发的“全国优秀饼店”、“厦门市十大最具创意商标”，并荣获福建省消费委员会“3・15”诚信标志使用资格。

随着向阳坊在 2006 年全面导入全新 CI 系统，以及在 2007 年以“美味美刻，生活向阳”作为企业主张，同时颁布全新品牌形象，以向阳蛋作为品牌象征物，确立了以“优质、关怀、活力、快乐”为企业文化，以提供持续的优质愉悦的美食体验为载体，传播积极健康、乐观进取的向阳生活主张的目标，向阳坊正式树立起了自己的品牌价值定位，这为企业的发展确定了道路。

到了 2008 年，向阳坊紧紧抓住当时奥运的社会热点，以中国传统经典元素京剧与中秋生活相结合，推出了自己的新的产品：向阳乐饼；而且对自己的品牌象征物——向阳蛋重新包装，融合传统京剧形象“生、旦、净、末、丑”，创造出惟妙惟肖、活泼十足的新形象；利用品牌的文化，让人们体会到向阳坊的产品魅力。随后向阳坊没有放慢自己的脚步，在 2009 年，向阳坊成功开拓北京及天津市场，进一步辐射全大陆范围，开始向国际化迈进。2010 年 3 月，正式成立向阳坊集团公司。

有着让消费者印象深刻的品牌形象，在黄俊凯的眼里，这还是远远不够的。“从事的虽然是西式的糕点，但是属于传统的烘焙行业，没有自己的特色，没有推出自己的品牌，自己的产品也只能沦为一般的食品。要是这样，自己将会面临巨大的竞争，自己的企业也只能在激烈的市场竞争中苦苦求存。”他认为，“唯有把自己的品牌和一定有效的行销结合起来，品牌文化才能推广开来，产品也才能在消费者的心目中树立起自己的特殊的形象，能有别于他人，自己的才有竞争力。”

避开竞争激烈区域　先攻周边市场站稳脚跟

在以厦门为据点的基础打好之后，向阳坊的大陆版图开始随之展开。

截至目前，向阳坊已开出 400 多家连锁店，其中福建省内约 340 家，北京、天津等地区则约为 60 家左右，安徽、江西等地区则为 12 家。

在黄俊凯立足大陆的烘焙连锁事业蓝图之构想中，这些成绩远远不够。“向阳坊是设定要发展全国品牌的，要立足大陆，两个地方一定要去，一个是上海，一个是北京。”

2009 年，向阳坊进入北京、天津，将“战线”先拉到北方烘焙市场。

他分析，目前大陆经济快速发展，一级城市的店租、生活成本十分之高，且一级城市因为发展快，市场成长曲线反而会越来越慢。

“大陆市场很大，为什么一定要先从上海这样竞争激烈的城市开始？”他不断的反思与观察市场：现在进入上海市场，竞争压力主要来自外来品牌，前期没有5000万的资本根本无法启动市场，但如果用1000万进入二、三级城市，可能只用六七成的力气，却可以在很短的时间内铺天盖地的开店，快速发展。

“先选择进入北京，是因为上海的烘焙业非常成熟，所有世界大品牌该来的都来了，经营成本相对高；但北方市场的西点消费习惯还没有养成，市场属于发展期，没有强势品牌。”他亦明白，“只要在北京立足，天津、沈阳、河北这些二三线地区都可以马上开始铺点。”

2010年5月在江西、11月在安徽的店开张了，黄俊凯说：“二三级城市现在是上升期，机会点更高，成本低，向阳坊进入这些地区将很有机会，市场前景可见，我们的产品、形象、服务消费者容易接受，发展机会比一下子就进入竞争激烈的市场来得有把握。上海、深圳这样的城市，向阳坊一定会进入，但会作为最后一站进入的市场，不是直接进入，而是先做好周边市场。”

烘焙食品算是消费品，而迥异的气候成了做面包的瓶颈，因此向阳坊特地成立集团研发室，从台湾烘焙业界延揽技艺精湛的高级顾问，依据各个地区的口味偏好微调，开发出一系列深具台湾特色的烘焙产品。

面对新市场风险　两种模式谨慎经营事业

曲线突围的向阳坊，尽管选择先进入二三级市场，但做得亦十分辛苦。刚刚开打的市场战役，令黄俊凯保持高度谨慎。

他坦言，“虽然看得到市场里的商机，但其中也有不少风险。要突破品牌的区域性，开发一个新的市场，就要考虑投资多少成本，又能承担什么样的亏损程度。”

向阳坊开拓新市场的模式有两种：第一是相对有把握的市场，就开策略店，中央工厂跟通路结合，同步进行，如在北京及天津两地，则直接建立中央工厂与开设门店，届时可辐射周边地区；第二是存在风险的市场，则避开黄金地段，店址不一定要特别好，但面积大，开出既有门市、亦可建中央工厂及办公场所“三合一”的门店，降低成本，等到市场可以接受时，再进行第二阶段的布局。

开拓新市场，不仅自主开拓通路，进入二、三级市场，打造品牌形象，向阳坊亦有采取并购、加快步伐的打算。

除了自创的“向阳坊”品牌外,向阳坊目前亦收购了北京“凯丝恩贝”、天津“维利康”两个品牌，借助收购品牌固定的资源与市场，拓展新的品牌事业。

其中，与向阳坊走平民便利路线不同，凯丝恩贝则为都会型品牌，以蛋糕、伴手礼盒为主，消费族群主要集中在高级白领，目前在成都、天津、北京等地机场都有专卖店。

向阳坊亦在紧锣密鼓的计划回台上市，预期2012年可达成目标。此外，2010年已启动海外市场开拓计划，届时月饼、麻薯等产品也会销售到台湾。他透露说，向阳坊2010年的销售总额接近3亿元人民币，2011年的目标则是要超越5亿。

这些部署,皆表明了黄俊凯的决心与毅力。投身创造美食的产业,欲行销大陆、扩大商机的他，正一步步实现目标。

象王：力倡环保洗衣 造福后代

象王洗衣连锁董事长　黄进能

黄进能于 1975 年在台湾创办了一家生产象王品牌洗涤剂的化工厂，1998 年进军大陆市场，历经波折，创立了台湾象王洗衣连锁。

1998 年 11 月第一家象王在上海法华镇路正式开业，以“象王”为主打品牌，以洗衣店为核心竞争力产品。靠连锁加盟的方式，“借力使力不费力”去开拓通路，短短十年拓店超过 300 余家。以优质服务、环保洗衣的理念打响“洗不掉找象王”的口号，并成为 2010 年上海世博会唯一的洗衣服务商，象王希望把绿色环保洗衣概念发扬到全世界……

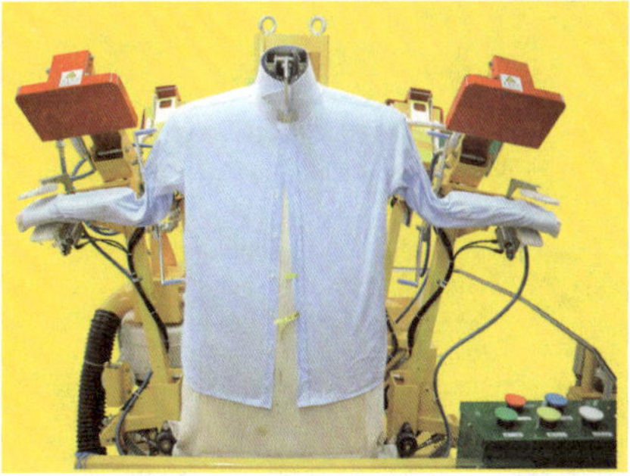

13 年前，黄进能到上海发展时只想推销他研发的洗涤衣服的洗剂，但在数个月都没有推销出去的情况下，黄进能转换做法干脆自己来开洗衣店好了，把卖不出去的洗剂用在店里，解决囤货也找寻客源。

为了吸引注意，他要求店员开门的第一件事就是在店门口做早操，结果奏效，就这样象王的员工每天早上都养成开店前做早操约 20 分钟，一直坚持了 13 年，黄进能到现在还是每天在总部跟着员工到大楼的广场前做早操。

现在象王在大陆每一家店面平均一天要洗 300 多件衣服，生意好的店面一天甚至可以达到 1000 件的衣服。

现在黄进能要发展出一个类似“衣服芯片”的衣服身份证，将来每一件衣服送到象王的洗衣流程中，店家可以透过类似芯片的扫描，知道衣服的质料与洗涤过的次数，消费者也可以透过芯片的查询知道衣服何时能洗好等过程。黄进能说这将会带给整个洗衣业一大改革，其他的同业与象王的距离也将越拉越大。

黄进能分析象王能够在短期内就获取丰硕的成果，主要是由于赶上了 1998 年大陆经济起飞的时机。“因为象王是从设备到洗涤剂都是自己生产，还有象王的洗衣学校到连锁店，就是所谓的一条龙，能够掌握整个产业链，就等于掌握了整个的核心竞争力。”

“洗不掉找象王！”这句简单、鲜明的宣传口号，令台湾象王洗衣连锁（以下简称象王）在大陆创立之初，就让消费者印象深刻。创办人黄进能说，还可以加一句“赚不到钱也要找象王！”当然这句话带点开玩笑的意味，但是事实却证明象王的店确很会赚钱。

十年拓店超过 500 家

1998 年 11 月第一家象王在上海法华镇路正式开业，黄进能透露，该店开业第八天营业额就高达 3600 元（人民币，下同），踏出了创业成功的第一步。截至 2009 年 9 月，象王在大陆的直营与连锁加盟店超过 500 家，遍布上海、北京及新疆等 27 个省市自治区，其中上海的店数超过 150 家。

黄进能分析象王能够在短期内就获取丰硕的成果，主要是由于赶上了 1998 年大陆经济起飞的时机。“因为象王是从设备到洗涤剂都是自己生产，还有象王的洗衣学校到连锁店，就是所谓的一条龙，能够掌握整个产业链，就等于掌握了整个的核心竞争力。”

谈到象王在大陆创业短短十年就能拓店超过500家的秘诀，黄进能说，“21世纪最夯的就是连锁的通路，因为大陆太大，靠连锁打通路就是‘借力使力不费力’。”

黄进能表示，大陆每个省份、地区都有不同的人文特性，如果自己要到每个地区开拓店面，都要花很多时间去摸索关系，这是很困难的事情。所以有了品牌、know-how（专业知识、技术）以及产品之后，就应该借用地方的力量，由当地人开设连锁加盟店，这就是“借力使力不费力”去开拓通路。

创业初期到处踫壁

其实黄进能进军大陆发展的历程并非一帆风顺，他的创业之路，要从他青少年时期说起。黄进能13岁就离开台湾南部的故乡嘉义，到台北当化工厂学徒，累积了很多宝贵的化工经验和知识。19岁就创办了一家化工厂，以生产洗涤剂为主，并以“象王”作为品牌的名字。

黄进能说，“我的LOGO（商标）选用一只红色的大象，因为象代表吉祥，在台湾一些比较大的庙宇都有放置两只大象的雕像，是一种体积很大，却个性温和又稳重的动物，给人一种和蔼可亲的感觉，所以就用了‘象王’这个名字。”

经过十多年的发展，黄进能的象王洗涤剂在台湾大受欢迎，成为家喻户晓的知名品牌。1997年，黄进能受邀到北京、上海、厦门、广东等地进行考察，当时人口已经超过10亿的大陆市场，让他大开眼界，并认定凭着在台湾的成功营商经验，可以在大陆市场开创事业的第二个高峰。

1998年黄进能正式进军大陆，并以上海作为首个登陆据点。“我当时问了很多朋友，他们说如果能够在上海立足的话，面向全大陆绝对没有问题。因为上海人比较精明、比较会计算，所以上海人的生意可说是最难做的。”黄进能说，从另一个角度看，上海人比较爱面子，穿着比较时尚，也舍得花钱去洗衣服，洗涤剂在上海应该是大有可为的生意。

于是黄进能把大批象王的洗涤产品从台湾运到上海，准备在大陆另创事业高峰。可是三个月过去了，黄进能几乎跑遍了上海所有的洗衣店和酒店，向客户介绍象王洗涤剂的优点，产品却得不到客户的赏识，让他到处踫壁。在台湾广受欢迎的产品，一开始在大陆却毫无市场，货卖不出去，也让黄进能出现资金周转的困境。他只好退掉酒店的房间，搬到一个阁楼小房间居住，代步的汽车也换成了一辆破旧的自行车。

几乎弹尽粮绝的黄进能面临痛苦的抉择，到底是回台湾还是留在上海继续打拼？他选择了坚持。“我一辈子做好一件事情就够了，因为我从 19 岁开始创立象王这个品牌，我觉得做什么事情都是要贵在坚持。”

黄进能分析在上海创业之初的失败原因，主要是由于象王的洗涤产品在大陆没有知名度，而且加上进口关税之后，售价又比大陆的同类产品高很多，他推销的时候经常是一句话都来不及说就被客户赶出门外。

经过深思熟虑，黄进能认为干脆开一家洗衣店，使用象王的产品为顾客洗衣服，让消费者亲身体会象王洗涤产品的品质。“既然产品知名度不够，一开始卖不出去，干脆就自己建立通路，开一家洗衣店，一方面有了收入来源，还可以让不相信象王产品的顾客，亲自来体验，我可以马上洗衣服给客人看，这样就可以让他们心动。”

以优质服务打响品牌知名度

在上海创立了第一家象王洗衣店后，黄进能用了很多方法去打响品牌知名度。他观察到 1998 年的时候，大陆的服务业不太讲究礼貌，很多服务员都不会对客人说“谢谢”和“再见”，服务态度也不够亲切，于是黄进能着力训练象王员工要做到发自内心的服务精神。“很多员工就是不会笑，我对他们说应该把客人当作自己的朋友，来到我们的店里就要亲切的对待客人，可惜一开始的时候员工待客的态度还是非常生疏，怎样都说不出亲切的语气。”

黄进能想到一个别开生面的训练方法，就是用 V8 摄录机拍下员工说“欢迎光临”的画面，然后把录像带放给员工看，有些员工看到自己说“欢迎光临”的语气好像在骂人一样，才发现自己的缺点需要努力改进。

黄进能说，员工的服务精神需要一点一滴去建立，为了让员工克服面对人群的心理障碍，他要求员工每天早上都要身穿工作服，在洗衣店门前做完整套广播体操，而且要边做体操边大声喊口号。

“做早操一方面可以锻炼团队精神；另一方面每天在做完早操之后，员工要背公司文化精神；第三也是一种无形的广告。当初我们没有钱去做广告，而每次我们在做早操的时候都会有很多围观者，我发现民众对我们做早操的好奇心也是一种无形的广告。”后来黄进能处理衣服的时候也搬到店门口让民众看，让别人亲眼看到象王洗涤剂的功效，以口碑去证实“洗不掉找象王”这句口号是名副其实，象王的品牌知名度在口耳相传之间深入民心。

黄进能还用心观察上海民众的生活习惯，发现上海人在下班后，不像台湾人那样立刻回家休息，而是喜欢站在马路上的报栏前看报。因此他利用上海人这个生活特点，买下了当时上海几乎所有街区的报栏，每隔几步就会看到一个象王的广告，由于当时在马路报栏做广告非常罕见，黄进能的创举收到很好的宣传效果。

品牌知名度是开拓通路的关键

当初黄进能拿着籍籍无名的象王洗涤剂，跑遍了上海都无人问津，象王洗衣店的品牌知名度打响之后，情况出现了180度转变。“有了知名度之后，反而是客户要拜托我，让他们买到象王的产品，可以说品牌知名度是开拓通路的关键。”

黄进能指出，象王每年在洗衣设备和洗涤剂的营业额超过1亿元，加上所有洗衣店的营业额则超过4亿元。至于洗衣店的扩充，黄进能说，开了两家直营店之后，就开始以连锁加盟的方式开拓店面，到目前为止95%的象王都是加盟店。“只要做人实实在在、踏踏实实的，认同象王的经营理念，有一定的经济基础，大约40万（人民币）的成本就可以成为象王的加盟业者。”

谈到连锁加盟的优点，黄进能说，总公司可以统一采购，以低于市价为加盟商提供衣架、塑料袋和电脑等设备，而且4年前在上海成立了象王洗衣学校，为加盟业者提供培训。经过多年的经验累积，黄进能发现大陆不同地区的民众，在衣服上留下的汗渍都有分别，他把大陆分成几个大区，分析了不同地区民众的饮食习惯和他们的分泌物成分之间的关系，有针对性地调整洗涤剂的配方。这些特别的洗衣技术与研究心得，都可以在洗衣学校教授给学员，而所有学员都必须是象王的加盟商，避免技术外流到其他洗衣业者。一般店员的训练期大约半个月，而店长则需要一个月。

早在十年前，象王开洗衣业界先河，发行贵宾IC卡，让顾客可以在大陆所有象王连锁店以优惠价格享受洗衣服务。IC卡采预付服务费的方式，预付费金额越大享受的优惠折扣就越高。黄进能表示,象王的洗衣IC卡每年的营业额达到2亿元,可以让加盟业者尽快赚回投资成本,也可以抓住顾客的忠诚度。

环保洗衣造福后代

黄进能坦言,他到大陆发展之前,从来都没有做过洗衣店和连锁经营,一切都是“摸着石头过河”,然而灵活的商业头脑,加上对洗涤剂的独到研发技术,让象王在大陆成为率先推广绿色环保洗衣的连锁企业。所有象王洗衣连锁店使用的干洗剂,都是通过ISO 14025环保质量体系和国际环保标准认证的干洗剂,主要原料是用于化妆品和食品中的材料,能够保护衣物面料,也可以保护消费者的皮肤,排出的洗衣污水也不会污染环境,是名副其实的环保产品。

谈到未来的发展计划,黄进能说,未来计划开到1500家。“我们在各方面都要做到领先业界,在技术、产品以及环保方面都要让其他业者追不上。”

黄进能积极参与2010年上海世博,捐了人民币800万元让象王成为世博唯一的洗衣服务商。“因为世博期间有很多外国观光客到上海,可以让象王的品牌增加国际知名度,可以让象王的店开到日本和美国,把绿色环保洗衣概念发扬到全世界。”

雅哥弟：轻松“骑乘”市场

耀马车业董事长　李邦欣

李邦欣在台湾从事自行车行业的零部件生产工作。1990 年之前很多台商在广东发展，后来又开始转到华东，而他也跟着到了长三角。1993 年正式注册成立耀马车业（中国）有限公司，注册资本 600 万美元，总投资 1200 万美元；2005 年 12 月再成立神州电动车有限公司，总投资 2000 万美元。公司拥有“雅哥弟”和“跑天下”自主品牌系列，目前年生产自行车 100 万辆，电动车 50 万辆。

1993年耀马车业进入大陆市场，以“雅哥弟”为主打品牌，以电动自行车为核心竞争力产品。以深耕区域市场的通路策略，在昆山、徐州两地设厂，一南一北，辐射大陆南北市场。2008年，耀马车业年产能达到100万辆，营业额3亿元人民币左右……

父亲是精神支柱

李邦欣坚定在昆山创业的原因最重要是有父亲的支持。李邦欣的父亲晚年一直伴随着儿子创业，关注着雅哥弟的成长。

李邦欣把父亲看作是自己的精神支柱，不光因为父亲的一生有着丰富的从商经历，还因为他对大陆的经济形势有着准确的判断。

李邦欣说："我的父亲是以一种人生的历练来看我在大陆的创业，就是认为现在是我们大陆经济时代的来临，是中国人在世界上经济大发展的大好时机，所以他也很支持我们来昆山发展，包括很多亲戚也来这里发展，他都能提供一些很好的方向性的意见。比如说我们年轻人，如果看错方向，你就整个的动作都白费了。如果有一个智慧的长者做指引和判断，就容易多了。'你往这个方向走，往这条路径走出去是对的。'当我父亲肯定地对我说这么一句话的时候，我就很确信基本的方向是很好的，没有错误。因为我认为他的判断力是很好的，我很肯定他在这方面的人生经验。"

大陆电动车现况

经过 10 年多的快速发展，大陆已成为全球电动自行车的制造、消费大国，目前大陆市场年产销量超过 2000 万辆，整个产业链的经济规模达到 1000 亿元（人民币，下同）以上，从业人员近 500 万人。整车企业 1000 余家，市场保有量达 1.2 亿辆。

随着家电下乡计划的推进，大陆电动自行车市场需求总量基本平稳。锂电电动自行车销量在增加，并正在有组织地走向大陆农村市场。价格竞争仍是电动自行车市场企业竞争的主要手段，这将加速劣势企业的退出。2010~2015 年期间，"整合"将成为大陆电动自行车行业发展的关键字，在这期间大陆将出现全国性的、大型的电动自行车企业，产生若干电动自行车的著名品牌。

以“轻松跑天下”著称的雅哥弟电动车在十多年不断创新和发展中，创造出众多受广大老百姓喜爱的电动车产品，雅哥弟的产品先后获得“国家免检产品”、“江苏名牌”、“江苏省著名品牌”、“苏州市电动车自行车推荐品牌”等大量的荣誉，而“雅哥弟”商标于2007年被认定为“中国驰名商标”。

李邦欣认为，做品牌是企业投入经营之后，需要一辈子去做的事情。从生产自行车零部件转入成车，并在大陆打造出“雅哥弟”、“跑天下”等自主品牌系列，耀马车业在不断积累中稳步成长。

根据行业统计资料显示，2008年大陆共生产自行车8762.5万辆，其中电动自行车2188.6万辆。在整个行业2000多家的电动自行车厂商中，耀马车业（中国）有限公司（以下简称耀马车业）旗下“雅哥弟”（ACTIVE）、“跑天下”（AEV）自主品牌系列占据着重要的一席之地，其中雅哥弟在行业中的品牌影响力更是不可忽视。

从在台湾经营自行车零部件到大陆转入成车生产，将自己形象印在广告与LOGO上的李邦欣，如何带领企业在百家争鸣的自行车行业中脱颖而出，牢占市场？

两次转型　锁定电动自行车市场

1993年之前，耀马车业在台湾本土以OEM、ODM为主，主要从事自行车行业零部件的制造。但在1993年之后，李邦欣开始重新定位未来的发展。“当时想着怎么去做一种更能贴切自行车市场的产品，决定由零部件转到自行车成车产业，做自己的品牌。”

他回忆说，台湾属于海岛经济，即使想做内需市场亦是非常有限，因此将目光转向大陆市场。此时，随着上海城市经济的发展，华东地区成为众多企业转投资的首选地。他亦随着当时迁移的台商在昆山设厂，开始经营自主品牌。

“品牌不是因为转变投资地点才开始做，而是企业投入经营之后，很多经营者一辈子都会去想的事情，也是一个累积的过程。”初进大陆，在内销市场上，耀马车业从童车、童用品做起，销往上海、广东、哈尔滨等将近30个城市;在外销方面，从最早发迹的独轮车、童车到自行车的折叠车、山地车、城市车甚至三轮车等各种产品都有涉足。

一直到2000年，大陆自行车市场开始进入以电动自行车为代表的第三次起飞。“在自行车产品的延续性上，耀马车业也想做附加值更高的产品，电动自行车是以自行车为基础，加入了机电元素，成为我们下一阶段发展的主要目标。”亦是看到行业未来的广大前景，李邦欣团队投入电动自行车产业的研发、制造、营销，以“雅哥弟”、“跑天下”这两大自主品牌系列开拓新的市场。

2008年，耀马车业的产能达到100万辆，营业额3亿元人民币左右，其中电动车产量50万辆，在外销市场上连续三年排列行业前三名。其中，雅哥弟的市场占有率、品牌影响力在内销市场更是处于领先地位，跻身行业“第一军团”前列。

“长得比你帅，跑得比较快，不容易使坏，这是我们智慧的小天才。”李邦欣随口吟出的这首打油诗，亦代表了品牌的定位。

从江浙一带到华北、华南，大陆的电动自行车厂商多达2000家。由于准入门槛并不高，因此除了像耀马车业一样由自行车转入电动自行车产业外，亦有不少原本做零部件及生产油耗型摩托车厂家受到政策限制后转型该产业，甚至也有部分知名电子或家电品牌来分一杯羹，行业进入百家争鸣的白热化竞争阶段。

“目前这个行业的品牌还是比较分散，但已经开始往大型化集中发展，这需要一个过程。”产品历经两次转型，李邦欣亦十分希望锁定电动自行车市场的雅哥弟依托自身优势，在未来能成为行业领导品牌。

“四省两市”的通路策略

在耀马车业当前的产品生产及销售比例中，电动车为43%，独轮车为11%，自行车则占46%。除了昆山工厂外，亦在江苏徐州设立新厂，扩充生产线。

李邦欣分析道，电动自行车若是只在某个单点的生产基地制造，之后分销到各地，将存在不少问题。“大陆太大，运输的过程相当长，加上成本、产品包装等因素，单个的生产基地显然行不通，会影响到通路布局。”

“考虑到通路后，我们就锁定深耕区域市场，并在昆山与徐州两地设厂，一南一北，往外辐射到大陆南、北方市场。”在通路上，雅哥弟的现阶段布局策略亦是以区域市场为主，集中拓展“四省两市”。两市是北从北京，南到上海；四省则分别是山东、河南、河北及江苏。

“在大陆，自行车行业的通路一般是与经销商、超市合作，或是自己设店直营这三种。雅哥弟目前是侧重前两者，与经销商合作代理销售，同时依托超市或大型量贩店的既有通路，进行分销。”李邦欣进一步解释说，城市化越高的地方，大型量贩店等通路越有影响力，在农村等三、四级市场或量贩店体系尚不成熟的地方，经销商就是最恰当的通路伙伴。“至于哪个通路更好，主要还是要看产品及产业发展不同时段的特点，经销商与超市的通路作用都互有优势。

李邦欣并不主张开设直营店，“我们在策略上还是鼓励个人去做老板，与企业做对等交易，我们只要做好对经销商或超市的服务就好。毕竟我们是偏向制造型的企业。”此前，为避免在分销管道上产生“自己打自己”的情况，区分市场，“雅哥弟”主要由分销商代理，“跑天下”则交由超市销售。但在品牌成熟后，两者的分销管道不再有明显划分。

此外，电动自行车与普通自行车不同，“自行车市场十分成熟，产品只要卖出去就行了,哪里都找得到维修的地方。但电动自行车不同,必须过问售后服务。”因此，包括雅哥弟在内，耀马车业与经销商合作，“产品卖到哪里，哪里就有服务。”

产品实力是品牌根本

“做品牌，其实最终还是要回归到产品的实力。”在大陆内销市场摸索18年，李邦欣对此深有体会。

他认为，做广告，是打造品牌形象的最快途径，但如果企业只是一味地做广告，品牌的根基依然很脆弱。“品牌如何拥有与众不同的产品？不止是外观、功能或是特色问题，还要进一步关注到产品的使用人群、产品所代表的文化。这一切，都取决于产品的实力。”

“长得比你帅，跑得比较快，不容易使坏，这是我们智慧的小天才。”李邦欣随口吟出的这首打油诗，亦代表了品牌的定位。他解释说，就是外形要时尚、现代，不以速度来比快，而是比骑乘时是否舒适灵活，品质是否稳定；而“智慧小天才”则表示产品具有科技含量。

雅哥弟一直提倡的“轻松骑乘”文化亦是对产品品质的要求，“事实上，电动自行车不应该是个很大很笨重又很浪费电池的工具，而是自行车的结构加上机电优化的产物。比如，在电池耗尽时可以踩踏板前进，这也是雅哥弟电动自行车实质性功能中最大的竞争力。”此外，配合“轻松骑乘”文化，对产品进行不断的研发，将文化与功能结合，也是雅歌弟的品牌杀手锏。

不仅如此，出售产品后的售后服务等依然同等重要。他指出，雅哥弟的核心竞争力，就是想办法继续提升产品的性价比，让消费者购买时觉得划算，而企业也能赚到钱。“品牌不仅要找到一个好的通路、经销商或做好广告，关键是在消费者中的口碑相传，认定你的产品，这个过程亦需要企业一步一个脚印地去建立。”

樱花："优势差异化"制胜

樱花卫厨董事总经理　廖金柱

樱花集团 1978 年在台湾成立，这家以台湾中部地区特有的山樱花命名的企业，从代工起步之初，就树立了"要像山樱花般绚烂绽放"的理想；随着品质的提升，很快创立自有品牌"樱花"，短短数年之内便成为台湾卫厨行业的旗帜品牌，1988 年成为台湾业界第一家股票上市公司。

樱花卫厨（中国）股份有限公司1994年正式进入大陆，以“樱花”为主打品牌，以厨卫产品为核心竞争力产品。以“要像山樱花般绚烂绽放”为经营理想，以东南海岸线为弓、以长江流域为箭的“弓箭理论”布局，迄今占据了大陆东南半壁江山……

“樱花张”的故事

台湾樱花由张宗玺、张宗明兄弟创立，最初从代工起家，在 1978 年已是台湾最大的除油烟机代工厂，供应台湾以及海外品牌。由于厨卫产业经过几十年发展沦落为夕阳产业，张宗玺发现这一市场愈来愈小且竞争惨烈，因此他决定创立自己的品牌，奠定“樱花张”的实力。

而樱花企业集团之所以蹿起，就是挟着本身售后服务的优势，并以营销导向，取代生产导向，成为台商在大陆三机的领导品牌。张宗玺曾说：“樱花在大陆营销策略相对比较独特，樱花从进入大陆开始就始终坚持采用直营分公司形态，这有利于樱花更好地接近市场，了解消费者，使樱花这个品牌很快就被大陆消费者牢牢记在心里。”

廖金柱：樱花的通路政策、市场价格管理，及品牌再造等策略奏效，是让樱花品牌实现了“遍地开花”的关键因素。

品牌不能急功近利，必须从重视产品的研发做起，继而重视品质和服务，营造口碑，付出更大的努力。当技术、品质及售后服务都到位了，品牌的价值自然就彰显出来，继而就赢得了消费者的信任，竞争的机会就到了。

“运筹帷幄之中，决胜千里之外”，走进樱花卫厨（中国）股份有限公司（以下简称“樱花”）董事总经理廖金柱的办公室，这副对联首先映入眼帘。对联当中，挂着一幅插着很多樱花标签的中国地图，地图上一条贯穿南北、东高西低的蓝色斜线十分醒目。

“这条线贯穿哈尔滨、北京、西安、成都四个城市，是地理分水岭，也是樱花的内部警惕线。”廖金柱说，17 年前樱花进入大陆，就是遵循以东南海岸线为弓、以长江流域为箭的“弓箭理论”布局，迄今已经占据了大陆东南半壁江山，“以这条线为界，西北半壁地广人稀，我们通常交给代理商；而东南半壁有 10 亿人，占世界人口的六分之一，是樱花的精耕地带，这半壁江山能做成功，就是世界第一！”

战术下凡尘　品牌在地化

樱花的母公司 1978 年成立于台湾，这家以台湾中部地区特有的山樱花命名的企业，从代工起步之初，就树立了“要像山樱花般绚烂绽放”的理想；随着品质的提升，很快创立自有品牌“樱花”，短短数年之内便成为台湾卫厨行业的旗帜品牌，

1988 年成为台湾业界第一家股票上市公司。

1994 年，樱花正式进入大陆市场，17 年来迅猛发展，市场地位一路攀升。目前已发展成为生产“樱花”整体厨房、吸油烟机、燃气灶、消毒柜、保洁柜、水槽、燃气热水器、电热水器、龙头、浴霸等众多产品的厨卫知名企业，2010 年营业额达到 20 亿元人民币。

从台湾到大陆，在全然不同的市场水土中，樱花如何“移栽”成功、再现异彩？

“入乡就要问俗。品牌战略需要高度，但战术一定要下凡尘。”廖金柱说，厨卫产品与中华烹饪文化密切相关，樱花在集聚了大陆各地文化的台湾市场浸淫多年，在这一产品领域具有得天独厚的优势。然而，面对地域条件、消费水平落差巨大、审美品位大相径庭的大陆市场，樱花要取胜，就“要扮演一个会观察的社会学家。第一要学会遗忘，把在台湾的思维模式丢掉；第二要充分学习，融入大陆生活。”廖金柱指出，品牌营销就是要打动消费者，并获得他们的认同；要实现这一目的，就要在市场调查的基础上，配合当地的文化民俗热点开展行销活动，撬动消费者内心的感情世界。

17 年来，樱花一步一个脚印地铺设起 60 多家分公司，更先后密植了 1000 多家专业服务中心；同时，樱花全力拓展自有的专卖店网络，建立起 600 多家卫厨产品专卖店、1700 多家卫厨产品精品店，150 家整体厨房专卖店，以及在大陆各地迅速开设的樱花卫厨生活体验馆，在大陆版图上，插上了越来越多的樱花的品牌旗帜。

尽管短期行为也许可以迅速获得利益，但面对大陆广袤市场的挑战，樱花并未选择节省成本赢取更大收益的大区域经销商代理制，而是自起步之初就坚持分公司直营制，主要目的就是要精耕细作市场，发挥公司的组织力，加强执行力。“代理制主要是代理商铺底，当代理商在当地市场做得越来越大时，很容易牵制品牌；而直营制度却能够做到对经销商、消费者最终端的服务，便于执行公司的统一命令及政策。”

差异化打造竞争利器

厨卫行业一直被称为家电业内的“隐性行业”，目前大陆厨卫家电的销量每年以35%的速度成长。在厨卫市场，大陆本土品牌以珠三角为核心占据华南，进口品牌以长三角为基地，大展拳脚于华东。更有一些品牌则浑水摸鱼，以价格断杀抢占尚不成熟的市场和消费者。面对处于敏感期的市场，“优势差异化之路是制胜关键。”廖金柱认为，在品牌经营上，“差异化”主要体现在以下几个方面：

一是公司形象的差异化。公司的形象是否突出了品牌的价值，可以通过企业手册、企业标识来体现。“樱花在大陆率先导入CI（企业形象识别）系统，对专卖店、精品店、专柜进行统一管理，带给消费者一以贯之的品质与服务。”

二是产品本身的差异化。品牌产品在消费者心中必须定位明确。即使不看品牌标识，仍能辨别出特定品牌的产品，这才真正形成了差异化。比如，樱花油烟机特征就是设有两个油网，由于实现了产品规格化，所有型号均可通用，这两个油网也成了樱花产品的DNA。

三是企业文化的差异化。主要以满足消费者的心理需求为导向，争取把企业及品牌的文化散发出来。“方法不重要，贵在坚持，有坚持就有了文化。品质要坚持，服务要到位，承诺要永久。”于是，樱花有了长达33年的吸油烟机“永久免费送油网”服务和25年不间断的热水器“永久免费安全检查”服务。

在家电业“产品、行销同质化”的大背景下，樱花坚持“满足消费者需求的差异化”理念，在市场和活动推广方面独辟蹊径。“经过20多年的观察，我们发现对销量刺激作用最明显的市场推广，就是社区的安全检查活动。每年的6~8月是樱花的‘安检季’，25年来，樱花一直坚持在‘安检季’推行免费的安全检查活动，这对樱花的口碑传播起到了日积月累的推动作用。”

品质服务彰显品牌价值

回顾33年的耕耘路，廖金柱把樱花的成功归功于“找到对的事情，并坚持做下去”的鸭子划水般的持久努力。

当下，厨卫行业技术抄袭剽窃现象十分严重，很多品牌通过哗众取宠的促销战术来取得市场占有率,过度使用“概念营销”手段,惯用“创造概念—促销—降价”的“三板斧”，周而复始，整个行业呈现出过于浮躁的现状，造成了品牌的空洞化。

这种“品牌空洞化”的具体表现就是，品牌虽然有很高的知名度，但是没有内涵和个性，消费者记不住，也无法准确描述。如何让消费者记得你？廖金柱指出，要打一场“记忆的储存战争”，“就像樱花的吸油烟机主打的免拆洗和换油网，三年五年一直坚持，这样就会在消费者脑海里打下深深的烙印，即使你目前可能没有购买力或者购买欲望，没关系，我们可以持续跟你沟通。等到几年过去后你有需求了，第一个就会想到樱花。因此，品牌的战略要有持续性和个性，而具体战术要贴近消费者。战略+战术综合运用才能发挥最大效应，在这里至关重要的事情就是坚持。找到对的事情，然后坚持下去，就一定会成功！”

“品牌不能急功近利，必须从重视产品的研发做起，继而重视品质和服务，营造口碑，付出更大的努力。当技术、品质及售后服务都到位了，品牌的价值自然就彰显出来，继而就赢得了消费者的信任，竞争的机会就到了。”

廖金柱指出，樱花从进入大陆时就引入了吸油烟机“免拆洗”概念，到今天已经将吸油烟机的优异性能与造型融为一体；樱花燃气灶以满足中国人的烹饪习惯为己任，通过对技术的不断创新，更好地满足了人们对大火爆炒或者小火焖炖的不同需求，并且更加节能省气；樱花燃气热水器不断观察生活环境的变化，先后推出大立升、全智数码、低NOx冷凝式系列产品，而樱花电热水器在智能化和安全保障方面更是不断晋级，推陈出新，顺应高效、节能、安全、环保的沐浴生活趋向。

创新品质的同时,樱花也彰显具有自身特色的品牌服务。樱花数十年不辍的“双永久”服务，已经透过无数次的强化沟通深入消费者脑海。“我们做过调查，大多数消费者看到樱花，首先想到的就是‘双永久’，这就是所谓的‘记忆的储存战争’。如何让消费者记得樱花？就是要透过持久鲜明的特色服务勾住消费者的记忆，让消费者无法忘记。”廖金柱说。

为了构建更为完整的厨房专家版图，近年来，以系统厨具为核心的整体厨房成为樱花新的事业增长点。“整体厨房专卖店实行客制化服务，包括工程队在内的工作人员都经过‘厨艺大学’的专门训练。”

提供整体优化解决方案，成为“满足需求、解决问题”的双向服务专家，樱花正由“生产厂商”变身“服务方案提供商”，向品牌的纵深进发。

“为中国人营造更理想的生活”

“为中国人营造更理想的生活”，看起来只是简单的一句话，而正是为了这句话，樱花人坚定不移地执著前行，从而铸就了一段卫厨界的传奇。

从1978年在台湾成立之日起，33年来樱花卫厨始终以“满足消费者权益为依归”的经营宗旨，让越来越多人的生活梦想成为现实。1994年，樱花卫厨进入中国大陆，不断以高品质的卓越产品赢得消费者的喜爱与信赖，成为中国人生活进步的主导力量。

33年来，樱花卫厨获奖无数、载誉无数。樱花企业不仅通过了ISO-9001质量管理体系认证、ISO14001环境管理体系认证以及3C等各类认证；并凭借规范的管理模式、先进的经营理念荣获江苏省“外商投资先进技术企业”和“高新技术企业”荣誉称号；更连续多年荣获昆山市“最佳外商投资企业”和“外商投资十大纳税企业”荣誉称号;同时樱花还荣获了“江苏省著名商标”、“苏州市知名商标”荣誉称号。

此外，樱花多款吸油烟机、燃气灶和低NOx系列燃气热水器荣获中国质量认证中心“节能产品”和“环保产品”双认证；整体厨房是“全国最具质量保证十大品牌”、“江苏省消费者协会推荐商品”。

以满足消费者权益为依归，樱花从1978年开始了吸油烟机“永久免费送油网”服务，至今已坚持33年；1986年起实行热水器“永久免费安全检查”服务，至今也有25年。这两项有口皆碑的永久行动一直延续至今，成就了世界商业史上不可多得的传奇篇章。为更好地为消费者服务，樱花现已在大陆设立了60多家分公司，密植1000多家专业服务中心，并建立SIS(Service Information System)服务体系。

通过33年的不懈努力，樱花已成为卫厨行业的知名品牌，在全面提升消费者生活品质的大环境下，卫厨行业前景广阔，我们有理由相信，樱花必将以更大的真诚和执著，处处为消费者着想，为中国人营造理想卫厨生活。

永和豆浆：做大豆食品专家

永和豆浆　董事长林炳生、总裁林建雄（兄弟）

“永和豆浆”是台湾弘奇食品有限公司于1982年创立的知名品牌。“永和豆浆”的商标持有人是永和国际发展有限公司。“永和”商标于1995年在中国大陆注册。随着永和豆浆品牌影响力的不断扩大，于2009年12月正式成立永和食品（中国）有限公司，以更高的平台为出发点，全面贯彻服务社会的企业宗旨。

上海弘奇永和食品发展股份有限公司,1999年试水大陆市场,并以“永和豆浆”为主打品牌，以大豆为核心竞争力，至今企业规模增长到了初期的三倍以上，平均成长率在两至三成；产品亦已跨行业，经营模式也更加多元化。与同类产品相比，永和豆浆的市占率达到50%左右。永和豆浆目前在大陆有500家加盟店，2014年要达到1000家加盟店的目标，营收可达50亿元人民币。

“低碳、环保、健康、养生”，这就是永和豆浆董事长林炳生的经营理念，希望更多的人喝豆浆，推销养生及环保，这将有助于身体健康及降低二氧化碳排放量。

林炳生推销豆浆的理念可以放大到环保，也可以缩小到个人养生。林炳生认为，要用绿色的技术，做绿色的食品。传统做豆浆要对大豆清洗浸泡，很浪费水，永和豆浆采用无尘无菌的干洗方法，不用泡豆子，仅这个程序就节约很多水，与其在后面的程序里增加污水处理系统，在前面环节不浪费，才是最大的环保。

林炳生说，永和实施新一轮品牌战略，不仅为品牌形象奠定基础，也扩大市场份额，而管理要素中的简约主义，让员工更懂奉行低碳生活，选择绿色生活。

永和小记

“永和豆浆”是台湾弘奇食品有限公司于 1982 年创立的知名品牌。“永和”商标于 1995 年在中国大陆注册。随着永和豆浆品牌影响力的不断扩大，于 2009 年 12 月正式成立永和食品（中国）有限公司，以更高的平台为出发点，全面贯彻服务社会的企业宗旨。

“永和豆浆”进驻大陆的十几年间，足迹遍布大江南北，作出了辉煌的成绩，2009 年企业商品销售额人民币近 4 亿，上缴利税数千万元。这些都从不同方面反映出“永和豆浆”产品的生命力与品牌力，消费者已将高品质、纯正口味、工艺精湛的豆制品与“永和”品牌与商标有机的联系在了一起。

“永和豆浆”作为豆浆制品专家，不断深入探究大豆的营养价值，新品不断问世。“永和豆浆”的身影伴随两代人的成长。现大陆有 500 家“永和豆浆”餐饮门店，在北京、上海、深圳、武汉、西安、南京、天津、成都、济南等大城市，“永和豆浆”成为了不可或缺的风景。

“永和豆浆”积极投身各项慈善事业，在 5・12 汶川大地震中，无私捐款，并相继捐献了大批救灾物资，连续多年资助天津市残疾人福利基金会、天津市慈善协会等。

林炳生表示，为了让永和豆浆未来上市之路顺利，大股东们已经原则同意让创投资金入股，预计最快在 2012 年就会引进创投资金入股永和豆浆。

根据林氏兄弟的设想，永和豆浆要实现差异化竞争，以专业做大豆的食品及餐饮公司形象出现，围绕核心产品，不仅卖产品，更进行多元化发展，卖健康、养生与文化。

在永和豆浆公司总部办公室的一隅，董事长林炳生正为来访者细心沏上泡好的乌龙茶，十分的淡定与从容。

从几年前沸沸扬扬的永和体系商标“打假”迷雾中走出来的林家兄弟，开始将企业发展重心转入经营，以石磨精神与“中国风，台湾味，两岸情”的情怀，力图将永和豆浆打造成为一个民族品牌，“让世界有华人的地方就能喝到永和豆浆”。

相信不论在大陆还是台湾，几乎很少有人未曾喝过“永和豆浆”，至少也会购买过“永和豆浆”的产品。作为大众熟知的品牌，品牌风格一直比较温和，高调之处只在于品牌背后不断地进行产品研发和创新，不断地推出营养健康又美味入口的永和新产品。作为消费者已经习惯了永和豆浆的存在，就像身边熟悉的朋友一样，不会太好奇去探究她的历程，但是品牌背后的故事，却有着催人奋进的力量。永和豆浆从台湾走到大陆，其经历的风风雨雨亦值得我们仔细品味。

三分傻劲　七分干劲　坚信永和梦

1983 年左右，台湾经济正处于低迷时期，当时从事房屋中介业务开发的林炳生，因为顶让（转让）的一个业务，偶然的一个机会却成就了他一生事业的转折。

那时林炳生的房屋中介业务成绩还算不错，触动他改行的是接到的一个顶让永和豆浆店的业务。当时的永和豆浆是前店后工、手工制作的小作坊，“永和”这个名字就像有一种魔力似的深深地把林炳生吸引住了。

林炳生回忆说，“‘永和豆浆’原创于台湾永和路二段一带，‘永和豆浆’一词，起初只是‘过桥到永和喝豆浆’的泛称。当时台湾犹处农业社会，一群祖籍大陆远离家乡的退役老兵迫于生计，聚集在台北与永和间的永和中正桥畔，手工制作油条、烧饼与豆浆。当时都是豆浆小铺，也没有店名，很红火，后来才有人开了店面。我当时觉得豆浆这个事业很好，是可以做一辈子的事业，所以就转战。与其把这个店面转让给别人，不如我自己把它顶让下来。”

一生的事业就这样开始了，林炳生开始小作坊经营这个“永和豆浆”店。刚开始时，很辛苦，也没有很多本钱，只有60万新台币，于是找到了两个朋友一起做，一个是最好的同学，一个是最好的同事。同学做了两个月后就不干了，认为豆浆事业不是人干的，那是“水深火热的工作，什么都要自己做”。当时豆浆是很传统的做法，要搅拌、冲掭，用最传统的水龙头冲，冷藏后再拿去卖，典型的前店后工模式。每锅豆浆做完后总要留下很难清洗的豆浆蛋白质，需拿着工具趴下去慢慢地把残渣擦洗干净。同学受不了这种苦头就拿着投资的本钱退出了；而同事做了半年也受不了这种苦，又觉得赚不到钱，也选择退出。

林建雄 1999 年开始长驻大陆，他表示，未来永和豆浆将以“专业做大豆的食品及餐饮公司”的形象出现，产品结构从服务业跨入制造业。

林炳生与林建雄兄弟俩一张一弛，带领着永和豆浆拿下每年 10 亿元人民币左右的营业额。

在两位合伙人纷纷散去的情况下，林炳生依然没有放弃，而是咬紧牙关挺了过去。“那时候生意也不好，一个月才做三四十万新台币，赚不了多少钱，在没办法的情况下只好把家人都拉来帮忙做，大姐、哥哥和我，兄弟姐妹咬紧牙关自己坚持做，努力把它做好。创业都是艰辛的，要咬紧牙关度过。我个人一直有个座右铭：三分傻劲，七分干劲，永不放弃的决心。只有这样坚持到底，才会成功。”正因为这样的坚持，成就了他的“永和王国、永和梦”。

林炳生对豆浆市场充满信心，一直坚信这个市场会成长起来。带着这份对豆浆事业的信心和热忱，他不断努力，“永和豆浆”终于实现了从小手工作坊，到半自动生产，再到全自动生产的“三步走”战略。

自动化生产“三步曲”稳固台湾市场

“永和豆浆”是先做一家店，然后再做复制商品的努力。在这个过程中，先把台湾台北北区的市场做好，依托通路便利店（当时叫平价店）、面包店、学校、市场等，都供不应求，后来扩大工厂，在漳化投资了自动化工厂，实现自动化生产“三步曲”，也是当时第一家获得台湾食品 GMP（good manufacturing practice，良好作业规范）认证的工厂。从开始做豆浆事业到建立全自动工厂整整花了 10 年时间。

林炳生的弟弟林建雄是后期加入的，主要做推广业务。从煮豆浆、包装豆浆，到销售豆浆，他都做过。江山是慢慢通过业务打下来的，从便利店、面包店、学校逐渐成长，然后继续慢慢去供应连锁的早餐店，销量逐步增大。于是在台湾一个工业区买了 80 多坪的地做工厂，专业做低温冷藏的产品卖给学校等。后来到中部，继续布局，南来北往，一步一步把永和豆浆的产品销售拓展到全台湾。

台湾的豆浆市场发展日趋成熟，成熟的市场竞争就会比较激烈，很多同业加入，短兵相接。“永和豆浆”作为专业的豆浆工厂，要和很多综合性的集团竞争，同业之间也同样竞相促销，台湾的豆浆市场就变得无利可图，于是“永和豆浆”只有开拓新的市场，将目标瞄向了台湾之外。

试水大陆　探索学习

一个品牌要向另一个市场进军，必然要首先对这个新的市场进行了解。

1995 年林炳生来大陆，回到老家福州。为了了解大陆的豆浆市场，他和其他人一样在阴暗潮湿的路边吃早餐，吃完后找的零钱也很脏。“那时候改革开放十几年了，慢慢的有一些人他应该有这种条件想吃好一点，但找不到，我们也找不到，所以我们认为有开店的机会去发展。”林炳生说。后来经过研究，他认为先不做工厂，而是先做门店，以这样的运作发展。

1999 年林炳生派林建雄长驻大陆。虽然那时候也有商品在店里出售，但林柄生的规划是在大陆开连锁店，为此还专门到台湾连锁加盟协会去学习规划连锁的培训课程，又把学到的知识应用到开店的实践当中去。

“为什么来大陆？其他国家地区我们也有去看，但不想去做，因为去更陌生的市场有语言文化、生活习俗等不同情况。只有大陆与台湾是同文同种，比较适合开发。

我们在台湾是以商品一直在发展，发展到一定阶段，同时发展外销，台湾的市场规模也就 2000 多万，供给已经很多，但需求没有增长，需求量有限。全世界有 60 亿人口，大陆就有 13 亿，加上大陆改革开放之后，人民生活水平逐渐提高，当人们经济能力好的时候，就不仅要吃饱还要求吃得好。人的需求是逐步提高的，所以大陆的市场是非常有前景的。”林炳生如是说。

遵循着“永和梦”，“永和豆浆”开始在大陆市场进行新一轮的布局。

品牌差异化　让“山寨店”望尘莫及

在大陆，除了永和豆浆与永和大王外，以“永和”为招牌的店铺不计其数，良莠不齐。秉持自己才是正宗的永和豆浆，林家兄弟在 2005 年前后将重心放在了“打假”上。也正是那几年，有关于永和的新闻基本与诉讼相关。但随着“中国驰名商标”的取得，林家兄弟的心态趋于平和。

“打假还是要做，这些‘山寨店’是狼，打也打不完，与其正面竞争，不如以和为贵，我们调整重心，走品牌差异化，练好内功，再进行资源整合，令他们无法复制。”于是永和豆浆从 2006 年起调整策略，将大部分精力花在实现“经营与其他永和体系不同的品牌”上，只是花几分力量“打假”，以免品牌被淡化。

企业介绍上显示，永和豆浆要“以黑龙江三江平原非转基因大豆为原料，发展成健康、养生核心文化产品”，并以“品牌优势为基础，发展成为大陆快餐连锁店与大豆快速消费品领导品牌”。

总裁林建雄亦证实了这个目标，未来永和豆浆将以“专业做大豆的食品及餐饮公司”的形象出现，产品结构从服务业跨入制造业。显然，永和豆浆不仅要做中式餐饮连锁，更要做大豆食品专家。如此一来，将与包括主要竞争对手永和大王在内的其他永和体系拉开距离，在品牌经营与产品上形成差异化优势。

为达到目标，R & D（research and development，研究与发展）、系统建设、团队管理这三个重心取代之前的“打假”，成为全体员工一致努力的方向。永和豆浆将以与策略伙伴合作的方式外包生产产能等业务，只专注三个重心。

“我们很清楚在未来要做的工作是从策略和结构上做出改变：R & D 能凸显品牌，随着企业规模与业绩的成长，永和豆浆需完善系统管理，有好的系统也要有对的专业的人来执行。”

以大豆为核心　商品多元化发展

走出“打假”诉讼官司迷雾的永和豆浆，以大豆为核心竞争力，开始朝着“专业做大豆的食品及餐饮公司”方向前进。

现在，想喝豆浆的消费者不仅可以去连锁店里点上一杯豆浆坐下来慢慢享受，亦可在超市里购买豆浆粉回来自己冲泡，以后还会陆续有杯装、听装甚至利乐装的豆浆面世。从原来依靠手推石磨磨豆浆的小作坊式生产到全自动化，林炳生的想法很简单：永和豆浆要满足消费者想怎么喝就能怎么喝的需求。

以大豆为核心　延伸产业

“永和豆浆要靠两条腿走路。”林建雄说的这两条腿，指的是永和豆浆为达到目标所拟定的发展策略：一是继续做快速消费餐饮事业，拓展门店数量；二是进行商品多元化战略，在经营餐饮的基础上，致力于豆制品的深研发，除了豆浆粉，还要开发出高蛋白营养品以及如豆浆酥、豆干等一系列的有机大豆食品。

“我们的产品以大豆为核心，大豆就是泥土里的黄金。”永和豆浆要迈向另一块淘金宝地，根据林建雄的分析，在个人消费水平提高之后，人人必然追求健康与生活品质，大陆超过 13 亿人口的市场前景不可估量。“以专业做大豆的食品及餐饮公司形象出现，围绕核心产品，不仅卖产品，更进行多元化发展，卖健康、养生与文化。”

永和豆浆在黑龙江延寿县的新厂已建成投产，种植大豆的计划已开始，研发中心初步选址昆山，从种植、生产、研发再到销售，大豆产业链一体化经营发展模式初具雏形。

“永和豆浆要改变过去，跟同业形成差异化，所以未来要做什么，现在就要开始做，经过策略性的改变后，我们的发展速度会加快。”

经营商品　有通路才有市场

在台湾，由于市场规模小，永和豆浆以商品化为主，只在台北开一家总店，另设漳化工厂自动化生产豆浆销向全台。

进军大陆的初期，由于知名度低，通路费用高昂，往往货发出去了，却难以收到款。因此永和豆浆吸取教训，先开餐饮店打造品牌，以连锁店带动自有通路，直到现在，品牌与通路建立好后，时机成熟，永和豆浆提出做大豆食品专家，兼顾餐饮与大豆商品，开始商品化运作。

“经营商品，拥有通路才有市场。”1999年被单枪匹马派往大陆开拓市场的林建雄对此深有体会。如果一开始就在大陆做商品化，“要花很多钱在通路与品牌上”。

他坦言说，目前可以在大陆销售永和豆浆粉系列产品，是因为有消费者对品牌的认知度基础在，与刚来大陆时货款难收相比，现在永和豆浆一般采取款到发货的做法，甚至经销商把钱打过来后还要排队等待发货，然后通过经销商进入零售通路。“先做餐饮建立好口碑，然后再导入商品策略，两块业务同时做，那永和豆浆的发展就会非常快速。”

在大陆开始商品化发展，拥有更多的通路成为关键。目前永和豆浆商品销售通路除了500多家连锁餐饮分店外，也依托大卖场、超市等通路，2009年亦投入1000万元人民币左右的上架费用扩大销售管道。

林建雄觉得，他们的目标是要让全世界的华人都喝得到永和豆浆，怎样才能做到？“打造品牌，建立通路，将餐厅与零售结合，进行互销，让消费者到处都买得到。”

目标指向大豆食品专家

与在一旁煮茶斟茶，偶尔补充几句的林炳生的内敛沉稳不同，弟弟林建雄则显得更为主动些，兄弟俩一张一弛，带领着永和豆浆拿下每年10亿元人民币左右的营业额。

从1999年开始试水大陆市场到现在，永和豆浆的企业规模增长到了初期的三倍以上，平均成长率在两至三成左右。产品亦已跨行业，经营模式也更加多元化。据了解，与同类产品相比，永和豆浆的市占率达到50%左右。

“不只要卖豆浆，而是要让消费者觉得永和豆浆是一个非常有生命力、有文化的品牌。永和豆浆以后就是要做大豆专家，让消费者想到豆浆就想到永和，想到大豆也想到永和。”

永和豆浆目前在大陆有500多家连锁店，直营与加盟的比例保持在1∶9左右。

与当初一味“打假”不同，永和豆浆开始采取柔和政策，在“打假”中亦进行收编加盟店，扩大规模，根据计划，未来将会强化发展慢的地区。在2009年以上海为永和国际大陆管理中心，在各地积极拓店，目标指向2014年达到1000家，为商品化发展铺平道路。

随着“专业做大豆的食品及餐饮公司”的进程，林建雄认为未来永和豆浆在商品部分会着力更多，其成长的速度亦会比连锁店更快。除了加强研发力量外，资金发展也不排除最终会走向IPO。

一茶一坐：用心念好服务经

一茶一坐总裁　陈定宗

1991 年，“一茶一坐”由简铭钦在台湾桃园市创办，当时主打泡沫红茶，类似于现在的“仙踪林”，后来创始人对产品定位逐渐进行了调整，推广起“茶人文化”。

2001年8月，台湾“一茶一坐”餐饮有限公司与旺旺集团各半持股合资成立上海“一茶一坐”餐饮有限公司，由台湾“一茶一坐”负责经营。截至2010年“一茶一坐”的门店遍及上海、北京、杭州、南京、常熟、苏州、济南、沈阳、深圳、宁波、无锡、江阴、徐州、义乌、常州、武汉、青岛、天津等大中型城市的地标商圈，数量100余家，并在日本设有海外分店，逐渐发展为行业的翘楚。

"一茶一坐"大事年记

1991 年，"一茶一坐"由简铭钦在台湾桃园市创办。

2001 年 8 月，台湾"一茶一坐"餐饮有限公司与旺旺集团各半持股合资成立上海"一茶一坐"餐饮有限公司，由台湾"一茶一坐"负责经营。

2002 年 6 月，"一茶一坐"在上海新天地开设第一家旗舰店，进入大陆市场。

2004 年 2 月，上海糖业烟酒集团及第一食品公司通过子公司(顺和通投资有限公司及顺联通投资有限公司)共同向"一茶一坐"投资 297.5 万美元。

2005 年 11 月，IDGVC、SIG 以及 FMCG 协同顶新控股等国际机构，增资重组"一茶一坐"(开曼),并以近 700 万美元收购"一茶一坐"(上海)全部持股,"一茶一坐"(上海)成为"一茶一坐"(开曼)100% 控股的外资独资企业。

2006 年 2 月，在北京新东安市场开设华北地区第一家餐厅。

2006 年 9 月，在日本东京开了第一家海外分店。

2007 年，美国 GGV 基金牵头与老股东团队共同向"一茶一坐"投资 1068 万美元。

2008 年，美国 OAK 基金牵头与老股东团队共同投资 2300 万美金，"一茶一坐"成功完成第三轮融资。

谈到“一茶一坐”的出色经营，陈定宗坦言，一路走来，之所以取得骄人成绩，与培训做得好密不可分。

在竞争激烈的餐饮市场，“一茶一坐”之所以不仅没有被边缘化，而且蔓延大江南北，甚至漂洋过海，发展为餐饮行业的标杆性企业，正是得益于“一茶一坐”独具匠心的人才培训机制和精益求精的服务水平。

餐饮连锁是一个成熟且竞争激烈的行业，上世纪90年代以来随着各种档次的洋餐馆与本土特色餐饮的涌现，行业的新进入者如果没有独特的产品定位和营销服务手段，很难从成熟市场中抢得份额，吸引到日益挑剔的消费者。

“中央厨房战略”标准化先行

麦当劳和肯德基能做到全世界的秘笈是什么？标准化的口味。因此，在“一茶一坐”总裁陈定宗心里，构建“中央厨房系统”成为比开店更重要的事情。“一茶一坐”早在2001年9月就建立中央厨房及建置POS系统，开发各种菜色的标准化作业流程，直到半年后，才在上海新天地开设首家店。

借鉴麦当劳的中央厨房模式，“一茶一坐”研发出中餐的3S要素，即专业化、标准化及简单化。陈定宗说，标准化并不代表能复制，因为能复制必须要简单化。因此，“一茶一坐”将标准化作业透过几个简单的步骤，将店内各环节变成容易操作的程序，借此达到可以快速复制。听上去很简单，实际操作起来并不容易。首先必须建立一个及时顺畅的物流供应体系。仓库设在哪里？市区地价高昂，仓库本身占地面积又大，成本难以承受；郊区地价便宜，但是对运送时间也提出了要求，必须找到一个合理的区域半径。

功夫不负有心人，“一茶一坐”在反复的实践中摸索出一套食品加工、保鲜储藏及还原加热的工艺流程，并在上海郊区建立了自己的中央厨房生产基地，可以为24小时车程内的餐厅配送几乎全品种的菜式半成品。在餐厅内，操作工只需要按照操作标准流程将半成品食物进行加热或组合，即可做出美味的食物。比如一款黄瓜海蜇丝当中的海蜇丝，是由经验丰富的大厨在位于上海的中央厨房里进行安全处理后，洗净切丝、密封包装，之后通过超低温物流车运送到各家门店，开包加料装盘才完成的。正因为有了“中央厨房”的模式，才能够将复杂的中餐烹调过程标准化，以达到全大陆各地门店食品质量口味的统一。

阶梯式人才晋级术

谈到“一茶一坐”的出色经营，陈定宗坦言，一路走来，之所以取得骄人成绩，

“一茶一坐”致力于发扬中国茶及餐厅的文化，打造第一个国际化的中式休闲连锁餐饮领导品牌。“一茶一坐”的另一层含义是“一生一会”；每次跟朋友会面时，要用最真诚的款待之心来对待朋友。企业愿景是做“大家的客厅”，让客人借由品尝一杯好茶，体验一种放松的心情，享受我们所营造出专属于“家”的温馨感受。“一茶一坐”与一般中餐馆大不相同，这里没有浓厚的油烟味道和穿梭往来的服务人员，经过长期探索，“一茶一坐”形成了自己独特的菜单组合方式：以煲类为主，搭配各种花样主食、品种齐全的茶品和各种甜品饮料。菜品样式简单，清淡细腻。

与培训做得好密不可分。

培训才是企业发展的真正造血机制，陈定宗和他的领导团队对这一点深信不疑，他们相信一个企业投资培训费用与取得的效果，完全可以通过数字——财务报表显示出来。事实证明，公司的财务数字从来没有让他们失望过；而持续上扬的效益曲线，反过来更加支持了他们的培训理念。

世界上一些优秀公司，每年用于员工培训的费用约为薪资的 5%，而在“一茶一坐”，这个比例高达 15%。

当新人一旦踏进“一茶一坐”，一副路线清晰的个人发展“地图”即张贴在他们的面前：见习员——服务员——训练员——店长——区主管。然而，每要向前跨进一步，就必须通过对应的培训和考核 :C 级训练——B 级训练——A 级训练——站长训练。例如，一个新人被招聘来后，首先要通过 7 天 56 个小时的培训，合格后才能分派到不同的工作站。如果想继续进阶到服务员，无论你是在外场、水吧还是茶吧，都要经过 3 天共计 24 个小时相关培训。一步一个脚印，踏踏实实通过每个培训，才有可能晋升管理阶层。

根据每个员工成长阶段的不同工作性质，培训过程的侧重也有不同的安排。由较为低阶的“潜龙”成长为中阶“群龙”、“飞龙”直至高阶“天龙”的过程，实际上就是技法递减、心法递增的过程。

潜龙培训侧重技法的培训，这是成为一个优秀服务者最基本的基本功——开始是师傅示范，学员自己演练，最后就是学员自我示范，不断反复，直至熟练掌握；群龙培训注重心法的培训，“培养员工心态，当你没有一颗良好的心态时，是无法把一件很简单、很小的事做好的。在工作上的态度实质上考验的是一个人的心态”；飞龙培训阶段，特别重视个人素质的培训，强调爱心和团队协作能力的培育，每年都会定期有一系列的爱心公益和野外培训活动，培养员工的爱心和团队合作精神；天龙阶段将会接受更为高级的培训和学习，开阔视野，提高格局。

“一家人主义”服务优化与提升

俗话说，用人之道。这个“道”也可以称之为领导有方的“方”，如果把“道”理解为精神，那么“方”就是一种管理行为。怎样的用人才算领导有方呢？以人为本，尊重、理解和关心人才，并把人才看做“主人翁”而非“被雇佣者”。未来企业用人的重要趋势之一，就是管理者不能再如过去般扮演权威角色，而是要设法以更有效的方法，间接引爆人才潜质，创造企业最高效益。

“一茶一坐”将每一位员工都看作是家庭的一员。每一位新员工进店相应都有一个师傅带，师傅不仅是工作中的训练员，更像是生活中的老师、家长。员工生活中遇到的困难可以与自己的师傅或店长请教沟通，大家一起想办法解决。

今天的领导将扮演着导师、保姆、教练这三种角色，为此，企业的管理者更需要创造一个支持性的工作环境，运用影响力来引导员工实现共同愿景。

“大声说出你的梦想”，这是每个“一茶一坐”员工在早晨上班前必须要做的一件事。这项被称为“伙伴成长计划”从2009年11月开始构思，在总部示范，2010年年初在上海选定5家店实施导入系统。

讲出自己的梦想，并将梦想划分为一个个可执行的短期目标，每天早晨对伙伴大声讲出，谁没有完成，周围的伙伴、店长都会不时的提醒，伙伴之间互相监督，互相督促，如果多次完不成自己面子上也感觉过不去。这样就在伙伴内部形成一种竞争氛围，在工作中实现自我价值，激发工作热情。伴随而来的是服务质量节节高升，门店的离职率降低，营业额也随之上升。“目前这项计划已逐步扩张到全大陆80多家门店，并会继续推广下去。”陈定宗语气肯定的讲到。

感动顾客　强化溢价效应

诉求人性化的服务，如果顾客询问员工“洗手间在哪”，员工不只是说“左转”或“右转”，而是会带着顾客找到它，顺便说一句“小心地滑”，不是机械化的“你好！欢迎光临”。“我们需要的是这样的服务”，陈定宗坦言。

“一茶一坐”经常上演感动故事大片，主角不是演员明星，而是普通的店员与顾客。不看营业额看感动故事，这在“一茶一坐”已经成为一条绩效考核标准。公司总部负责把从各个店收集到的“感动故事”还原成影像，组织员工互相观看学习。这一措施实施下来，效果立竿见影，来自员工和顾客的抱怨减少了，餐厅的好评度直线上升，餐厅的收入也自然而然的水涨船高。

创造感动顾客的服务，就要超越顾客期待，用餐人最不喜欢的就是等待的时间。意识到这一点，公司经过反复的实验论证，最终决定以15分钟为最佳时间，因为这个时间内是顾客可以接受的极限。于是“一茶一坐”用沙漏计时（沙漏漏完需要

15 分钟），从顾客点餐开始到上餐，沙漏刚好漏完，超时顾客就可以免费享用。

“15 分钟美味必达，事实并没有想象中的那么简单，刚开始时还是赔钱，100 桌要赔上 7~8 桌。炉具不断进行改造，由原先的 9 孔炉改为 18 孔，最后直至改为 27 孔炉，外场员工服务基本上是一路小跑状态。经过一段时间的摸索，熟练，现在赔付率基本为零。”陈定宗自豪地说。“跟‘一茶一坐’借个沙漏吧，对自己狠一些，顾客就会对你好一些。”一位在“一茶一坐”用过餐的顾客在自己的博客中写到，一个小小沙漏为企业形象创造的价值是无价的。

除此之外，“一茶一坐”的软性包装也为其带来高额的溢价收益。到“一茶一坐”，顾客可以看小说、听音乐消磨一下午；也可以边品茶、边享受无线上网冲浪。到这里“吃饭”、“喝茶”已经不是唯一的目的，享受店中休闲、典雅的气氛已经是一个至少与“吃饭”同等重要的目的。由于提供了“吃饭”之外更多的附加价值，与其他经营同等品质餐品的餐厅相比，像“一茶一坐”这样休闲餐厅的定价能力更强，可以赚取高额的“休闲溢价”。

因其良好的经营业绩，“一茶一坐”一直备受风投青睐，IDGVC、美国 SIG 集团、台湾东安投资集团、SMI（沈南鹏个人设立的基金）、GGV 以及国际著名创投机构“IDG”、美国橡树投资“OAK”等先后为其注股融资。有了强大资金支持，“一茶一坐”离上市之路越来越近。

元祖：精致内涵　塑造美食新文化

元祖食品董事长　张秀琬

1976 年，在台湾创立“如意堂”食品店，自产自销新鲜可口、乡土味浓的糯米团，很受当地人欢迎。1981 年把店名改为“元祖食品”，产品也呈多样化，从糯米团的单品种发展到系列产品，还新增了各种小西点、喜饼、端午粽子、八宝年糕、芝麻饼等，这些民俗食品与古老、传统、民族结缘，与西式烘焙产品结合，形成了中西文化、产品、行销模式相结合的“元祖食品”。

1993年，元祖食品以上海为基地，先后在上海、无锡、杭州、成都、武汉、青岛、长沙、广州、福州、大连等主要城市设立了14家分公司，400余家门店遍及大陆的72个城市，2010年销售已超12.8亿元人民币，元祖食品一跃成为上海乃至大陆烘焙食品加工业中的佼佼者，成为烘焙业精品礼品消费的风向标。至2011年底时，门店数将达到500家。

元祖 30 年的品位

元祖一直注重产品研发，倡导并致力于低糖、低脂、多汁、多纤、新鲜的功能性健康食品路线。元祖的 MUCH 蛋糕、慕思蛋糕和鲜奶蛋糕在消费者中享誉甚高。元祖雪月饼自 1993 年一经推出，以其讲究的高级食材、独特工艺、豪华口感、健康诉求即形成了中秋佳话，在大陆刮起了“冰凉好个秋，元祖雪月饼”的旋风，连续 4 年元祖雪月饼以上佳的业绩一跃成为元祖中秋的代名词。

元祖设在上海的梦果子工厂，是一座现代化的花园式食品加工厂，元祖食品作为大陆第一个同时推行 ERP、通过 ISO9001 国际标准认证以及 HACCP 食品卫生安全控制的企业和 QS 证的生产企业，十分注重产品的品质。“将健康美食送达到每一个家庭和您的手中，是元祖永恒不变的目标。”

品位是产品品质和视觉行销中的价值所在，元祖坚持将中国传统文化与现代化产品进行融合，使元祖的产品更富有文化的灵性和活力。

张秀琬现任

台湾元祖实业有限公司董事长

上海元祖食品有限公司董事长

上海元祖梦果子有限公司董事长

糕点皇后

经营理念：

再穷的地方也有市场，关键是找准卖点。

坚持“养店面”理念，即店面开设在有发展前景的地段，未来一两年内要成为繁华地段或高档区域。

螃蟹效应：

加盟店和直营店就像两只螃蟹的螯，能互相刺激，当加盟店做得很出色时，直营店就会感觉到压力。

企业管理：

放权让职业经理人自己“游泳”。

对于自己，张秀琬则很苛刻，总是说要随时把自己吊在悬崖边。

她的房间门口，经常放着一大一小两个行李包，随时准备出差。

年近六旬的她说，一辈子都不会退休，要干到自己动不了那一天。

张秀琬接受《台商》杂志专访

透过赋予每个产品具有文化内涵的话题，在此起彼伏的季、节令的循环中，不仅让元祖的产品变身为“会说话、能传递情感”的礼品，同时提升了产品的附加价值，开启了获利之源。

“元祖不仅是一家食品生产业者，更是品牌和通路的经营者。”一见面，元祖国际董事长张秀琬便开宗明义，点明了元祖的形象定位。

的确，30年前由台湾一家麻薯小作坊起步，到如今数百家店布局两岸、年营业额超12.8亿元人民币的食品集团，元祖的定位，早已超越了食品生产和销售本身。在从礼俗文化中取材、再造美食精致内涵的同时，渐成规模的通路和知名度，让元祖有了更大的企图心，进入了大品牌框架下整合通路、多元化拓展的新阶段。

跨海展业　做礼品消费风向标

“‘元祖’，这两个字有一点创始和永续的意思，又有一点霸气。我想自己就是要做一个创始者和开拓者，觉得这个名字比较符合自己的本意，所以就注册了。”回忆起30年前，张秀琬颇有感慨。尽管当时由10万元新台币起家、前店后厂的食品作坊小小的，但也承载了她一直以来的创业、成功的梦想。

糯米团、端午粽子、八宝年糕、喜饼、雪饼……定位于“民俗食品文化”的产品，迎合了当时台湾市场的需求，辛苦打拼了八、九年，门店发展到了20多家。然而，激烈的竞争和趋于饱和的销售量，让张秀琬把发展的目光投向了海峡西岸的大陆。

1993年，上海虹口区四川北路竖起的一块鲜亮醒目的“元祖红”招牌，预示着元祖在大陆市场的起步。经历了开业之初前两个月的低迷，一开始坚持认为“上海食品比台湾落后，要全盘移植台湾做法和经验”的张秀琬，及时把“台湾想法”调整为“大陆思维”——以生产高档蛋糕为主，佐以其他的礼盒，比如富有台湾特色的凤梨酥、铜锣烧等，因为生产的品种统筹考虑了上海人的喜爱和台湾风味的特色，很快就被上海市民接纳了。

“上海人的消费习惯非常精明也非常高明。他们对产品的要求不仅是‘里子’要好，‘面子’也要好，绝对都要物超所值，才会被接受。”张秀琬认为，与“比较听话”的台湾消费者相比，上海的消费者要求比较高。“不过，对于这一点我倒觉得蛮高兴的，因为有了挑剔的消费者，才会促进企业加强管理和不断改善产品品质。一个比较理智的市场，就等于给企业提供了一个优良商品的销售平台。否则，优秀的品牌就会失去优势。”

从立足上海起步，18年来，元祖以上海为大陆事业基地，主打低糖、低脂、多汁、多纤、新鲜的健康食品路线，每年以25%的销售增长速度快速成长，在现有14家分公司、5家工厂的基础上，2011年遍及大陆多个城市的店面数量直逼500家，目标营业额也将达17.7亿人民币，成为上海乃至大陆知名的食品加工业者和礼品消费风向标。

精致文化　让产品变礼品

自诩为“精致礼品名家”的元祖，能在竞争白热化的传统食品行业中成长、壮大，靠的是“不走寻常路”的创新思维。

元祖非常注重产品研发，一直倡导并致力于低糖、低脂、多汁、多纤、新鲜的健康食品路线。

对食品业来讲，科技的高速发展，让生产技术和产品制造的门槛很容易跨越，竞争的难点转向市场面，“怎样‘不断创新、引导市场、打造需求、创造流行’才是关键。”张秀琬强调，“元祖的东西是吃巧的，不是吃饱的。这个巧，就跟情感、文化、民俗、节气都有关系。如何让产品与文化相结合，让人们通过购买和品尝食品领悟到中国文化的精致特质，演绎民俗、复兴传统，让元祖的商品传承更多的华人文化，成为传递着更多人的情感交流的载体，这是我在规划产品品种时考虑得最多的问题。”

元祖目前生产的品种保持在100种左右，根据不同的季节、时令和节假日，围绕民众重视的生日、婚庆、祝寿等人生重要节点安排生产不同的品种。比如元祖有“十五节”，除了春节年糕、清明青团、端午龙粽、中秋月饼传统四大节产品之外，元宵、七夕等中式节令以及情人节、圣诞节等西方节令，也是元祖充分发挥的好时机。而节日之间的空隙，元祖也会用樱花、咖啡、抹茶、红豆四个美食季进行巧妙安排。

这样，透过赋予每个产品具有文化内涵的话题，在此起彼伏的季、节令的循环中，不仅让元祖的产品变身为“会说话、能传递情感”的礼品，同时提升了产品的附加价值，开启了获利之源。

“是食品，又高于食品”的元祖，内在的高品质、外在的高品位都要兼具，这就决定了元祖“客单价高，交易量不大”的特色。“客人不是很多，但交易量其实并不小。以目前的租金成本，一个80平方米的店，一年的平均营业额做400万人民币才能生存。”

同时，“吃巧”的元祖，坚守自己“引导市场、创造流行”的个性，这在食品业非常鲜见。“目前全大陆的元祖都是一个口味，一个配方，一个售价，一个形象，一个定位。我不会去迁就各地的口味，那样会失去自己的特色。”张秀琬说，现代社会的消费日益多元化，思维也在不断改变，信息流通的加速，导致同质性增高，消费者接受新事物、新口味的速度也很快。

“这叫用简单的思维做简单的事。”简单，在元祖的品牌战略中还有很多体现。比如坚持高端精致路线，不与一日三餐类型的大众快消品为伍；除了每年中秋前一周，元祖的商品绝不打折；发行“两岸联结、异地通用”的提货单，让消费者“一券在手，提货方便”……这些简单的背后，彰显的是元祖对自己品牌的自信与珍视。

—

大品牌战略　拓宽发展空间

18 年的大陆经营，张秀琬对元祖的产品定位有着极为清晰的认识，而这种认知也主导着元祖的通路策略。

“如果自己吃的话，第一个好吃，价格便宜，购买方便，包装简洁；但如果送礼的话，就要形象第一，价格不能太便宜，好吃是基本面，包装要漂亮，方不方便可能不是太重要。即使不是很方便，反而更能凸显送礼者对你的重视和情意。所以在一些县级市，只要有一家店就可以了；选址要瞄准最核心的地段，与我们的品牌相匹配。”张秀琬说，元祖的通路建设，首先是照顾到“新鲜、低温、短保质期”的产品特性，把配送辐射半径按照是否有高速公路，分别定位在 300 公里 ~ 400 公里及 150 公里；除此之外，在城市的分布和级别上并无苛求。“元祖要的是客户金字塔顶尖的一段。大的地方，客户群的金字塔就宽大一些，塔顶的客户群数量多；县级市的金字塔就会狭小一些。各级别的城市都有可以针对的客户群。”

事实上，多年来随着大陆城市的动拆迁、商圈的转移及展店后对人才的大量需求,元祖的通路构建之路并不平坦。“现在是近 500 家门市,其实我一路开开关关，实际开店数超过 700 家。”张秀琬坦言，管理跟不上导致元祖从北方市场撤退，“是一个蛮大的挫折。”但幸运的是她及时刹车收手，“伤其十指不如断其一指，业绩不好我就马上停掉；如果挨下去的话，也许会拖垮整个集团。”

目前元祖一方面坚持按照“直营为主（70%）、加盟为辅（30%）、年节小量批发”的原则，继续在大陆各级城市建立绵密的销售网路，同时利用电子商务，实现实体通路与虚拟通路的完美结合；另一方面，元祖仍坚持主打“高价少卖”市场，并把各分店向旗舰化、情境陈列转型升级，更为强调单店的获利能力。

近来，依照大品牌、大通路的思维，元祖在多样化方面进行了有益的尝试。3 度 C 水果、茶叶礼盒、橄榄油、果醋甚至蝴蝶兰等，都出现在元祖分布在大陆各地的分店里，实践着元祖礼品以健康为导向的多样化发展策略。

“品牌代表的是一种诚信，一种信赖。只要通路建构完整，在这个品牌底下卖什么东西都有广阔的发挥空间。”成功跻身 2010 年上海世博会糕点面包项目赞助商行列的元祖，将继续扮演好“品牌和通路经营者”的角色，在“用精致内涵塑造新美食文化”的道路上继续探索前行。

后　记

当完成这本书的时候，最大的感叹是：原来不知不觉中，台资企业的产品早已经成为我们生活中不可或缺的部分了！早上起来，你的第一件事很可能就是与“和成卫浴（HCG）”的亲密接触；享受了“丁家宜”洗面乳的丰富泡沫和清爽后，“85度C”或是“克莉丝汀”+“永和豆浆”的早餐，会给你新的一天“充电”；你可以驾着“东南”汽车赶往公司;繁忙的商务中,“宏碁”、“明基”或“华硕”电脑,及“HTC”、“震旦”办公家具，将助力你的高效工作；午休时，可以去“全家便利”或“7–11”的“速食岛”点份工作午餐;晚上，当然可以去品尝“代官山”、“TMSK”、“京翅坊”、“王品牛排”等无数花样繁多的台湾美食。劳顿之余,可以选一件“欧迪芬”、“巧帛”,或者一双“达芙妮”、“哈森”犒劳自己;也可以邀上三五好友，去“钱柜”、“好乐迪”酣畅淋漓……

尽管我们这份《大陆台资企业品牌实录》不甚完美，但是两岸开放20年来，约80255家（截至2010年10月）台资企业到大陆打拼，用辛勤的汗水写成品牌篇章的开始，本书报道的台资企业是台企大军中的代表，怀着抢滩大陆市场的雄心，挣脱了靠低成本榨取微利的代工窠臼，勇敢地举起了品牌大旗。它们或是台湾品牌的延续，或是在大陆诞生的自创品牌，筚路蓝缕，在跌宕起伏的商战中，走出了自己的路，并一点一滴地累积起企业最宝贵的资产——品牌价值。

如何深度剖析台企品牌战略，传播品牌精神？这实际对“传递台商价值，推动两岸繁荣”念兹在兹的我们,也是诸多的考验,但更多的是学习。在采访过程中,“坚持和感动”，就如潮汐退下后留在记忆沙滩上闪光的贝壳，轻轻拾取，获益终身。

（一）坚持。自2009年2月26日对第一家台资品牌企业——龙凤集团的采访开始，我们以“荣获国家驰名商标品牌、中国名牌和省市知名品牌、或在特定区域范围内享有广泛知名度”的台资企业作为我们采访的对象。南下北上，奔赴北京、上海、天津、福州、厦门、深圳、武汉、昆山、苏州、杭州、东莞、中山、景德镇、金门、嘉善、台北等 20 多个城市，截至本书出版前，已对近百家台资企业进行了实地深入采访和资料采集，在本书中收录了其中 40 家品牌企业的采访报道。

除了大量的案头准备工作外，采访前的先期联络是最繁琐的事情。幸运的是每到一个城市，均有当地台办的同志当我们的引路人，许多第一手资料都是与地方台办负责经济的干部言谈中获取的，他们对台资企业的情况可谓“了若指掌”，使我们的采访更加顺利。平均每家三次以上的反复确认、与品牌台企创始人的零距离访谈、深入企业生产一线的亲身感受，让我们的每篇访问，都力求有新颖独到的发现。我们的采访对象是频繁奔波于两岸的台商企业家，即使事前达成了采访共识，也常常因时间改变而提前或延宕。为了配合他们时间，有时甚至是“追”着完成采访。

幸运的是，在每一次的采访中，我们均有收获，包括成功的喜悦和令人动容的泪水。冠龙阀门董事长李政宏，谈起因过度劳累而病逝大陆的父亲，声音略微颤抖，表情悲怆；琉璃工房中国区事业处总经理王秀绢，说到董事长张毅急救病床上对她委以重任，回忆起临危受命时的百感交集，让她的眼角闪出泪光……

（二）感动。手捧这本书的时候，虽然已经看了 N 遍，但依旧认为遗憾。乏陈的笔墨要想表达出“勤奋、拼搏、诚信、稳健”的台企品牌精神真的很难，表达出让人感动的台商精神更难。

威盛电子中国区行政长徐涛，他是王永庆之女王雪红家族企业在大陆的“掌门人”。在见到董事长王雪红的 17 分钟后决定加盟这家企业，是因为被王永庆坚持的“做实业要扎实、稳健，不被经济成长过程中的金融、股票、证券、房地产所利诱”的经营理念所感动，并一直谨记。而皇冠集团董事长江永雄，谈到一次对他影响至深的经历，一次王永庆邀请自己这些下游企业，到台塑 12 楼吃饭，事先填表各自喜欢吃什么，然后按照建议去订菜，他从王永庆企业让人感动的细节中悟出企业品牌和社会责任的真正含义，并以此为楷模积极开拓在大陆的事业。

“我每天都是七点半到公司，风雨无阻。”上海国福龙凤食品股份有限公司董事长叶惠德，说这话时正患着重感冒，但他依旧早早赶到公司，忍着身体的不适配合我们采访，这位“水饺老兵”的克己和敬业，让我们感动。

“刚从南通回来，等下还要赶回去。”和成（中国）有限公司董事长邱士楷，为了准时接受采访专程返回，快速奔进公司落座后，还没来得及擦去额头上细密的汗珠。这位挑起家族事业重担的第三代，秉持了父辈踏实和谦逊的精神，同样让人感动。

“你们在哪儿，找不到路吗？别急，我马上派司机过来。”当我们瑟缩在寒冷的车站茫然无助时，永和豆浆董事长林炳生，在第一时间把他的座驾派来“解围”；到达后几杯冒着热气的豆浆几乎是立刻递到手上，使我们发自内心由衷的感动。

感动的瞬间一幕幕闪过，难忘的经历还有太多……

石头记董事长苏木卿平易近人的亲切、艾美特副董事长蔡正富自信的大笑、成霖洁具副董事长莊贤裕的儒雅、美利达总经理曾进成的谦逊与自信……这些都已成为我们采访之余最珍贵的记忆。

在频繁的沟通和采访中，我们与这些企业建立了良好的互动管道。在受访之后的日子，每当他们有了新的规划和进展，都积极主动的与我们分享；而我们，也为他们的持续成长倍感欣喜。

当然，对于我们来说，收获不止这一点，精神的财富也更加富足了。因为，在编撰这本书期间，我们分别在上海、东莞、苏州及台北承办了四场“台资企业品牌经验分享研讨会”，这让更多的台商与我们一起分享到成功台企的经验，特别是为迫切需要转型升级、拓展内需市场的企业，奉献分享大餐，共同受益。

当手上拿到这本沉甸甸的书时，我们的内心是平静而快乐的。一切的辛苦、感动、领悟、惊喜、难忘、失落，都让它留在记忆中吧。因为，这本书面世之际，正值两岸 ECFA 已启动，更多新的台企故事仍会持续上演，而我们前行的脚步还在继续，采访报道工作也从未停歇。

本书的成功出版离不开《台商》杂志同仁的共同努力：许晓楠、陈飞林、刘玉娟、谢晓萍，汤惠芸、陈薛薇的采编，肖洪余、袁建敏的摄影及台湾同事杨雅琪提供的部分资料。我们将更加努力，下一本的台企故事，将是截然不同的、更为精彩的新戏码。让我们共同期待！

《台商》杂志编辑部

2011 年 9 月 15 日